SABER PERDONAR

Dr. Sidney B. Simon
Suzanne Simon

SABER PERDONAR

Traducción
Luis F. Coco

EDITORIAL ATLÁNTIDA
BUENOS AIRES • MÉXICO • SANTIAGO DE CHILE

Título original: FORGIVENESS
 Tercera edición publicada por
convenio con Warner Books, Inc. Nueva York
EDITORIAL ATLANTIDA S.A., Azopardo 579, Buenos Aires, Argentina.
Hecho el depósito que marca la ley 11.723.
Libro de edición argentina.
Impreso en Argentina. Printed in Argentina. Esta edición se terminó de imprimir
en el mes de noviembre de 1997 en los talleres gráficos
Indugraf S.A., Buenos Aires, Argentina.

I.S.B.N. 950-08-1061-1

A mi esposa Suzanne. A decir verdad, sin ella no existiría este libro. Es su historia, su dolor y su angustia, su belleza y su valentía lo que originó las ideas expuestas en este libro. Es una compañera del compañero y coautora del coautor, y una consumada enamorada de la vida, un verdadero modelo de lo que parece ser la curación y lo que puede ser. La amo.

Sidney B. Simon

A mi padre, que me dio la razón para aprender a perdonar; a mi madre, que creyó en mi relato; a mi hermana, que respaldó la curación de aquello; a mi hermano, por hablar de ello; a mi hija, que a pesar de todo me aceptó; y a Sid, mi amante esposo, que siempre creyó en mí y tuvo la certeza de que podría superarlo todo.

Suzanne Simon

INDICE

RECONOCIMIENTOS

Todo cuanto se expone en este libro surgió de un progresivo proceso de curación que incluyó la ayuda, la guía y el apoyo de muchas personas a lo largo de mi vida.

Esta es la oportunidad para que exprese a todos ellos mi reconocimiento.

Agradezco muy sinceramente y hago público mi aprecio más profundo a Jeanette McIntosh, Latifa Amdur, Marion McIntire, Verena Smith, Payasa Tree, Stephanie Nuremburg, Joan Schneider y Carol Drexler —todas ellas mujeres particularmente dotadas para curar y que, cada una a su manera, compartieron conmigo su sabiduría interior y, merced a su particular experiencia profesional, me orientaron, impulsaron, respaldaron y reconfortaron para hacerme avanzar por la senda correcta.

Doy muy cordialmente las gracias a Trenda Caron, Laraine Pincus, Loretta Eazarsky, Robin Moulds y Kim Kautz, amigas y amigos que me brindaron su cariño en los momentos difíciles y ahora celebran conmigo la alegría que he hallado.

Gracias a mi madre, mi hermana, mi hermano, mi hija y mi ex suegra, porque en todos los momentos en que necesité de ellos acudieron a mí.

Brindo a mi hermana el más profundo y tierno aprecio,

ya que de no haber contado con su amor y su apoyo invalorables estaría aún sumida en el negativismo. Ella fue quien primero me insinuó que no debía "dejar pasar" las cosas, y estuvo a mi lado para ayudarme en cada uno de los pasos que fue necesario dar.

Un reconocimiento muy especial para mi madre, que quizás haya sido quien más perdió con la publicación de este libro, pero que en su momento me dijo: "Si nuestra experiencia familiar puede ser útil así sea a una sola persona, entonces es necesario contarla". Y así ha resultado, mamita.

Estoy agradecida eternamente a tantos Sobrevivientes que a diario combaten para liberarse de sus pasados dolorosos. Celebro su *voluntad* de vivir. Siguen siendo para mí modelos decisivos.

Y a Charlie Kreiner y Carol Drexler un muy cordial reconocimiento por el trabajo de *progreso* curativo que estamos desarrollando. Han contribuido a mantenerme en el sendero justo tanto su capacidad y buen juicio como sus sentimientos de piedad y visión de futuro.

Suzanne Simon

Ambos deseamos expresar nuestro reconocimiento a John Simon, quien revisó antes que nadie el estilo de nuestro original, y que además lo hizo con cariño, perspicacia y una impecable capacidad. Es incalculable el aporte de Susan Meltsner a este libro. Asistió a uno de nuestros talleres de perdón y luego hizo con su varita mágica los toques necesarios para darle forma definitiva a esta obra. Jamie Rothstein prestó sus consistentes conocimientos y su respaldo para la labor de redacción. Cathy Hemming, esa movediza jovencita vestida con ropas de vaquero, siempre nos brindó aliento y apoyo. Joann Davis, nuestra editora en Warner Books, jamás cejó en su convicción y entusiasmo en cuanto a la importancia que este libro debía tener.

No podemos dejar de expresr nuestro reconocimiento a la Epson Computer Company, a Wordperfect, el procesador de palabras de preferencia y a Don Lesser, nuestro gurú en la materia. Figuran en este libro algunas de las primeras palabras que jamás hayamos escrito en una computadora, después de tantos años de afanes con nuestra máquina de escribir. Nuestro agradecimiento no reconoce límites, sobre todo al considerar que jamás tuvimos contratiempos con el material ni perdimos una sola palabra del original que pudiera atribuirse a defectos de computación.

Damos mil gracias de todo corazón a tantos que asistieron a nuestros muchos talleres de perdón tanto aquí, en Estados Unidos, como en diversos países europeos, entre ellos Grecia. Sus experiencias nos sirvieron para afinar nuestras ideas, desarrollar las distintas etapas de la curación y en general toda la teoría expuesta en este libro. Algunos de sus relatos ilustran estas páginas. El espíritu de todos nos llevó de la mano mientras escribíamos. El proceso de su curación ayudó al nuestro.

Y por fin tenemos una enorme deuda de gratitud para con nuestros cinco hijos. Cada uno de ellos, a su manera, nos empujó, orientó y encarriló en este proyecto para que siguiéramos con él. De modo que gracias: John, Douglas, Julianna, Matthew y Carie.

Sidney B. Simon
Suzanne Simon

INTRODUCCION

El mundo es redondo, así que el mismo punto
Que pueda parecernos el final muy bien podría
ser el principio.

Ivy Baker Priest
Green Grows Ivy
(La hiedra crece verde)

Allí estábamos en torno del ataúd, mi hermano, mi hermana y yo, observando los despojos de aquel hombre al que habíamos amado siempre, que algunas veces pudimos haber odiado, a quien tratamos de respetar, pero al que durante tantos años temimos y eludimos. Apenas si guardaba algún parecido con aquel formidable gigante que tanto poder ejerciera sobre nosotros cuando éramos niños. Había estado gravemente enfermo durante muchos, muchos años.

No puedo decirles qué sentían mis hermanos en ese momento, de pie a mi lado, en la penumbra de aquel velatorio. Yo, sin embargo, recordaba al hombre que adoró a mi madre, que siempre parecía dispuesto a abrazarla cuando le servía el café y a juguetear con ella después de la cena. Pensaba en el hombre habilidoso, imaginativo narrador de cuentos y ávido lector, además de excepcional jardinero. Y en el preciso instante en que dedicaba mi recuerdo a ese talento para el cuidado de las plantas, decidí romper el silencio.

"Me parece que deberíamos enterrar estas cosas junto con papi", dije al tiempo que metía una mano en el bolsillo para sacar el regalito que acababa de comprar, llorosa todavía, cuando me enteré de la muerte de mi padre. Mis hermanos se echaron a reír cuando vieron de qué se trataba: unos cuantos paquetitos de semillas similares a las que él sembraba para nosotros, con la llegada de la primavera, desde que teníamos memoria. Con el recuerdo de los preciados tomates cultivados por nuestro padre y pensando en el gusto de aquellas incomparables ensaladas que hacíamos con sus verduras, estuvimos un momento metiendo paquetes de semillas en sus bolsillos y alrededor de su cuerpo. Al compartir un momento gozoso en medio de tan solemne ocasión, los tres sonreíamos con afecto y hasta llegamos a ahogar alguna risita mientras nos prometíamos en silencio visitarlo luego en su tumba, para encontrar toda la magnificencia del jardín que de seguro habría de crecer allí. No denigramos a quien fuera nuestro padre, sino que lo celebramos.

En efecto, no podía haber despedida más adecuada para el hombre que cultivara los tomates más jugosos de Long Island. Pero era mucho más que eso. Se trataba del tributo que sus hijos rendían al proceso de curación realizado por ellos durante los años que precedieron a su muerte.

Porque ha de saberse que cuando éramos pequeños papá venía a nuestros dormitorios y nos molestaba sexualmente. En otras ocasiones, su ira estallaba con violencia, nos castigaba dando rienda suelta a su enojo y su frustración. Así es, el hombre que estaba muerto allí nos había hecho cosas horribles en nuestra infancia, y no lo habíamos olvidado.

En realidad, de haber fallecido cuatro o cinco años antes, ni siquiera nos hubiésemos acercado al sitio de su funeral, y si de todos modos, por pura obligación, nos hubiésemos visto obligados a concurrir, no habríamos encontrado nada bueno en él. No habríamos estado en condiciones de reconocer en nuestro padre algo más que los abusos cometidos contra nosotros, las víctimas de esos abusos. En lugar de aquella tranquilidad y de nuestras afectuosas sonrisas, podrían haberse derramado algunas amargas lágrimas en medio de un silencio sepulcral, cargado de resentimiento, dolor, odio y rechazo. Podríamos haberlo condenado a pudrirse en el infierno, condenándonos a nosotros mismos a muchos años más de ocultación, pesares y rabia. En cambio, nos alejamos lentamente del lugar convencidos de que ese hombre descansaría en paz y, lo que es más importante, que de allí en adelante nosotros viviríamos en paz con nuestra conciencia.

¿Dónde estaba la diferencia en cuanto a nosotros correspondía? En la misericordia del perdón.

Es posible que algún lector sacuda su cabeza con un gesto de descreimiento y piense que no hay en el mundo nadie que sea capaz de perdonar con sinceridad algo tan horroroso como el incesto. Incluso alguien llegará a preguntarse cómo puede haber quien piense siquiera en ese perdón. Lo cierto es que no quisimos prepararnos o no para perdonar. Todo cuanto quisimos, profundamente, fue hacer que terminara el dolor que nos causaba el pasado, que aquellas penas dejaran de interferir en nuestras vidas para siempre y ya no obstaculizaran más nuestra felicidad del presente. Para alcanzar ni más ni menos que semejante logro, mi hermana, mi hermano y yo, cada uno a su manera, vivimos para salir de nuestro dolor y hacer que todo aquello se fuera.

No olvidamos ni olvidaremos nunca las cosas que nos pasaron. No excusamos ni excusaremos nunca los actos de nuestro padre. Nada habrá que pueda modificar el hecho de que no nos trató en la forma en que ha de tratarse a los niños. Sin embargo, antes de que sobreviniera su muerte, según las necesidades y la forma de vida de cada uno de nosotros, logramos alcanzar ese punto en el que dejamos de pensar en que tendría que pagar por lo que nos había hecho. Ya no consideramos más que él debería hacerlo. Dejamos de pensar en el incesto como excusa para todo lo que nos salía mal en la vida. Y también dejamos de esperar que nuestros padres tendrían que darnos como adultos cuanto nos negaron como niños. Lo dejamos pasar. Nos curamos. Y sí, perdonamos.

Este punto final en la vida de Suzanne significó el comienzo de nuestra labor en el área del perdón. Ya estábamos conduciendo juntos los talleres de desarrollo personal a los que dedicábamos nuestro esfuerzo. Pero muy poco después del fallecimiento de su padre, en julio de 1984, comenzamos a observar más de cerca todo aquel proceso atravesado por Suzanne para curar las heridas psicológicas infligidas por aquel hombre, en los años de su infancia, hasta terminar perdonando a quien las causara. Cuando llegamos a ese punto comenzamos a sospechar que el perdón bien podría ser esa "paz" perdida y añorada por tantos de aquellos seres que encontramos en nuestros talleres y seminarios, una paz que con desesperación procuraban alcanzar. Ahora, a seis años de distancia, estamos más convencidos que nunca de que así es.

Todos hemos sido lastimados. Allá, muy escondido en los recovecos de nuestra mente, siempre hay por lo menos un recuerdo —y casi siempre muchos— de padres que esperaron demasiado o muy poco de nosotros, que nos sobreprotegieron o no, que permanecieron distantes y jamás nos brindaron afecto, que estuvieron ausentes o nos exigieron; recuerdos de maestros que nos rebajaron y humillaron, que nos calificaron de revoltosos e ignorantes, que nos dejaron en penitencia por algo que no hiciéramos o nos convirtieron injustamente en el mal ejemplo de la clase; recuerdos de haber sido víctimas de bromas pesadas o de burlas constantes durante los recreos, dejados siempre para ser los últimos en las clases de gimnasia o enviados al último rincón en las sesiones de danza. Algunos de entre nosotros tropezaron con el prejuicio, la discriminación o la insensibilidad a causa de nuestra raza, religión o discapacidad. Tampoco faltaron los que fuéramos lastimados a causa de maledicencia, relegados sin razón en el momento de los ascensos, rechazados cuando nos enamoramos o traicionados por un amigo.

Sí, todos hemos sido lastimados alguna vez. Allá en los lejanos tiempos de la infancia o apenas un día cualquiera de la semana pasada, bastará pensar un momento para descubrir el aguijón del rechazo, el ridículo, la humillación, el engaño, la desazón o el maltrato. *Este libro se refiere a lo que ha de hacerse para curar esas heridas.*

Desde luego, podríamos pensar que ya se hizo a su debido tiempo cuanto fue posible para remediarlo. Uno podrá considerarse recuperado de la mayor parte de aquellas heridas desde hace años, estar convencido de que ya hace tiempo que murieron los dolores y desalientos causados por pasadas experiencias, y es posible que eso sea verdad. *Estamos en condiciones* de curar nuestras heridas a punto tal que dejen de interferir en nuestras vidas. Pero será mejor echar un vistazo más preciso y ajustado a lo que es hoy nuestra vida.

¿Sería capaz el lector de elaborar una lista con todos los aspectos en que la vida podría ser mejor en este momento, de no haber ocurrido tal o cual cosa en su pasado?

¿Guarda viejos rencores y mantiene antiguos resentimientos respecto de sus padres o hermanos, hasta el punto de negarse a hablar con ellos o, por lo menos, a conservar los vínculos familiares?

¿No juró tratar a sus hijos mucho mejor de lo que fue tratado usted cuando niño, sólo para descubrirse en determinado momento gritándoles, golpeándolos, retándolos o haciendo y diciendo muchas de las cosas que sus padres les dijeron e hicieron?

¿No se siente más de una vez vacío, e intenta rellenar esos huecos con alcohol o drogas, comiendo más de lo necesario, trabajando dieciocho horas por día, apostando a todos los juegos de azar o comprando y comprando cosas inútiles hasta agotar su crédito?

¿No le parece algunas veces que está reviviendo su pasado, que viejas escenas olvidadas reaparecen en nuevos escenarios, con nuevos intérpretes ocupando el lugar de sus padres, sus amores, ex esposas o ex maridos, amigos de otros tiempos o patrones que alguna vez lo lastimaron?

¿No le sucede que termina por no decidirse a entablar nuevas amistades, por temor a que esas personas todavía desconocidas le fallen o lo hieran como otros lo hicieron antes?

¿No ha levantado muros a su alrededor con el objeto de impedir que se le aproximen los que puedan hacerle mal, sólo para descubrir más tarde o más temprano que ha terminado prisionero entre esas paredes, solitario, aislado o apartado?

¿Encara los nuevos desafíos que se le presentan —tanto la oportunidad de un nuevo trabajo como el comienzo de un nuevo amor— presumiendo que terminará con un fracaso o un desengaño, por la sencilla razón de que ya le pasó algo así en una oportunidad anterior?

¿Se limita a cumplir con lo estricto en su trabajo; lleva la cuenta de los errores cometidos por su cónyuge y pasa revista a todas las veces que han discutido; prefiere andar alardeando de vencedor siempre dispuesto a aplastar a otros antes de que lo aplasten a usted?

O más sencillamente: ¿se siente incompleto? Incluso sin saber muy bien de qué se trata, ¿no le parece que hay *algo* que está faltándole en la vida?

Si ha respondido de manera afirmativa a una o más de esas preguntas, lo más probable es que siga dependiendo todavía de algo que pudo haberlo lastimado en otro momento de su vida, y que ese "algo" siga pesando sobre usted, cortándole la respiración, hundiéndolo, reprimiéndolo, hasta impedirle sentir cualquier clase de autosatisfacción, disfrutar de su vida actual o contemplar las posibilidades que pueda estar abriéndole el futuro. *Este libro trata acerca de cómo reconocer esas vinculaciones entre el pasado y el presente, encontrarle soluciones a problemas que quedaron a medio resolver y dejar todo eso a sus espaldas, de una vez y para siempre.*

Si lo que hizo y sigue haciendo en razón de haber sido lastimado significa alguna diferencia negativa en su vida —y no sabemos de ningún caso en que no haya sido así—, entonces, acaba de tomar usted una decisión muy inteligente, al escoger este libro y comenzar a leerlo. *De lo que se trata en él es de olvidar y seguir adelante.*

Muchas de las ideas que habrá de encontrar aquí provienen de la exploración que hicimos respecto de la lucha personal emprendida por Suzanne para perdonar y curar. Sin embargo, hay algo más que constituye una ampliación del trabajo pionero realizado por Sid en ámbitos tales como el crecimiento personal, la clarificación de los valores y la autoestima. Los cursos dictados por él en la Universidad de Massachusetts; los talleres y seminarios organizados en Estados Unidos, Canadá y Europa, y sus libros (como *Values Clarification* y *Getting Unstuck*), durante más de veintiún años contribuyeron a que innumerables hombres y mujeres mejorasen sus sentimientos acerca de los propios valores e instalaran en sus vidas cambios positivos. Pero a pesar de todos los progresos logrados por esas personas y sin considerar los muchos obstáculos que pudieron superar, siguen frenados y nos dicen que creen haber perdido algo en sus vidas.

Así empezamos a preguntarnos si las quejas, resentimientos y hábitos de autoderrota, así como todo lo que va junto con el *no* perdonar y el *no* hacer las paces con el pasado, no estarían constituyendo la última barrera por derribar a fin de alcanzar una vida satisfactoria, productiva y sana. Por creerlo fue que, en el otoño de 1985, presentamos nuestro primer seminario sobre perdón en el Centro de Conferencias Kirkridge, en Bangor, Pensilvania. Allí, y luego en los muchos seminarios similares que organizamos, aprendimos que en realidad el perdón es importantísimo para las personas de todas las edades y todos los estratos sociales. Aprendimos acerca del perdón tanto como enseñamos, y en las páginas de este libro compartimos las ideas y sugerencias que fueron evolucionando en los cinco últimos años merced a la experiencia propia y ajena. Las lágrimas, risas, iras y honestidad de todos esos participantes en los seminarios son testimonio de la elasticidad de que disfruta el espíritu humano y de la capacidad que hay en todos y cada uno de nosotros para perdonar —no importa cómo nos hirieron, cuánto dolieron las experiencias pasadas ni la medida en que alteraron el curso de nuestras vidas—.

Aunque no haya sufrido usted el ataque incestuoso en la forma en que Suzanne debió soportarlo, hayan querido o no hacerle daño, lo cierto es que muchos son los que pueden haberlo lastimado: padres, hermanos, maestros, compañeritos de la infancia, amores sucesivos, etcétera. *De lo que se trata en este libro es de perdonar a quienes nos dañaron, no para favorecerlos a ellos, sino para que usted pueda desprenderse del dolor y seguir adelante con su vida.*

Tal como habrá de referirles Suzanne, ella no perdonó por el bien de su padre ni porque ése fuera el proceder "cristiano" adecuado:

> No, yo perdoné porque era lo que necesitaba hacer para sentirme íntegra, para agradarme a mí misma y para desprenderme del equipaje emocional excesivo que estaba soportando y me impedía seguir avanzando. Lo que buscaba era la paz del espíritu, y no iba a encontrarla mientras siguiera frustrada por tantas cuestiones pasadas a medio terminar y continuara gastando casi todas mis energías en alimentar mis heridas sin cicatrizar. No me sentía feliz conmigo ni con mi vida. Pensaba que quizá, solo quizá, podría hacer y ser más de lo que era. De modo que escogí curarme.

En este libro se expone un procedimiento de curación que dio buenos resultados tanto en nuestras vidas como en las de miles de hombres y mujeres. Algunos relatos suministrados por esas personas podrá leerlos en las páginas de este libro. No se trata de que nosotros (o ellos) seamos santos. No estamos dotados de naturalezas proclives al perdón lindando ya con los límites sobrehumanos. Sencillamente nos cansamos de vivir con el dolor de lo pasado y nos sentimos dispuestos a intentar algo nuevo. También usted, lector, es capaz de hacerlo. Sin entrar en consideraciones acerca de cómo fue lastimado o de lo que hizo a raíz de haberlo sido, todos contamos con sabiduría interior y con recursos propios como para curar todas esas heridas y así estar en condiciones de crearnos una vida nueva.

Tal como lo hicieron esas personas cuyas historias se reflejan aquí, también usted podrá recrear su vida, reconstruir su autoestima y encontrar por fin la paz interior que está eludiéndolo... siempre que se muestre dispuesto a andar su camino siguiendo un proceso creciente de curación que lo ayude a:

- reconocer que lo lastimaron y qué hizo por haber sido lastimado;
- desprenderse de culpas y vergüenzas, y dejar de achacarse cuanto de malo pueda haber sucedido;
- dejar de hacerse la víctima que implora compasión, incurre en un comportamiento autodestructivo, castiga a vecinos inocentes, cruza por la vida esperando lo peor o repitiendo permanentemente lo pasado;
- descargarse de su ira y su indignación;
- reconocer que, a pesar de todo eso, ha sobrevivido, que logró desarrollar sentimientos personales de piedad y fortaleza como resultado de sus pasadas experiencias;
- situar el pasado en su adecuada perspectiva, sin ahondar constantemente en él y sin olvidarlo, sino más bien considerándolo por lo que en efecto es: parte de quien es usted hoy, pero no todo lo que es.

Al final de ese camino que muchos recorrieron antes que usted y que muchos otros están siguiendo ahora, se encuentra algo que quizá no haya conocido antes, algo que quizás haya estado buscando en los lugares erróneos durante todo el transcurso de su vida, algo que merecemos lograr todos y cada uno de nosotros: paz espiritual, gozo, esperanza y un futuro que sea todo cuando quiera *usted* que sea. Pero, por favor, no considere que el perdón o el proceso de curación que lo conduzca a él constituye una cura milagrosa e instantánea para cuanto lo aflige. El camino escogido, cuando decide elegir la curación es largo, difícil y más de una vez hasta doloroso. Rematar lo que ha quedado indefinido y desprenderse del dolor lleva tiempo. Exige un trabajo duro y mucho esfuerzo. Aunque el viaje pueda llevarlo por terrenos escabrosos y a través de un túnel muy largo y oscuro, creemos que vale la pena pagar la entrada. Lo invitamos a subir a bordo, a dar vuelta la página y así proseguir un viaje que sin duda ya inició usted hace tiempo, saltando sobre las primeras vallas que se le opondrán: el temor y el escepticismo que puede experimentar cuando considere qué posibilidades hay de que en realidad perdone a alguien que le ha hecho mal.

1

PERDONAR

La idea del perdón no es nueva. A lo largo de toda nuestra vida, padres, maestros y dirigentes religiosos nos han instado a:

perdonar y olvidar;
no tener en cuenta el pasado;
ofrecer la otra mejilla;
dar un beso y arreglarse.

"Errar es humano, perdonar es divino" se nos ha dicho una y mil veces, hasta el cansancio, hasta dejar apenas resquicios de duda en cuanto a que el perdón constituye una virtud, es bueno, honorable y moralmente correcto. Sin embargo hay algo perturbador en la situación de perdonar realmente al verdadero causante del dolor. Puede ser que se nos revuelva el estómago, se nos acelere el pulso y empiecen a sudarnos las manos, que afloren la indignación y el resentimiento. La mayoría de las veces, en lugar de sentirnos amables, benévolos y dispuestos al perdón, empezamos a considerar: "Un momentito, aquí el lastimado he sido yo. ¿Por qué tiene que corresponderme a mí todo el trabajo? ¿Por qué voy a tener que perdonarlos a *ellos*? ¡Son ellos los que tendrían que estar ahora pidiéndo*me* disculpas!"

Esta manifestación resume, en verdad, los sentimientos de Elise acerca de perdonar a su hermana Megan. Elise era una profesora de inglés, de treinta y tres años, casada y madre de mellizos de ocho años. El día en que la conocimos a ella y a su hermana, dos años menor, la enemistad entre ambas llevaba décadas. En realidad, según los dichos de Elise, su hermana venía arruinándole la vida desde el momento en que nació. "Megan era una de esas mocosas a las que todo el mundo tiene que alabar como lo mejor. Era adorable, lo sabía y lo aprovechaba cuanto podía", explicó. La mamá vestía a sus dos hijas de la misma forma, pero la rubia Megan, con sus ojos azules, atraía la admiración de todos y para ella eran las palabras de elogio; en tanto Elise, delgaducha, de color arratonado y la carita llena de pecas, debía conformarse con oír decir a los otros: "Mirá qué encanto, está vestidita exactamente igual a su hermana".

Cuando ambas eran jóvenes iban juntas a todas partes. "Era una idea de mamá, no mía", suspira la pobre Elise. "Megan era mi sombra. No podía despegarme de ella, y cuando mis amigas y yo nos negábamos a hacer lo que ella quería armaba unos escándalos terribles."

Las cosas no hicieron sino empeorar cuando las chicas crecieron. Megan, al parecer, consciente de los escasamente amistosos sentimientos de su hermana mayor, se convirtió en una implacable "chismosa", dispuesta siempre a llamar la atención y a vigilar cuanto hiciera su hermana para ir después con el cuento a los padres. "Luego se esmeraba por referir cualquier cosa estupenda realizada por ella ese día", se eriza Elise. "Era algo así como el perfecto uno-dos de los boxeadores. Yo aparecía siempre como la mala simiente y ella, desde luego, el angelito de la historia." Pero lo que en verdad terminó de indignar a Elise fue que Megan, que tenía sus propios admiradores a montones, desvergonzosamente flirteaba con los chicos que se acercaban a ella en cuanta ocasión pudiera. "Todavía hoy se me sube la sangre a la cabeza cuando me acuerdo de aquel muchacho que de verdad me gustaba y que, según me consta, ella sabía muy bien." Elise sigue echando chispas dieciséis años después de aquellos sucesos. "Megan se limitó a representar su numerito delante del chico, y pasó la mitad de la noche convenciéndolo de cuán encantadora era en todo lo que hacía. Al día siguiente, cuando estábamos en la escuela, el muchacho se me acercó para decirme: "espero que no te importe. Voy a salir con tu hermana". ¿Creen por ventura que Megan, sabedora de lo que yo sentía trató de desprenderse del festejante? Desde luego que no. Salió con él y más tarde se presentó en mi dormitorio para "hacer comparaciones" acerca de lo bien que el tipo besaba, aunque sabía perfectamente que él nunca me había besado."

Como habrán podido advertir, las penurias e injusticias que Elise creía haber sufrido a causa de Megan podrían llenar muchas páginas, y Elise no estaba para nada dispuesta a olvidarlas. La conclusión a que llegaba Elise puede sintetizar así: "Megan siempre se las arregló para arrebatarme todos los momentos potencialmente felices de mi vida. Incluso cuando faltaban pocas horas para mi boda, anunció que su último novio la había embarazado, con lo que ocasionó un verdadero revuelo que llevó a todo el mundo a olvidarse de mi fiesta inminente. Ha vivido molestándome desde el momento en que nació. De manera que, pregunto, ¿por qué voy a tener que ser yo la que renuncie a lo que me queda de orgullo y dignidad perdonándole cuanto me hizo?"

Para Elise, el hecho de perdonar equivalía a:

renunciar;
ceder;
achicarse;
reconocer la derrota.

Si semejantes pensamientos se le ocurren cuando *comience* a considerar la posibilidad de perdonar de todo corazón a alguien que lo haya lastimado, entonces el hecho de perdonar se convertirá en algo tan poco atrayente para usted como lo fue para Elise. Lo más probable es que, lo mismo que ella, haya estado sosteniendo una constante guerra psicológica con sus hermanos, padres, hijos, cónyuges presentes o pasados, y en general con quienquiera que alguna vez le haya hecho daño. Ellos hicieron el primer disparo, y a partir de aquel momento se libra una batalla interminable. A lo largo de los años usted ha combatido con palabras y con silencio, con hechos que le provocaron dolor y con actos que generaron sentimientos de culpa, frente a frente, suprimiéndose usted mismo —tanto en lo físico como en lo emocional— del campo de batalla. En determinados momentos peleó con ganas de vencer, con la esperanza de terminar superando al otro y con el propósito de demostrarle lo que se siente al ser herido por alguien a quien se ama. Pero la mayoría ama. Y la mayoría de las veces luchó para no seguir perdiendo más, para no quedarse sin nada. Defendió su terreno aferrándose al dolor sufrido a manos de aquellos enemigos, *no* perdonándoles lo que le hicieron. La suprema ironía de todo esto es que, en muchos casos, los otros ni siquiera llegaron a darse cuenta de sus desdichas, y al tiempo que usted va introvirtiéndose más y más, ellos siguen como si tal cosa.

Lo mismo que en el caso de Elise, un contratista de obras de treinta y cinco años llamado Warren, todavía no ha encontrado razones convincentes para perdonar a su padre por haberlo tratado como "al niño invisible" durante toda su infancia. "Mi padre en ningún momento dejó de evidenciar el hecho de que deseaba que yo no hubiera nacido", pretende Warren, y por muy melodramático que ello pudiera parecer, su percepción del caso no es del todo inadecuada. Su padre estudiaba primer año de medicina cuando embarazó a su madre, y se casaron porque "entonces era lo que correspondía hacer en esos casos". Warren se estremece todavía hoy al recordar las argumentaciones que alcanzó a escuchar inadvertidamente cuando era todavía joven, las constantes peleas entre sus padres, que "siempre giraban en torno del hecho de que mi padre recordaba a mi madre que ella lo había hecho caer en una trampa para obligarlo a casarse recurriendo al simple arbitrio de quedar embarazada".

Según sigue diciendo Warren, "se me ocurría que si me empeñaba lo suficiente podría ganar el cariño de papá. Que algo habría que yo pudiera hacer como para llamarle la atención hacia mí y conseguir que procediera como se supone que los padres deben proceder". Lamentablemente, nada que Warren pudiera hacer sirvió para establecer la relación padre/hijo que con tanta desesperación estaba buscando. Estudió duro y tuvo éxito en el colegio, pero nada de eso fue suficiente para impresionar al padre. Siempre descollaba en los deportes, pero su padre estaba "demasiado ocupado" para ser espectador de los triunfos de su hijo. "Una vez me pasé todo un semestre trabajando en madera para hacer uno de esos sujetalibros, y todo su comentario no pasó de un indiferente "¿y qué se supone que es esto?'"

Los padres de Warren se divorciaron cuando él tenía quince años, y su padre volvió a casarse muy pronto. Se acentuaron las viejas heridas y surgieron otras nuevas cuando su padre y su madrastra, en rápida sucesión, tuvieron tres hijos, con los que Warren pasaba sus vacaciones "observando cómo era la familia que él siempre había querido tener. Mi papá trataba a sus nuevos hijos tal como yo había ansiado siempre que me tratase a mí".

Warren abandonó toda esperanza de ganarse el cariño de su padre cuando cumplió veintiún años. Dejó sus estudios e ingresó en el negocio de la construcción junto al hombre que su madre había desposado después del divorcio. Se casó a su vez, y tuvo hijos, siempre tratando de evitar los encuentros con su padre. Por cierto que no le resultaba muy difícil, ya que, con excepción de la consabida postal navideña, su padre no se preocupaba por establecer el menor contacto con su hijo.

Con el paso de los años, Warren fue acentuando su decisión de borrar al padre de su vida, tal como el progenitor hiciera con él, a punto tal que cuando el hombre sufrió un ataque cardíaco, hace dos años, Warren ni siquiera fue a visitarlo al hospital. En realidad, mantuvo con su mujer "la peor de todas las discusiones de su vida matrimonial" cuando se enteró de que ella le había hecho llegar flores y una tarjeta con la expresión de sus deseos de pronto restablecimiento.

"Seguimos peleando por causa de mi padre", suspira. "Desde el episodio aquel del ataque, él empezó a visitarnos y a invitarnos a su casa, diciendo que quería conocer a sus nietos. La que habla con él es mi mujer, porque yo no lo hago, y entonces ella empieza con sus consejos acerca de que deberíamos reconciliarnos. Pero yo insisto en que no hay nada que arreglar; que no hay nada entre nosotros por la sencilla razón de que nunca lo hubo. Ella me arrastró hasta el seminario que conducen ustedes con el propósito de que aprenda a perdonarlo. Pero, ¿por qué tendría que hacerlo? ¿Porque se está poniendo viejo y siente necesidad de ver a sus nietos? Pues no, eso es algo que me parece muy mal. Tendría que haber pensado así en otra época. Como dicen por ahí, él se hizo la cama, así que ahora tiene que acostarse con ella".

Warren asocia la idea del perdón con:

olvidar;
absolver;
condonar;
dejar que los "malos" se las arreglen con las porquerías que hicieron.

También usted se mostraría reticente ante la idea de perdonar si, al igual que Warren, estuviera de acuerdo con la teoría de que conceder el perdón es como dejar que los "malos" se salgan con la suya, que se les permita librarse de lo que sea sin tener que padecer por los males causados. Y por cierto que la mayoría de nosotros seguimos creyendo que quienes nos hacen algún daño tendrían que pagar por el mal causado, que *merecen que se los castigue, no que se los perdone.* Lo que es más, en razón de que fuimos nosotros los que sufrimos, nos sentimos en la obligación de castigarlos con una especie de prorrateo, lo que hacemos *no* perdonándolos, manteniendo el resentimiento, vituperándolos, absteniéndose de dirigirles la palabra y, en general, excluyéndolos de manera definitiva de la raza humana.

Lo peor de todo es tener que seguir viéndolos de manera habitual y tratarlos como si nada ocurriera entre nosotros... por la sencilla razón de que no sabemos cómo hacer para enfrentarlos con nuestro enojo. Si les abriéramos las puertas de la cárcel para dejarlos salir, temeríamos estar eludiendo la responsabilidad que tenemos de "hacérselas pagar". En caso de perdonarlos, consideramos estar traicionándonos y negando o reduciendo al mínimo el impacto del dolor que nos causaron. Salta a la vista que, considerando las cosas desde este ángulo, el perdón difícilmente puede figurar al tope de la lista de nuestras prioridades.

Desde luego que muchas de las personas que conocemos no reaccionan de manera tan vehemente como Elise o Warren cuando consideran la posibilidad de perdonar. En realidad, algunos poseen una condición que podríamos definir como de no reacción, son seres que insisten en que no hay nada que deban perdonar. Por ejemplo está el caso de Marcy, que concurrió a uno de nuestros seminarios sobre perdón en compañía de su madre, una alcohólica en vías de recuperación, y que en determinado momento tomó la palabra para decirnos: "Les aseguro que no alcanzo a entender nada de esto. Lo que se hizo, hecho está. Ahora no puedo echar a andar hacia atrás para modificar el hecho de que mis padres hayan sido alcohólicos. Papá murió. Mamá ya no bebe. Entonces, ¿a qué viene esto de ponerse a cavar entre tantas cuestiones del pasado? Lo único que estamos haciendo es complicarme la vida y haciéndome recordar tantas cosas que preferiría olvidar".

De acuerdo con una línea de pensamiento parecida, un colega nuestro que se muestra muy franco al manifestar su convicción de que enseñar a perdonar "no sirve para nada", dice: "Lo que harán ustedes es convertir a todos en zombies benignos y benévolos. Serán todos benditos sujetos incapacitados para actuar en un mundo real, donde lo que se necesita es estar bien protegido por una armadura para que no vengan otros a comernos vivos".

La perspectiva en cuestión está reflejando la idea de que hacer el intento de perdonar a quienes nos han dañado equivale a:

abrir una caja de Pandora;
irse al fondo de un abismo emocional;
obligarse a revivir experiencias desagradables y admitir, en primer lugar, cuánto nos perjudicaron;
hacerse más vulnerable respecto de nuevos daños.

Si tal es la idea que usted posee acerca del perdón misericordioso, por una u otra razón, nos parece que sencillamente tiene miedo a perdonar. Es posible que la ira, la amargura y el resentimiento actúen como barreras que lo protejan del dolor, la ansiedad y la incertidumbre. O podrá creer que cualquier paso que pueda dar para conceder su perdón a quienes alguna vez le hicieron mal, servirá para desatar toda una oleada de aterradoras emociones y preguntas de difícil respuesta. Tal vez por primera vez en décadas, se verá obligado a considerar con seriedad la magnitud de aquellas viejas heridas e injusticias, y también a reconocer que por culpa de eso debió llevar usted una vida lastimosa. Tendrá que reconocer que fue lastimado y examinar en detalle cómo, cuándo y por qué le hicieron el daño. Lo que es más, quizá deba abandonar actitudes y comportamientos que lo protegieron, durante todo ese tiempo, para que no volvieran a lastimarlo. Por cierto que, desde ese punto de vista, el hecho de perdonar constituye un concepto en verdad aterrador, por lo que la mayoría de nosotros preferimos mejor evitar las cosas que tememos que enfrentarlas abiertamente.

El perdón incluso no es cosa fácil para aquellos que hayan escogido este libro considerándose listos para perdonar, que se sintieron dispuestos e incluso ansiosos de desprenderse de pasados enconos y así contribuir a cicatrizar viejas heridas. De ser así, ya lo hubiesen llevado a cabo; pero lo cierto es que no lo han hecho, y una de las razones para ello es que el *no* perdonar los ha provisto a todos de determinadas ilusiones o les ha permitido ajustar algunas cuentas:

- **La ilusión de que si aquello no hubiera sucedido, habría disfrutado usted de una vida "perfecta".**

El *no perdonar* pone a su alcance una explicación o una excusa para todo lo que le haya salido mal en la vida. Podría haber bastado con que esto o aquello no hubiese sucedido y no hubiera recibido el daño que recibió, para que todo en su vida fuera mejor de lo que es. Pero en vista de que tales cosas sí ocurrieron, y eso es un hecho que le resulta imposible modificar, ¿cómo podría esperar usted (o cualquier otra persona) que no se sintiera como se siente? Una u otra vez, casi todos nosotros hemos recurrido a esa línea de pensamiento para liberarnos del anzuelo. Si conseguimos curarnos y perdonar, entonces ya no podremos seguir pensando así.

- **La ilusión de ser bueno.**

El *no perdonar* le ayuda a definir quién es usted. Es la *víctima* de alguna injusticia, de alguna herida. Y aunque tal cosa pueda hacer que se sienta menos capaz y menos susceptible de ser amado que los no víctimas, de todos modos se consuela por el hecho de que pertenece al grupo de los buenos tipos... por la sencilla razón de que quienes lo lastimaron integran el sector de los malos. Tan pronto llegue usted a perdonar, el mundo ya no podrá volver a definirse tan sencillamente como lo blanco y lo negro. Se verá obligado a aceptar y entrar en tratos con las variantes grises.

- **La ilusión del poder.**

El *no perdonar* le ayuda a compensar aquella impotencia que experimentó cuando lo lastimaron. En realidad, mientras mantenga a las personas que le hicieron mal encerradas en la prisión de su propia mente, usted podrá sentirse poco menos que omnipotente, ya que nadie puede hacerlo perdonar ni obligarlo a que abandone su rencor.

- **La ilusión de que no volverán a lastimarlo.**

El *no perdonar* lo protege de que vuelvan a lastimarlo quienes lo hirieron originalmente y, desde luego, quienes pretendan hacerlo con ulterioridad. Por el hecho de conservar vivo el dolor, con los ojos bien abiertos para descubrir el menor peligro potencial y con la guardia en alto, reduce el riesgo de que alguna vez vuelvan a rechazarlo, engañarlo, maltratarlo, traicionarlo o causarle cualquier otro tipo de heridas.

¿Valen la pena esos beneficios del no perdonar si se considera que el precio a pagar es conservar resentimientos, mantener enojos y apegarse a los dolores del pasado? ¿Es una excusa aceptable no intentar algo más valioso y no lograrlo nada más que por el hecho de no haber probado? ¿Resulta tan satisfactorio ser una víctima inocente como el ser sobreviviente, o el sentimiento de poder que le da mantener rencores es tan satisfactorio como tener el poder de hacer sus propias elecciones? ¿Y protegerse de posibles dolores vale la pena de perderse placeres reales que da la vida? No consideramos que sea así. Creemos que la vida que ahora está llevando y que puede conservar al *no* perdonar no es tan plena ni satisfactoria como la vida que podría crear dejando que el dolor se vaya y haciendo las paces con el pasado.

Qué no es perdonar

●**Perdonar** ***no es*** **olvidar.** No borramos nuestras dolorosas experiencias pasadas de la memoria por el mero hecho de perdonar a los que nos lastimaron. Nada que hayamos hecho hasta ahora ha sido capaz de retrasar las agujas del reloj y suprimir los incidentes desagradables que guarda la historia de nuestra vida, y tampoco puede hacerlo el perdón. No podemos olvidar, ni debemos hacerlo. Aquellas experiencias del pasado, e incluso el dolor que nos causaron, tienen mucho que enseñarnos, tanto en lo que se refiere a no volver a ser víctimas como acerca de no convertir a otros en nuestras víctimas.

●**Perdonar** ***no es*** **condonar.** Cuando perdonamos reducimos el impacto del pasado sobre nuestro presente y futuro, pero con ello no se modifica el hecho de que las heridas e injusticias que sufrimos hayan sido dolorosas e inmerecidas en el momento en que se produjeron. Cuando perdonamos a los que nos hirieron, no estamos diciendo que haya sido aceptable aquello que nos hicieron, que lo consideremos carente de importancia o incluso que "no haya sido tan malo". Fue malo. Lastimó. Provocó una diferencia en nuestra vida. En realidad, el sincero perdón no puede producirse mientras nosotros mismos, en alguna forma, estemos negando, minimizando, justificando o condonando los hechos que nos hicieron daño.

*__El perdón__ ***no es*** **absolución.** Muchos de nosotros, educados de acuerdo con los principios de la religión católica, hemos confesado con regularidad nuestras faltas y hemos recibido luego la absolución. Cumplimos con la penitencia ordenada por el sacerdote y así la pizarra quedó absolutamente limpia hasta la llegada de nuevos pecados, a los que siguieron otras confesiones y absoluciones. Muchos de nosotros seguimos asociando el perdón misericordioso con esta suerte de absolución, pero no es eso lo que se espera que hagamos cuando perdonamos al que nos ofendió. No lo "soltamos del anzuelo". No lo absolvemos de todas las responsabilidades de sus hechos. Siguen siendo responsables por lo que hicieron y también ellos tienen que hacer las paces con el pasado.

Y hay algo más: "Yo te absuelvo" son palabras pronunciadas desde lo alto de nuestra montaña de autorrectitud y demuestran que todavía no hemos cicatrizado nuestras heridas ni hemos dejado que el dolor desaparezca de nuestro pasado. Nos permiten jugar a ser Dios, un Dios benévolo más bien que dispensador de castigos, pero de todos modos un Dios que juzga y luego condena o absuelve al pecador. La absolución no constituye sino una modalidad más del "mantenernos por encima" de los que nos lastiman. Y eso no es perdón.

● **Perdonar *no es* una forma de autosacrificio.** El perdón no consiste en mordernos las uñas y tolerar a quienes nos lastiman. Estereotipar una sonrisa en el rostro y "agradar" no es perdonar. El perdón no consiste en tragarse los propios sentimientos y hacerse el mártir diciendo que todo está bien cuando no lo está, o dejando pasar las cosas a pesar del dolor que puedan causarnos. La política del "sonríe y aguanta" a modo de perdón hace que la vida se convierta en algo menos agradable y más difícil. El verdadero perdón tiene un efecto opuesto y no puede tomarse a la ligera. Perdonamos o no. Más vale ser honestos con nosotros mismos ante la realidad de que aún no estamos listos para perdonar que pretender que estamos concediendo nuestro perdón sin que ello sea sincero.

***Perdonar *no es* una decisión repentina.** Por muy sinceros que seamos en el momento de querer dejar que pasen las cosas que deben olvidarse y recomenzar nuestra vida, no podemos esperar que despertemos una mañana cualquiera y se nos ocurra: "Muy bien, hoy ha llegado el momento de que perdone al que me lastimó" y a continuación alegremente lo hagamos. No podemos elaborar una especie de plan quinquenal en el que esté dispuesto que el primer martes de cada tercer mes sea día destinado a perdonar y tampoco que, al terminar de leer este libro, elaboremos una lista de las personas que nos lastimaron y sistemáticamente nos dediquemos a perdonarlas. Es que el perdón, por sencillo que pueda parecer, no funciona de ese modo. Es algo que no puede forzarse. El perdón es algo que sucede de manera natural como resultado del enfrentamiento de las pasadas experiencias dolorosas y la cicatrización de las viejas heridas.

> *Perdonar es una manera de abandonar*
> *un triste pasado y encaminarse hacia*
> *un futuro más positivo.*
> Marie Balter

Mucho era lo que Marie Balter tenía para perdonar. Hija de una madre soltera y alcohólica, imposibilitada de hacerse cargo de ella, cuando tenía cinco años la pusieron bajo la custodia de una pareja que luego la adoptó. Los padres adoptivos recurrían a medidas disciplinarias tales como encerrar a la pequeña en el sótano. A los diecisiete años, Marie podía considerarse poco menos que paralizada por la depresión, y sufría espasmos musculares, ahogos, hiperventilación y alucinaciones, cuyas causas los médicos no supieron diagnosticar correctamente calificándola de esquizofrénica. En 1947 Marie fue a parar a un hospital público para enfermos mentales, donde vivió durante diecisiete años. Aquellos fueron tiempos de profunda desesperanza y agonía. Algunas veces ni siquiera podía comer o movilizarse, y llegó a considerar la posibilidad de suicidarse.

Por fin, a comienzos de la década del '60, los médicos realizaron una nueva evaluación del estado de Marie y llegaron a la conclusión de que no se trataba de una esquizofrénica, sino de una víctima de depresiones y alteraciones que le causaban pánico. Con un tratamiento adecuado y la ayuda de amigos y asistentes especializados en afecciones mentales, pudo salir del hospital en 1964.

Marie tenía treinta y cuatro años cuando le llegó el momento de decidir qué haría con su vida, y por cierto que tenía toda la razón del mundo para no hacer demasiado. Después de todo, la habían abandonado y maltratado, vivió encerrada lejos del mundo y terminaron "robándole" diecisiete años de una vida que pudo haber sido normal. Estaba en todo su derecho para sentir enojo y amargura, tristeza y desesperanza; tomar las cosas con calma y vivir al día, sin esperar gran cosa y dispuesta a aceptar lo que fuera. Pero no es eso lo que hizo.

Marie se casó, se graduó en el Salem State College y obtuvo un master en Harvard. Trabajó con pacientes en psiquiatría, pronunció conferencias y escribió su autobiografía, un libro que en 1986 se adaptó a la televisión con Marlo Thomas en el papel principal. Tiempo después, en 1988, cuando Marie ya tenía cincuenta y ocho años, regresó a la institución donde pasara tantos años confinada, pero no ya como paciente sino en carácter de directora de los asuntos de la comunidad del hospital. En un reportaje de The Associated Press, donde Marie hizo el anuncio de su nombramiento, explicó con estas palabras el triunfo alcanzado a pesar de tamañas adversidades como las que debió enfrentar: "No podría haber crecido un ápice de no haber aprendido a perdonar".

Al atribuir su triunfo sobre la adversidad al perdón, Marie Balter *no* quiso decir que expulsó de su mente recuerdos dolorosos ni pretendió que tantas cosas feas nunca hubieran sucedido: ni decidió que las dolorosas experiencias pasadas eran insignificantes o justificables; ni supo tragarse sus sentimientos y seguir adelante a pesar de ellos; o sencillamente no se despertó una mañana y decidió que todo estaba perdonado. ¿Pero qué fue lo que quiso significar? Si el hecho de perdonar no es ninguna de las actitudes ni de los comportamientos que se acaban de exponer, ¿qué *es*?

Qué es perdonar

•**Perdonar un subproducto del proceso de cicatrización.** Muchos de nosotros crecemos con la creencia de que el hecho de perdonar es un acto que debe realizarse o una actitud que debe adoptarse, y que la razón de que no estemos en condiciones de perdonar se debe a que no lo intentamos con la fuerza necesaria. Pero lo que en realidad nos impide perdonar a los que nos han lastimado es que no hemos cicatrizado las heridas que nos infligieron.

Perdonar es un don que se encuentra al final del proceso de curación. Lo encontramos esperándonos tan pronto llegamos a un punto en el que dejamos de esperar que "los otros" paguen por lo que nos hicieron alguna vez.

•**Perdonar es un proceso** ***interior.*** Ocurre dentro de nosotros. Se convierte en un sentimiento de bienestar, de liberación y de aceptación. Todos esos sentimientos pueden estar a nuestra disposición en cualquier momento, siempre que *queramos* curarnos y estemos dispuestos a hacer el intento.

•**Perdonar es un signo de autoestima positiva.** Ya no se trata de elaborar nuestra identidad en torno de algo que sucedió en perjuicio nuestro en algún momento del pasado, sino de comprender que hay algo más para nosotros y que estamos en condiciones de hacer más. Se sitúa al pasado dentro de su adecuada perspectiva, y entonces advertimos que las heridas e injusticias no son sino parte de nuestra vida y tan sólo una parte de quienes somos y no la totalidad de nuestro ser.

Las religiones que nos inculcaron junto con nuestra educación presentan al perdón como una obligación moral. Para que se nos considerase "buenos" y poseedores de algún valor, se suponía que debíamos "ofrecer la otra mejilla" y perdonar a nuestros enemigos. No obstante, nosotros creemos que *el perdón es, en cambio, nuestro derecho moral...* un derecho a que, en primer lugar, dejen de herirnos los sucesos que no se justificaban. Reclamamos el derecho a no sufrir más heridas cuando por fin decimos: "Basta de dolor, ahora quiero curarme". En ese momento el hecho de perdonar se convierte en una *posibilidad*... si bien todavía puede pasar algún tiempo antes de que se haga realidad.

● **Perdonar es relegar emociones intensas que se vinculan con incidentes registrados en nuestro pasado.** Seguimos recordando lo que pasó, pero ya no nos sentimos airados con la misma intensidad, ni nos aterramos, nos amargamos o experimentamos resentimiento o sensación de daño por esa causa. El hecho de perdonar se convierte en una opción desde que el dolor por lo pasado deja de dictar cómo habremos de vivir nuestra vida hoy, y desde el momento en que comprendemos que eso que alguna vez nos ocurrió no tiene por qué determinar lo que seguirá sucediéndonos en el futuro.

● **Perdonar es reconocer que ya no necesitamos de nuestros rencores y resentimientos, nuestras iras y nuestra autocompasión.** No necesitamos de ellos como excusa para explicar por qué la vida nos entrega menos de lo que esperábamos o creíamos merecer. No los necesitamos tampoco como un arma para castigar a quienes nos dañan o para impedir que se nos aproximen demasiado los que podrían volver a hacernos mal. No los necesitamos tampoco como una identidad. Somos algo más que una mera víctima del ataque, la herida o la injusticia.

● **Perdonar es no seguir deseando el castigo de quienes nos hirieron.** Es no seguir queriendo que al otro le pase algo para quedar a mano o hacer que padezca tanto como nos hizo sufrir. Es llegar a la conclusión de que nunca podremos de verdad "igualar el marcador" y ésa es la paz interior que sentimos cuando dejamos de buscar el empate.

● **Perdonar es aceptar que nada que podamos hacer para castigar a los *otros* servirá para cura*nos*.** Es tomar conciencia de lo que hicimos debido a que nos lastimaron y de qué maneras tales actitudes y comportamientos también nos han hecho mal. Es decidir que sencillamente hemos ocultado y dañado y odiado demasiado, y que ya no queremos seguir haciéndolo.

●**Perdonar es liberar y destinar a mejores usos la energía que alguna vez consumimos para mantener rencores, albergar resentimientos y alimentar heridas que nunca cicatrizan.** Es redescubrir las fuerzas con que siempre contamos y redistribuir nuestra ilimitada capacidad para comprender y aceptar a los demás y a nosotros mismos. Es romper el ciclo del dolor y el maltrato, para dejar de crear nuevas víctimas lastimando a terceros de la misma manera que otros lo hicieron con nosotros.

●**Perdonar es avanzar.** Es reconocer que tenemos mejores cosas que hacer con nuestra vida... y después tomar la decisión de hacerlas.

Esto es lo que Marie Balter quiso significar cuando dijo que pudo crecer porque perdonó. Tanto ella como los seres cuyos relatos encontrará en este libro estuvieron en condiciones de perdonar, porque llevaron a cabo un esfuerzo concertado, siempre hacia adelante, para examinar y curar sus heridas, para poner digno remate a los asuntos de su vida todavía inacabados, para apartarse del pasado y seguir avanzando. Cambiaron actitudes y conductas, se impulsaron a través de sus miedos, y abandonaron los resquemores y juicios condenatorios. Y usted también está en condiciones de hacer lo mismo —no como un favor hacia quienes lo lastimaron o porque alguien le haya dicho, alguna vez, que perdonar es lo bueno y lo que ha de hacerse— sino por usted mismo, por su propia salud, por su felicidad y su bienestar emocional.

Perdonar es algo que usted hace por usted

Cuando Marie Balter superó los obstáculos que un "mal pasado" interponían en su camino, cuando cicatrizó sus heridas y dejó que el dolor se fuera, no estaba haciéndole favores a nadie. No modificó por completo su vida para satisfacer a su madre, para llevar tranquilidad a sus padres adoptivos o para dar al sistema de salud mental un brillante ejemplo de su capacidad para rehabilitar a los pacientes mentales. No, lo que hizo Marie fue *por ella misma.* Perdonó y reacomodó todas las piezas sueltas de su pasada vida de modo que *ella* pudiera sentirse orgullosa, que *ella* tuviera una razón para levantarse cada mañana y algo por delante para el día siguiente, cuando volviera a acostarse cada noche.

Y en eso consiste el perdón: en elaborar los asuntos que se dejaron sin terminar, en abandonar los dolores pasados y avanzar *por el bien de uno mismo.* Uno perdona para desprenderse por fin del exceso de equipaje emocional que ha estado pesando sobre uno y frenándolo en su avance; así uno puede sentirse libre para hacer y para ser lo que decida, en lugar de seguir tambaléandose según el libreto que las dolorosas experiencias pasadas le escribieron.

Por el momento, ninguna de aquellas personas que lo hirieron se ha preocupado por enmendar lo que hizo, y aun en el caso de que lo hubiera querido, lo más probable es que ni siquiera podría haberlo llevado a cabo. Piénselo. Durante todos esos años en cuyo transcurso vivió alimentando rencores y manteniendo resentimientos, ¿vino a excusarse alguno de los que le hicieron mal o lo trataron injustamente? ¿Le brindaron una disculpa que *en realidad aliviara su dolor*? ¿Hicieron alguna vez algo que de verdad lo compensara por los daños e injusticias soportadas, por los buenos momentos que le hicieron perder, por la vida que ahora lleva?

Al igual que Elise, quizás esté usted esperando el día en que hermanos, padres, cónyuges o amigos de hoy o de antes vengan a hincarse ante usted para derramar excusas e implorar perdón. Pero aun en el caso de que ese día llegara, no sería suficiente. No serviría todo eso para aliviar su dolor ni para evaporar su resentimiento. No cambiaría su vida ni lo haría más feliz, más sano y más en paz consigo mismo. Solamente *usted* puede hacerlo.

Todos esos años en los que estuvo esperando que vinieran a "poner las cosas en claro" y toda la energía que dilapidó tratando de hacerlos cambiar (u obligarlos a pagar), no hicieron sino mantener abiertas las viejas heridas y dieron rienda suelta al dolor pasado para que dirigiera y aun perjudicara su vida. Y ellos ni siquiera habrán cambiado. Nada de lo que usted hizo podrá cambiarlos. La paz interior habrá de encontrarla cambiando usted, *no* a aquellos que le hicieron mal. Y usted cambia *por usted mismo*, por la alegría, la serenidad, la paz espiritual, la comprensión, la piedad, la risa y el futuro brillante que se le ofrecen como premio. Tales son las recompensas que *usted* puede recibir. También se benefician aquellos a los que usted concede su perdón... pero no es por esa razón que usted lo hace.

De todos modos, no vaya a equivocarse al respecto, va a tener que trabajar en procura de esos objetivos. Tendrá que trabajar duro y parejo para que curen sus heridas y hacer las paces con su propio pasado. No hay atajos, no hay rodeos en torno del hecho de que *el perdón es posible si, y solamente si, se compromete consigo mismo a emprender un proceso de curación.*

El proceso de curación

Curarse es un proceso personal, en el que influyen:

- las formas específicas en que fue lastimado, cuándo y por quién;
- cómo reaccionó usted ante los daños e injusticias que experimentó, incluyendo lo que llegó a creer acerca de usted mismo y qué hizo a raíz de haber sido lastimado;
- sus circunstancias actuales —tanto los aspectos positivos como negativos de su vida actual, los problemas que

pudiera estar experimentando ahora y los conocimientos, recursos y apoyos emocionales que tiene en este momento;

- la visión personal que tiene usted de lo que es paz interior y en qué desea que se convierta su vida.

Ahí tiene desparramadas las piezas del rompecabezas de su vida. Si bien son muchos los que han reunido algunas piezas parecidas a las suyas, no hay nadie que tenga todas las que tiene usted ni hay otro que haya logrado armar completamente un rompecabezas idéntico al suyo. En su rompecabezas hay huecos diferentes que usted ha de llenar para completar el juego, piezas distintas que tendrá que descartar porque ya no se acomodan a las que le corresponden. De manera tal que su proceso de curación no será exactamente igual al de ningún otro. Si bien el propósito del viaje emprendido —alcanzar la paz del espíritu y mejorar la calidad de vida— es algo que todos nosotros tenemos en común, para cada uno de los interesados el viaje ha de ser diferente.

No obstante, si bien cada uno de nosotros habrá de desplazarse a través del proceso de curación a su manera peculiar y según el andamiaje personal del momento de cada uno, todos habremos de pasar por seis etapas de curación:

1. *Negación.* Esta es la etapa en que intentamos reducir el impacto o la importancia de las dolorosas experiencias pasadas y enterrar nuestros sentimientos y recuerdos referidos a dichas experiencias.

2. *Autoculpa.* Cuando nos encontramos en esta etapa tratamos de explicar qué nos pasó suponiendo que, por alguna razón, fuimos en parte responsables de las injusticias y las heridas que padecimos, con lo que estaremos diezmando nuestra autoestima al trabajar todo el tiempo para convencernos de que no nos hubiesen hecho mal *si sólo* hubiéramos sido diferentes o hecho las cosas de otro modo.

3. *Víctima*. En esta etapa reconocemos que no merecimos el daño que nos hicieron y que tampoco lo pedimos. Adquirimos perfecta conciencia de cuán damnificados resultamos a raíz de las dolorosas experiencias de otro tiempo, mientras seguimos revolcándonos en la autocompasión, esperando muy poco de nosotros, disculpándonos a expensas de quienes nos rodean o castigando a quienquiera "se cruce" en nuestro camino.

4. *Indignación*. Cuando pasamos por esta fase nos indignamos con todos los que nos hicieron algún mal y con el mundo entero. Anhelamos que paguen sus culpas todos los que nos hirieron y pedimos que ellos sufran lo mismo que nosotros sufrimos. Puede decirse que carecemos por completo de tolerancia y *nuestra inflexibilidad es siempre muy alta.*

5. *Sobreviviente*. Por fin, llegados a esta etapa, reconocemos que si bien fuimos en efecto lastimados, lo cierto es que pudimos sobrevivir. Nuestras dolorosas experiencias pasadas apartan ciertas cosas de nosotros, pero también nos dejan algunas otras. Tomamos conciencia de nuestra fuerza y damos la bienvenida a la vuelta de nuestro sentimiento de compasión, nuestro sentido del humor y nuestro recuperado interés en cosas que no estén necesariamente relacionadas con el dolor. Nos reconfortamos con la idea de que, consideradas todas las facetas del caso, hicimos lo mejor que pudimos.

6. *Integración*. Cuando alcanzamos esta etapa estamos en condiciones de reconocer que quienes nos lastimaron podrían haber actuado lo mejor que podían, y que si nosotros somos algo más que nuestras heridas, también ellos podrían ser algo más que los causantes de dichos males. Una vez en conocimiento de esto, podemos liberarlos de la prisión en que los encerramos y recuperar para nosotros toda la energía que debimos emplear para mantenerlos dentro. Podemos dar una nueva perspectiva al pasado —sin olvidarlo por ello—, dejando atrás la pena y seguir adelante con nuestras vidas, liberados al fin del exceso de peso emocional.

Cuando se resume en esta forma el proceso de las seis etapas de la curación —sobre los que habremos de volver en detalle en las páginas de este libro— se nos presenta de manera muy destacada, nos deja la impresión de que nos movemos linealmente de una fase a la otra, un paso después de otro. Pero no es realmente así como funciona el proceso. La curación se registra con accesos y recomienzos, tanto cuando uno se mantiene en pie como cuando intenta gigantescos saltos hacia el frente. Incluso, una que otra vez, implica retroceder por un breve tiempo a un punto anterior.

A decir verdad, su proceso de curación se inicia en el instante en que recibe el daño. Aunque pudiera ser que no parecieran buenos ni se considerasen curativos muchos de los aspectos por los que pasó desde que fue lastimado y los primeros pasos del proceso que intentó desde ese momento, lo cierto es que a su debido tiempo lo llevarán al punto en que deberá decidir que está cansado de tanto lastimarse y quiere curarse. Y también por esta razón es que las experiencias que lo dañaron e incluso las peores cosas que hizo a causa de haber sido lastimado —temas de los dos capítulos siguientes— forman parte del proceso de curación, parte de ese viaje que al fin habrá de conducirlo a sentirse en su totalidad en paz consigo mismo y con todos, incluyendo a aquellos que le hicieron mal.

2

¿CÓMO SE NOS LASTIMÓ

Tenía seis años la primera vez que mi padre abusó sexualmente de mí. Me sentí lastimada cuando aquello sucedió, seguí considerándome herida y de manera inconsciente durante muchos años me lastimé a mí misma.

Mis reacciones se parecieron a la de tantos otros hombres y mujeres que fueron víctimas de abusos durante la infancia, que crecieron en familias cuyos integrantes eran alcohólicos o de alguna manera integraban grupos anormales. Consideré que era difícil, por no decir imposible, confiar en los demás y me sentía insegura, impotente, a merced de los otros. Me sentía disminuida por la vergüenza y la culpa, en razón de que en algún nivel muy dentro de mí creía ser responsable de cuanto me sucediera y pensaba que algo debía de tener para atraer hacia mí una atención que no deseaba.

El maltrato sexual siguió hasta que tuve doce años, y durante todo ese tiempo mi madre no tuvo la menor idea de lo que estaba sucediendo en su propia casa. Como mi padre se hallaba impedido de trabajar por un trastorno en la columna, la que debía salir a ganar el pan era mi madre, y las cosas ocurrían precisamente cuando ella se encontraba fuera de casa. Estoy segura de que mi madre jamás pensó que esto pudiera estar aconteciendo, y tampoco yo se lo dije. Me parecía que enterarse de ello podría haberla destruido. Sin embargo, mi deseo de protegerla de la verdad no me impedía "desalojarla" de su función de madre. Puesto que tenía decidido no hablar con ella del abuso y como cualquier otro tema parecía carente de importancia en comparación en resumidas cuentas dejé de hablar con mi madre. Al final terminamos compartiendo el techo y nada más, pero sin que yo aceptara sus intentos por apoyarme y sin que le diera razones para que se sintiera vinculada a mí como su hija.

En lo esencial, yo misma elaboré mi abandono. Perdí a mi padre porque él abusaba de mí y dañé gravemente mis vínculos con mi madre porque ella —sin tener la menor culpa— no estaba en condiciones de ayudarme.

El incesto lastimó a Suzanne y ella no ha sido la única en esas condiciones. Investigaciones recientes demuestran que una de cada tres niñas y uno de cada siete muchachos son o han sido maltratados en esa forma durante su infancia, y que la mayoría de las veces los abusos provienen de padres u otros familiares, o de adultos amigos de la casa. Si usted, al igual que en el caso de Suzanne, fue víctima de ese abuso cuando era niño, es indudable que resultó lastimado por esa experiencia. Y aun a pesar de que el maltrato haya pasado a la historia hace muchísimo tiempo, hay muchas posibilidades de que todavía hoy siga sintiendo sus efectos.

Pero no son los sobrevivientes del incesto los únicos que alguna vez fueron lastimados o necesitan todavía curar viejas heridas.

Es posible que esté leyendo este libro porque *abusaron* de usted sexual, física o emocionalmente. O que lo lea porque su infancia se desarrolló en una familia de alcohólicos o tuvo un matrimonio infeliz que terminó en divorcio. También es posible que lo hayan tomado de chivo expiatorio debido a sus creencias religiosas, por el color de su piel o porque haya sido constantemente víctima de bromas y burlas a causa de que era gordito, elegante, pobre o rengo. No se trata aquí de establecer la naturaleza exacta de las pasadas experiencias dolorosas. Comparar viejas heridas es algo tan infructuoso como establecer comparaciones entre qué es peor, la ceguera o la sordera, la pérdida de un brazo o de una pierna. Fuera de todo cuestionamiento, lo que pasa es que algo se ha perdido y que es indispensable proceder a un reajuste.

No tiene que transformarse en la noticia de la semana contando la forma en que *usted* fue víctima de algo, con el fin de convalidar la pena que siente. Era usted el que estaba ahí. Aquella herida o aquella injusticia fueron cosas reales. Es algo que efectivamente sucedió y ejerció un verdadero impacto en su vida. Si algo que, en determinada ocasión, pudo haberlo lastimado —aunque no se trate de algo tan "sensacional" como el incesto— y todavía hoy lo sigue afectando de alguna manera, entonces se trata de una herida de la que tiene conciencia, una herida que necesita tratarse.

Porque sí, porque todos hemos sido lastimados. Y si lo que se busca es curar y olvidar, entonces ha de empezarse por reconocer el hecho, por examinar qué y quién produjo la herida, a fin de que se pueda enfrentar y establecer con claridad el problema o los problemas que se crean cuando hay que vérselas con viejas heridas. Con ese propósito, pasamos revista en este capítulo a los ocho puntos más importantes en la lista de las "heridas" (como si considerásemos los temas más populares de un "hit parade"), que son el desengaño, el rechazo, el abandono el ridículo, la humillación, la traición, el engaño y el abuso, y veremos asimismo de qué manera todos esos tipos de dolor provenientes del pasado se arrastran hasta el presente.

Desengaño

Cuando Darlene tenía ocho años, sus padres se divorciaron... algo por sí mismo devastador, agravado por el hecho de que se produjo en los años cincuenta, cuando los divorcios no eran tan comunes como en estos días. La madre de Darlene retuvo la tenencia de la niña —única hija del matrimonio— y se concedió al padre autorización para visitarla los sábados. Darlene, que según ella misma lo dice fuera siempre "la favorita de papá", vivía ansiosa, aguardando la visita semanal, pero lamentablemente el padre no acudía con regularidad.

"La primera vez que faltó fue algo horrible", dice Darlene, que recuerda el episodio con todo detalle después de treinta años. "Había estado imaginando todo lo que sucedería durante la visita. Hasta tenía preparado un regalito hecho por mí y muy bien envuelto para agradarle." Cuando la madre le dijo que el padre acababa de llamar para decir que no vendría a visitarla, en un primer momento no pudo creerlo. "Le dije que era imposible que mi papito me hiciera algo así, y me negué a moverme de la puerta de calle, donde acostumbraba a esperarlo." Cuando resultó evidente que el padre no vendría, Darlene se enojó... con su madre. "Me puse a gritarle y a echarle la culpa de que mi padre procediera así, le dije que siempre había sido mala con papá y que lo había obligado a irse de la casa. Después me fui a mi pieza hecha una furia y allí estuve durante todo el día."

Su padre la llamó por teléfono el domingo, se disculpó y le prometió que nunca más volvería a suceder. Aquello bastó para que Darlene inmediatamente lo perdonara y "todo volvió a ser color de rosa" hasta que el padre de nuevo volció a fallarle, una y otra vez.

"Siempre tenía alguna explicación", dice. "Siempre estaba haciéndome promesas para conformarme, pero no dejó de proceder en la misma forma. Y qué quieren que les diga, yo *realmente* quería creer que no volvería a hacerme lo mismo, con lo que cada vez que faltaba me dejaba hecha un desastre." Para cuando Darlene cumplió diez años, tuvo la convicción de que le interesaba poco a su padre. Ya no volvió a pensar en lo que haría cuando él la visitara, y en realidad se puso a pergeñar nuevos planes para decidir en qué emplearía los sábados "de él." Explica después que "casi dejó de verlo durante su adolescencia", y lo que es más, en la mente de Darlene se fijó la idea de que "no se puede confiar en que la gente vaya a hacer lo que ha prometido, porque el que confía en otro termina sufriendo un desengaño."

El desngaño se convierte así en la inevitable consecuencia de *no* obtener algo que se quiere, que se está buscando o que se espera. Y como en la vida real no siempre logramos todo lo que deseamos, alguna vez todos nosotros sufrimos de algún desengaño. Desde luego que no todos los deseos insatisfechos, las esperanzas perdidas y las expectativas no alcanzadas ejercieron un impacto perdurable en nuestra vida, pero algunos —como el desengaño de Darlene cuando su padre dejó de visitarla— sí lo hacen.

Y ello se debe sencillamente a que algunos de esos desengaños afectan más que otros. En ocasiones es tanto lo que se ansía determinada cosa —por ejemplo un ascenso, un determinado trabajo, una propuesta de matrimonio, la paternidad— que el sujeto se siente destrozado cuando sus anhelos fracasan. Otras veces uno tiene una seguridad tan absoluta de que algo habrá de suceder, que si el resultado es distinto lo toma completamente desprevenido. Además, cuando el trabajo que se buscaba lo obtiene alguien menos calificado o se concede determinado ascenso por favoritismo y no por méritos, o cuando una hermana queda embarazada sin problemas en tanto la afectada tiene problemas de fertilidad, lo injusto de la situación hace que el desengaño sea todavía más doloroso. En todas esas situaciones, que no son por cierto las únicas, el desengaño duele, daña... y mucho.

Rechazo

"Steve fue mi primer amor", expresa Melinda, una joven de veintiocho años que regentea un restaurante. "Y fue de verdad el primer tipo del que realmente me enamoré."

Cuando se conocieron en Catskill Mountains, un lugar de veraneo en el que ambos trabajaban, Melinda tenía diecisiete años y Steve veinte. "Me dijo que se enamoró de mí desde el momento en que me vio", recuerda la joven. "Yo tardé un poco más, pero no mucho." A las dos semanas de conocerse pasaban juntos todos sus momentos libres.

Por extraña coincidencia, ambos vivían en Connecticut, separados apenas por una distancia que podía recorrerse en diez minutos, así que siguieron viéndose después de la temporada veraniega. Luego Melinda debió partir para seguir sus estudios. "Ya tenía elegida una institución en el Medio Oeste mucho antes de conocer a Steve, pero consideré la posibilidad de estudiar allí un año para luego pasar a otro colegio en el Este." Durante el primer semestre, los novios se escribieron cartas todos los días y trabajaron duro para reunir el dinero suficiente para las llamadas telefónicas de larga distancia y para aprovechar cualquier ocasión propicia para tomar un avión y encontrarse. Sin embargo, cuando llegó la primavera las cartas de Steve empezaron a escasear hasta reducirse a una por semana, y cuando Melinda volvió a su casa al término del año escolar, Steve le dijo que no iría a pasar el verano con ella según lo habían planeado y reconoció que llevaba algunos meses saliendo con otra chica.

"Me dijo que nunca me tenía cerca cuando necesitaba de mí", dice la joven cuando vuelve a contar cómo fue aquella lacrimosa confrontación. "Que por muchas razones sencillamente yo no estaba en condiciones de satisfacer sus necesidades. Y no alcanzó a entender qué quiso decir con eso. ¿Se referiría al aspecto sexual? Pensé que fuera por eso, ya que yo era bastante inexperta en tanto la otra chica decididamente no lo era. ¿Estaría queriendo decirme que no lo apoyaba lo suficiente, que pensaba demasiado en mis estudios o era egoísta? Lo ignoro, tal como lo ignoré entonces. Tampoco se lo pregunté. Me limité a volver a mi casa y a no llorar. Me desmoroné por completo."

Steve estaba indeciso. No estaba seguro de lo que quería,

y Melinda —con la esperanza de que él decidiera en su favor— aceptó pasar tres "semanas de pesadilla" encontrándose con Steve por la tarde, mientras la chica trabajaba, y luego "sentándome en casa por la noche preguntándome qué estaría haciendo con la otra."

"Hasta que por fin él tomó una decisión", suspira Melinda. "Y no fui la elegida. Nunca pude saber cuáles fueron sus verdaderas razones, pero lo cierto es que en el fondo no importa cuáles hayan sido. La verdad de la cuestión era que terminé abandonada. Yo era la que, por esto o por aquello, no era lo suficientemente buena para él." Esas palabras, "no lo suficientemente buena", siguieron siendo durante mucho, muchísimo tiempo, la imagen básica que Melinda se trazó de sí misma, una imagen que se reforzó por una serie de relaciones desdichadas con otros hombres que, para colmo y según ahora comprende Melinda, "tenían escrito el rechazo en ellos incluso antes de que nada comenzara."

Siempre hiere ser rechazado por la persona amada, por un cónyuge o por el gerente que hace una entrevista laboral, por alguien de nuestro grupo, por los padres o por quien sea. Ese rechazo daña lazos que son significativos a nosotros y eso duele. El rechazo produce un sentimiento de pérdida —pérdida de amor, de amistad o de algo que deseábamos conseguir o queríamos conservar— y eso duele. Pero lo que hiere profundamente y llega hasta el hueso, por así decir —para seguir acosándonos después— es aquel mensaje implícito que casi siempre acompaña a un rechazo, la convicción de que somos, para usar las palabras de Melinda, "no lo suficientemente buenos" vaya a saber por qué.

Si uno escribe un artículo, tanto para el periódico escolar como para una revista de gran tirada, y se lo rechazan, lo primero que se nos ocurrirá es que no somos tan buenos como creíamos para redactar un artículo. La explicación que nos damos cuando se nos excluye del equipo de fútbol es bien clara y sencilla: poco estado atlético. No teníamos talento interpretativo y por eso no nos incluyeron en el reparto de la obra escolar. No éramos tan encantadores y por eso nuestros pares nos rechazaron o descuidaron cuando éramos niños, o prefirieron a la hermanita menor. Y cuando recibimos el rechazo de un amante o del conyuge, aparecen decenas de cosas que —en nuestros pensamiento— no hemos sabido hacer del todo bien: no somos tan buenos en la cama, no servimos para salir a ganar un buen sueldo, como amas de casa somos desastrosas, no sabemos apoyar bien al otro, no le prestamos la debida atención, etcétera, etcétera. El mensaje del "no lo suficientemente bueno" se repite una y mil veces en nuestra mente, tal como una cinta sinfín, para mantener siempre vivo el recuerdo del rechazo y todo el dolor que ello nos produce.

Abandono

Se parece al rechazo porque también rompe vínculos emocionales entre nosotros y alguien muy importante en nuestra vida, por lo que el abandono constituye una experiencia devastadoramente dolorosa y el temor a que se produzca se convierte en una fuerza poderosa en la vida de muchos de nosotros.

"Yo fui uno de esos bebés de los que se lee en los diarios", explica Sandy. "Mi madre me envolvió como si fuera un paquetito, clavó una pequeña etiqueta con un alfiler y me dejó en una puerta cualquiera. Aquel día en que mis padres me explicaron, al cumplir los cinco años, que me habían adoptado, no me sorprendí. Por alguna razón, ya lo sabía. Siempre me había sentido diferente, como si no encajara."

Fue un sentimiento que se acrecentó a medida que Sandy fue creciendo. "Mis padres adoptivos eran buenos. Me trataban tal como lo hacían con sus verdaderos hijos", dice Sandy. "Pero faltaba algo, en mi interior. Puedo asegurar que es una sensación muy curiosa. Cuando era chico solía ponerme a pensar en cómo sería mi verdadera madre.

¿Me parecía a ella? ¿Tendría en alguna parte hermanos o hermanas parecidos a mí? Siempre alenté aquellas fantasías de *Príncipe y mendigo*, esperando el día en que tropezaría con un gemelo exactamente igual a mí, pero muy rico y lleno de privilegios, también adoptado como yo, pero por alguna persona de la realeza o por una estrella de cine... y como en la novela cambiábamos nuestros papeles. Vivía soñando con tener la vida de algún otro, por la sencilla razón de que la mía nunca me había parecido real."

Durante los años de su adolescencia Sandy representó teatralmente su alienación, su sentido de hallarse completamente sola en el mundo. "No podía considerarme menos adaptada", dice con una risa sardónica. "Andaba siempre vestida de negro. Escribía llorosos poemas y dibujaba paisajes dignos de la peor pesadilla", recuerda. "En la casa, mis conversaciones no pasaban de simples gruñidos y respuestas de una o dos palabras, y no tenía otros amigos que aquellos chicos tan desprovistos como yo, los pobrecitos de la calle y los que se drogaban."

En última instancia, los padres de Sandy la llevaron a un terapeuta. "Lo enloquecí. Una semana tras otra permanecía allí, mirando la pared, ignorando las preguntas que me formulaba, rehusando decir lo que fuera." Hasta que por fin un día el terapeuta se salió de las casillas y le preguntó por qué estaba haciéndole perder el tiempo. Es posible que Sandy haya estado esperando que llegara aquel momento y le hiceran esa pregunta en particular, o quizás estuviera por fin dispuesta a compartir con alguien todo aquel peso que venía arrastrando desde la infancia. Lo cierto es que esa vez le contestó: "Le dije que precisamente eso es lo que yo era... una pérdida de tiempo, un error, alguien que no debería haber venido nunca al mundo. ¡Y si quería pruebas, podría mostrarle mis papeles de adopción. Porque en cuanto a mí pudiera corresponder, el hecho de que me arrojaron en la primera puerta de la calle demostraba, sin dejar lugar a la menor sombra de duda, que una no vale un pito."

Aunque tal vez no recurran a las mismas palabras, miles de adoptados comparten los sentimientos expuestos por Sandy. Por muy buenos que hayan sido los padres adoptivos y por mucho que se hayan esforzado para criarlos y educarlos, los adoptados siguen conservando la sensación del abandono. El haber sido dejado por ahí, tener con alguien lazos que se han dañado completa e irrevocablemente, son cosas que causan un gran dolor. Son heridas que siguen supurando, que envenenan al abandonado con un punzante sentimiento de desconfianza en sí mismo. Algo tienen que haber tenido para que sus padres los abandonaran, debe de haber existido alguna razón valedera, porque ningún padre entrega a su hijo en adopción a menos que se trate de un niño al que no se ame, que no valga nada o tenga alguna deficiencia. Por mucho que se les explique, que se intente convencerlos, nada hay que los cambie, seguirán considerándose en falta. Incluso cuando por fin logran "soltarse" como a su debido tiempo consiguió Sandy, siempre queda un cierto vacío. "Hace un par de años me puse a buscar a mi madre verdadera", dice Sandy. "Es porque quiero sentirme completa, y no estoy segura de que lo esté mientras no sepa quién es mi madre y por qué me abandonó."

También la muerte de un ser querido puede dejar una sensación de abandono, una enloquecedora mezcla de angustia y enojo. Con toda lógica, cualquiera puede considerar que padre o madre, abuelos o cónyuge, no murieron para causarle un dolor al deudo querido, pero de todos modos uno se siente abandonado, se ha quedado a solas con su pena y su luto, sin compañía para enfrentar la vida que ha de seguir.

Tal vez no sea tan dramático, pero de todos modos es doloroso el sentimiento de abandono que se experimenta cuando amiguitos de la infancia se mudan de barrio o sin explicación alguna pasan a formar parte de un grupo del que uno ha sido excluido. Y más de uno se ha sentido abandonado cuando un amigo muy íntimo se ha enamorado y ha terminado casándose. Han cambiado las prioridades. Los otros dedican más tiempo y mayor energía emocional a sus novios, novias o cónyuges, y uno se ha quedado solo, atrás, en tanto los amigos siguen avanzando.

Sea cual fuere su forma, el abandono no deja sino una estela de dolor y vacío. Y cuando física o emocionalmente alguien "se va" para siempre, entonces el trocito de nosotros que se va también con esa persona que nos deja, crea un espacio vacío que resulta poco menos que imposible volver a llenar. Y por cierto que, tal como ocurrió en el caso de Sandy, el sentimiento de vacío, el dolor, las preguntas sin respuesta y la amargura creada por todo eso, pueden durar toda la vida.

Ridículo

Patricia, de treinta y cinco años, es una mujer de negocios que conoce el éxito y vive sola en la ciudad de Nueva York. Auque viste siempre a la última moda y es una mujer atractiva y elegante cada vez que se mira al espejo se encuentra tosca y excedida de peso, parecida a la chica que en la clase de gimansia relegan siempre al último lugar, de la que todos se ríen y a cuyas expensas hacen bromas llamándolas "Patty la gordita", como en efecto hacían sus hermanos y los chicos del vecindario en otros tiempos. "Patty la gordita" vistió ropas que no le sentaban y jamás salió con un chico en sus años de colegiala. Su hermano mayor solía decir que en su casa no necesitaban de un recipiente para las basuras porque ya la tenían a ella y su hermana bromeaba con ella diciéndole que cuando necesitara ropas para el colegio podía ir a comprarlas a lo de un comerciante de carpas. Patricia nunca se quedó con que la ridiculizaran, sino que aprendió a defenderse de los demás. Volvió a escribir la Regla de Oro y les hizo bromas a los otros *antes* de que cayeran sobre ella.

Desgraciadamente, "Patty la gordita" sigue viviendo dentro de la Patricia adulta. Hasta el día de hoy sigue creyendo que las personas que conoce, sin decir palabra, la juzgan y se ríen de ella. No permite a nadie que se le acerque lo suficiente como para hacerle daño, recurriendo a palabras que pueden sonar a sarcasmos, pero que ponen a todos a distancia.

El ridículo se define como "el acto de convertir a alguien en objeto de una burla; en divertise con defectos del otro; mofarse; escarnecer." Pero quienquiera que haya sido ridiculizado alguna vez, desde luego que no necesitará de un diccionario para saber qué significa. Casi podría decirse que durante mucho tiempo uno puede seguir oyendo aquella risa sarcástica resonando en los oídos, recordar aquellas palabras vejatorias y las punzadas que causan la mofa y la crítica.

Es posible que, por alguna razón, nos hayan puesto en ridículo tratándonos de "gordito", "mariquita" o "inútil", "debilucho", "llorón" o "ganchudo de la maestra." También es posible que esas etiquetas hayan obedecido a cuestiones raciales o étnicas, entre las que tratar a una persona de "negro" o "chinito" son las más comunes. También es posible que se hayan burlado de uno por ser pobre, tímido o con algún defecto discapacitante. Nosotros, y poco menos que todos los que conocemos, por lo menos una vez fuimos discriminados y se nos hizo sentir distintos o deficientes al tratar con otras personas.

Y no lo hemos olvidado. Las personas como Patricia, que de pequeñas soportaron burlas por estar excedidas de peso, siguen considerándose gordas y están convencidas de seguir pareciéndolo aunque ya no lo sean. Los que fueron calificados de torpes o estúpidos, de incorregibles, siguen viéndose como tales. Ya no es necesario que vuelvan a mofarse de ellos, porque ellos mismos lo harán, pensando o incluso gritando: ¡"Es que soy tan estúpido!", "¡Qué retardado soy!" y "¡Mírenme, no soy capaz de hacer nada bien!" Si abriga usted alguna duda acerca de que el ridículo es un daño perdurable, sencillamente fíjese en sus heridas del pasado. Puede decirse que las enorme mayoría de ellas tienen ese origen.

Humillación

Ridículo y humillación —que lastiman el orgullo y la dignidad— por lo general van de la mano. Porque, consideremos, ¿quién puede ser ridiculizado sin sentirse humillado al mismo tiempo? Es posible que muchos de ustedes hayan sido humillados por los maestros, cuando los calificaron de estúpidos o de burros sin esperanzas de recuperación, o cuando los expusieron ante el resto de la clase como ejemplos de lo que *no* ha de hacerse. Orgullo y dignidad también pueden haber sido lastimados por padres que los vistieron con ropa ridícula, en desuso, que les cortaron alguna vez el pelo poniéndoles una taza en la cabeza o que —si era una jovencita— las mandaban al colegio viligada por el hermano mayor o no la dejaban asistir sola a las fiestas. Es posible que les hayan dado "una buena lavada de cabeza" delante de sus compañeros de trabajo, que sus chicos los hayan hecho quedar mal en público, que se hayan sentido mortificados por padres alcohólicos que hacían papelones en las fiestas o frente a sus amigos, o que los hayan humillado profundamente al hacerles ver que "era el último en enterarse— de que su mujer estaba engañándolo con otro." En cualquiera de esos casos, o en otros parecidos, si alguna vez "quedó como un tonto", sabrá que la humillación muchas veces deja heridas que nosotros mismos nos hemos causado.

Por ejemplo, cuando Melinda recuerda el intempestivo final de sus relaciones con Steve, trae a colación más cosas que las sólo vinculadas con el hecho de haber sido rechazada. "Llegué a humillarme hasta lo increíble", dice. "Me tragué el orgullo durante aquellas tres semanas en que me veía de día y se iba con ella por la noche, pero perdí hasta el último pedacito de dignidad y respeto por mi propia persona cuando me dijo que de verdad todo había terminado entre nosotros. Me puse a llorar. Pedí y rogué... hasta de rodillas le imploré. Lo llamaba por teléfono, pero colgaba cuando él contestaba, y después volvía a llamar para pedirle disculpas por haber llamado y colgado. El se consiguió un trabajo de repartidor de pizzas, y una vez llegué a pedir que trajeran una a la casa de una amiga, para tener así la ocasión de verme frente a frente con Steve. Fue algo que no duró más que una semana o dos, pero cuando recuerdo aquellas cosas que dije y que hice, me echo a temblar."

También nosotros, como Melinda, cuando recordamos los momentos de humillación por los que debimos pasar alguna vez, sencillamente nos ponemos a temblar. Cuando éramos chicos tal vez nos hayan dicho aquello de que "con palos y piedras podrán rompernos un hueso, pero no podrán hacernos mal diciéndonos cosas", pero lo cierto es que el hecho de recibir insultos, así como otras formas de humillación o ridículo, *sí* nos hieren. Son cosas que atacan algo que hemos hecho o, lo que es peor, alguna faceta íntegra de lo que éramos entonces, y por lo tanto volvemos a sentir la punzada del dolor. Tal como los caballeros medievales para defender sus castillos sitiados por el enemigo, nosotros fortificamos defensas en torno de nuestro sector particular de vulnerabilidad o levantamos altísimos muros imaginarios para que nadie se acerque demasiado y pueda volver a causarnos daño. Muchos de nosotros seguimos usando esas defensas y ocultándonos detrás de esos muros.

Traición

En la noche de su promoción, Sara "lo hizo" con un jovencito llamado Tom, que era su novio permanente desde los años del secundario. El lunes siguiente, cuando Sara se dirigía a los vestuarios de las chicas, vio a Tom en el pasillo charlando con un grupo de compañeros. Se les acercó y, hasta el día de hoy, lamenta haberlo hecho, ya que en ese momento alcanzó a oír una conversación que le significó un golpe terriblemente doloroso.

"Me enteré de que te anotaste un poroto la noche de la promoción", dijo uno de los jóvenes.

Al mismo tiempo, otro daba golpecitos de felicitación en la espalda de Tom, y añadía: "Al final te la hiciste, ¿eh?."

"¡Pavadas!", se jactaba Tom. "Era ella la que no podía esperar. ¡Ya se había empezado a desvestir antes de que yo terminara de cerrar la puerta del cuarto del motel."

Sara sintió como si le hubieran dado una bofetada. Le brotaron gruesas lágrimas y el corazón empezó a latirle con fuerza. Había sido traicionada.

La traición constituye un dolor agudo, punzante, que envía sus ondas estremecedoras por todo el cuerpo. También usted alguna vez acaso experimentó ese mismo dolor y lo debe recordar muy bien. Puede haber existido un novio o una novia que haya compartido detalles de vuestra intimidad con terceros, tal como Tom lo hizo en el caso referido. O es posible también que lo hayan traicionado, cuando un amigo anduvo contando a otro algún secreto que compartía con usted, a pesar de haberle pedido encarecidamente que lo callara. Es posible que lo hayan traicionado compañeros de trabajo que difundieran chismes y lanzaron a correr rumores sobre usted o se habrá sentido traicionado por su ex esposa si ella terminó pintándolo como "al malo de la película" con sus hijos en cuanta ocasión tuviera que hablar con ellos. También, como lo fuera Suzanne, puede haberse sentido traicionada por un padre en el que implícitamente tenía que confiar, pero que hizo trizas esa confianza abusando de usted, procediendo de manera extemporánea o explosiva (o sin ninguna razón). Si bien tal cosa no ocurrió en el caso de Suzanne, de haberle dado cuenta usted a su madre o a otra persona adulta sin que le creyeran se habría sentido doblemente traicionada.

Cuando se registra una de esas traiciones, casi podemos oír cómo se rompe con un estallido el vínculo de la confianza y sentimos crecer el dolor que ello nos causa. Podemos sentir que nos están dando una bofetada —como dice Sara— o nos duele el estómago, o —para mencionar las palabras de un amigo —nos parece "estar precipitándonos al fondo de un hoyo profundo y oscuro, dando volteretas como le sucede a Alicia cuando va rumbo al País de las Maravillas." Hay que recorrer un largo camino para volver a la superficie desde el fondo de ese agujero, y algunos de nosotros todavía no hemos podido cubrirlo en su totalidad.

Engaño

Lo mismo que la traición, el engaño daña nuestra capacidad de confiar en otros. Pero lo peor es que, cuando se ha sido víctima de un engaño, cuando se nos ha mentido, nos resulta difícil no sólo seguir confiando en otros, sino también en nuestro propio juicio.

Para algunos, las mentiras toman la forma de promesas no cumplidas —como pasaba con el padre de Darlene cuando no acudía a sus visitas semanales. El hombre le decía que eso nunca volvería a ocurrir. Pero una y otra vez faltaba, y así Darlene aprendió a descreer de él para siempre. Lo lamentable es que, tal como muchas veces sucede con el engaño, Darlene terminó por generalizar su experiencia y le costó muchísimo llegar a descubrir en qué personas —si es que había alguna— podía depositar su confianza.

Lo mismo que Melinda, muchos habrán oído a sus amantes, cónyuges, padres y terceros en general asegurarles que todo andaba bien cuando era tan fácil darse cuenta o incluso ver y oír que por lo menos alguna cosa andaba mal. En realidad, secreto y engaño no eran las excepciones, sino más bien la regla en algunas familias.

"Mi padre andaba con otras", dice Betsy. "Y mi mamá

siempre se enteraba de aquellas aventuras. Podía palparse la permanente tensión que había en el ambiente, a pesar de que los dos seguían con sus arrumacos cuando estaban en nuestra presencia, para que no lo advirtiéramos. Pero es que no éramos estúpidos. Es posible que nunca hubiéramos oído con exactitud lo que se decían, pero resultaba imposible que no llegaran hasta nosotros los gritos que intercambiaban todas las noches. Y aquellas veces en que mamá se levantaba súbitamente de la mesa para ir al baño, sabíamos perfectamente que no lo hacía para lavarse las manos. Hacía correr el agua del lavatorio para que no la oyéramos llorar.

"No podría asegurarlo de mis hermanas, pero siempre consideré que aquellos números de 'la familia feliz' que ellos representaban, eran una burda mentira... pero no podía demostrarlo nunca por la sencilla razón de que estábamos pretendiendo que todo andaba a las mil maravillas. Algunas veces pensé que estaba loca. Y otras me parecía que yo era el problema del que nadie hablaría."

Los engaños que implican desmentir o negar la existencia de problemas verdaderos y mantener en secreto las cuestiones de la fmailia, verdaderamente pueden hacer que uno se sienta 'como loco'. Se termina por no saber a quién creerle. No se sabe qué es lo que puede decirse y qué ha de ocultarse. Y por cierto que más de una vez se pasarán las de Caín para saber si hemos de creer o no en nuestro propio juicio.

Pueden advertirse también los efectos psicológicos colaterales del engaño al considerar el creciente número de personas que han sido víctimas del "gran sueño norteamericano" —el que promete el éxito y la prosperidad para todo aquel dispuesto a trabajar duro para alcanzarlo. Miles de personas terminaron heridas por esta decepción, porque el meollo del asunto es que la cosa no es tan así: el racismo, la discriminación sexual y otros obstáculos parecidos mantienen las puertas cerradas para muchos; por una razón u otra se cierran fábricas y se despide personal, y quienes trabajaron duro y parejo toda la vida, de la noche a la mañana pueden verse en la calle y despojados de todo. "Hicimos lo que se suponía que debíamos hacer, y mire a qué nos llevó, piensa esa gente, con natural resentimiento. "¿Qué hicimos para merecer esta suerte? se preguntan, mientras el dolor parece arrollarlos. Se formulan con amargura esas y otras preguntas, pues quieren saber por qué les pasaron esas cosas, cuando toda la vida trataron con tanta energía de hacerlo todo lo mejor posible. Y la única respuesta a la que pueden llegar es que no fueron suficientemente aptos, que no lo intentaron con todas sus fuerzas, o que tuvieron la desgracia de haber nacido negros o mujeres, o en una familia que nunca los alentó para superarse y les aconsejó seguir haciendo el trabajo de sus padres.

Como pueden ver, todas las mentiras acarrean una larga lista de preguntas, encabezada por: "¿Por qué? ¿Por qué me mintieron y por qué les creí?" No hay nadie que esté en condiciones de dar una respuesta satisfactoria a esa pregunta, y por muy triste que parezca, las respuestas a las que uno llega sin ayuda de nadie casi siempre son derrotistas. Uno se indigna con las personas o con los "sistemas" que mintieron, pero también se pone furioso consigo mismo... por haber confiado en los que engañaron y por haber sido demasiado "estúpidos, crédulos o ingenuos", por sobre todas las cosas, al no advertir que estaban engañándonos. Extraer semejantes conclusiones puede y, en realidad, causa increíbles daños a la autoestima.

Abuso

El penetrante problema del maltrato o abuso en perjuicio de los niños y la violencia doméstica han cobrado un reconocimiento generalizado en los últimos años. Se han escrito innumerables libros sobre esos temas. Se han hecho películas sobre ellos, destinados principalmente a la televisión. Es raro que pase un día sin que aparezca algún artículo periodístico con parecidas denuncias. Y cuando un caso en particular horripilante referido al maltrato se apodera de la atención de los medios de difusión nacional, entonces todos nos sentimos literalmente bombardeados día tras día con las referencias, muy detalladas, de niños golpeados por sus padres, mujeres que recibieron terribles palizas de sus maridos o los extremos a que alguna adolescente llegó para terminar con el abuso sexual al que debiera someterse durante muchos años. Leemos esas historias o las vemos en la televisión y tratamos de imaginar la pesadilla que debieron haber vivido las víctimas de tamaños excesos. Pero quienes hemos debido soportar alguna vez abusos parecidos no tenemos que formularnos preguntas ni imaginar nada... lo sabemos.

Los hay que han sido maltratados físicamente, golpeados, quemados, sacudidos, arrojados de un extremo a otro en una habitación, atados a las camas o encerrados en roperos. Algunos fueron vejados sexualmente: manoseados, violados, fotografiados y obligados a realizar actos que no entendían y, muchos menos, deseaban hacer. A otros se los maltrató en un sentido emocional: se los descuidó, ignoró o se les dijo una y mil veces que eran estúpidos, locos, malvados, inútiles o responsables de todo lo malo que les ocurría a sus padres, incluso que deseaban no haberlos traído al mundo. Algunos sufrieron abusos y malos tratos durante la infancia. Otros fueron golpeados o disminuidos ante terceros ya en la edad adulta, en actos o palabras pronunciadas por amantes o cónyuges. Y muchos más de los que podrían imaginar, sencillamente pasaron directamente de hogares donde se los maltrató de niños a una vida de relación adulta también abusiva.

Sin tener en cuenta la forma que adopta, cuándo se produce o el tiempo que pudiera durar ¡el abuso *daña*! Algunos de ustedes ostentan cicatrices físicas que atestiguan abusos y malos tratos corporales que debieron soportar. Los hay que todavía dan un salto cuando advierten algún movimiento abrupto a su alrededor avistado a veces sólo de soslayo o retroceden cuando se los toca de cierta manera o tienen determinados recuerdos en el momento de hacer el amor.

Pero el abuso produce algo más que daños físicos. Destroza nuestra confianza. Después de todo, de manera implícita confiábamos en quienes nos hirieron. Por instinto sabíamos que ésas eran las personas que, se suponía, estaban llamadas a cuidar de nosotros, a protegernos sin límites y amarnos sin condiciones... pero en realidad su comportamiento nos hirió, nos atemorizó y reiteradamente demostró que en el fondo no nos amaban. Y si no podemos confiar en los seres más importantes en nuestras vidas, si no podemos pensar que ellos *no* han de lastimarnos, ¿en quién podríamos confiar?

El abuso daña nuestra autoestima, pues nos hace pensar: ¿Quién si no el más insignificante entre los insignificantes podría ser tratado en esta forma? El abuso bombardea con mensajes negativos respecto de nosotros mismos... y lo creemos. Después de todo, apenas si éramos niños. Nuestros padres tenían que saber más que nosotros qué era necesario hacer. ¿Por qué iban a decirnos nuestros padres que éramos malos, inútiles, incompetentes y otras cosas más si no fuera cierto? Y en determinadas circunstancias el abuso en sí, sobre todo el abuso de tipo sexual, nos deja un sentimiento sucio, nos hace sentir dolidos y diferentes de otros seres humanos que pueblan el planeta. No podemos contarle a nadie nuestro horrible secreto, y no obstante nos parece que todo el mundo lo conoce y nos desprecia a causa de eso.

Además, el abuso deja a sus víctimas con una enorme carga de vergüenza y culpa. Acosados por preguntas sin respuesta e irrespondibles, tal vez sigamos preguntándonos qué podríamos haber hecho en aquella oportunidad para prevenir el abuso o para contenerlo. Cuando éste se produjo nos sentimos impotentes, fuera de control, y todavía sigue adueñándose de nosotros un penetrante sentido de impotencia. O quizá consideremos que hay una gran necesidad de que aprendamos a controlar todos los aspectos de nuestra vida y a todas las personas que intervienen en ella. Todos esos sentimientos son también resultados del abuso duraderos.

Todos hemos sido lastimados... ¿Es eso lo importante?

No todas las heridas que recibimos a lo largo de los años han sido de gran entidad. Si todavía hubieran de afectarnos cosas que pudieron habernos hecho o insultos que podemos haber recibido, aquellas pruebas del colegio en que nos aplazaron o todas las desazones que pudimos haber experimentado, entonces estaríamos tan paralizados por el dolor que hasta nos resultaría imposible dejar la cama por la mañana.

Salta a la vista que determinadas experiencias dolorosas del pasado ya no influyen en nuestra vida. Las hemos sabido superar. Pero, por otro lado, todavía quedan algunas pocas heridas que siguen molestándonos, que no han cicatrizado del todo. Todos sabemos cuáles son y en qué forma nos sentimos cuando pensamos en ellas. Las heridas importantes no se van por sí solas. No se van ni siquiera cuando uno ardientemente quiere olvidarlas o cuando se hace gran esfuerzo para ignorarlas. Así como Melinda llegó a creer que no era tan buena como debía, tal como Darlene se apartó de su camino para no exponerse al desengaño y como Sandy no podía sentirse "entera" porque su madre la había abandonado cuando era un bebé, también usted puede seguir sintiendo dolores que experimentó por primera vez hace muchos años... y por eso es que las heridas pasadas, incluso muy viejas, tienen importancia. Hasta que no haya logrado curarlas, seguirán ejerciendo influencia en la calidad de su vida.

Sin embargo, *no* importa la magnitud de las heridas. Resulta por completo carente de sentido establecer comparaciones entre la forma en que uno fue lastimado y las heridas que otra persona pudo recibir. Sólo preste atención a lo ridículo que resulta decir: "No me sentiría mal por haber sido maltratado físicamente puesto que nunca se me vejó sexualmente" o "creo que tendría que parecerme bien que mis padres sólo me dañaran al divorciarse en lugar de hacerme mal siendo alcohólicos." Lo que le ha pasado a otro no le hizo mal a usted. Lo que le ocurrió a usted sí que hiere, y cuando hiere hay que admitirlo.

Tampoco es importante que la misma experiencia no le resulte dolorosa en este momento. No está sucediendo hoy. Sí, puede parecer tonto sentir que se le retuerce el estómago o el corazón le late con fuerza por algo que le pasó cuando estaba en tercer grado. Pero decirse a sí mismo que es tonto sentir dolor, no hará que éste sea menos intenso. En realidad, las cosas negativas que se dice a sí mismo, por lo general, no hacen sino acrecentar el dolor de las viejas heridas.

Es importante que lo hayan lastimado... sin tener en cuenta cómo ni cuándo. La experiencia dolorosa o desalentadora sucedió en la realidad. Podrá usted negar los efectos que le causó, evitar seguir pensando en eso o ignorar las emociones provocadas. Podrá tratar de escaparles, ponerlas del revés o extirparlas, o enterrarlas trabajando mucho, comiendo de más, excediéndose en el sexo o recurriendo al alcohol o la droga, pero los recuerdos se mantendrán incólumes en su mente y surgirán abruptamente las emociones en forma tan inesperada como frecuente. Se trata de una fuerza que debemos reconocer... como lo son las emociones mezcladas que podrá experimentar con respecto a las personas que le hicieron daño alguna vez.

¿Quién le hizo daño?

Cuando iniciamos nuestros seminarios sobre el perdón, preguntamos a todos los participantes quiénes creen que les hicieron daño, para así confeccionar juntos una lista de las personas que los hirieron en el pasado o que siguen haciéndolo en la actualidad. Casi siempre se forman listas más bien largas, pero que en general terminan en algo así:

Hemos resultado lastimados alguna vez por:

Padres
Amantes
Cónyuges (presentes o pasados)
Hijos
Hijastros
Hermanos y hermanas
Abuelos
Amigos
Compañeros de trabajo
Empleadores
Dios
Maestros
Predicadores
Amistades, compañeros de juegos
Gente del sexo opuesto, de otras razas o religiones
Sencillamente extraños

Nosotros mismos.

Claro que usted podría agregar algo más a esta lista y desde luego que se extendería muchísimo más si designara de manera específica a esas personas que lo lastimaron. También nos llamó mucho la atención que cada vez que pedíamos al grupo la formulación de la lista, indefectiblemente sus integrantes —padres, cónyuges, amantes y niños—

daban crédito a la vieja cantinela de que siempre quienes nos hieren son los que amamos.

No hace falta ser doctor en filosofía ni mucho menos para descubrir por qué razón ésas son las personas que nos han herido más hondo y con más frecuencia. Son las personas cuyo amor, aprobación y aceptación hemos considerado como verdaderos tesoros. Son los que han participado de manera más íntima de todo cuanto somos. Y lo que es más, no se espera que nos hieran. Hay siempre un elemento de shock cuando eso ocurre, y las ondas causadas por ese shock siguen reverberando directamente hacia nuestra alma.

Cuando los padres hieren

Desde luego que no tenemos el propósito de hacer que los padres sean los "duros y pesados" de este libro. También nosotros somos padres y sabemos demasiado bien cuán difícil puede ser la tarea de criar y educar a los hijos, y tenemos conciencia de lo poco —apenas— preparados que estamos para asumir tamaña responsabilidad en el momento en que nos convertimos en padres. Nos estremece pensar que todos los problemas que se hayan suscitado en las vidas de nuestros hijos, tarde o temprano los encontraremos depositados ante nuestra puerta. Sabemos que hicimos cuanto pudimos, dadas las circunstancias. También la mayoría de los padres de otros, de nosotros mismos, hicieron lo que les fue posible, pero lamentablemente —tanto en el caso de los demás como en el nuestro— tal vez cuanto se ha hecho no haya sido suficientemente bueno. La verdad del asunto está en que muchos, y quizá todos nosotros en realidad fuimos dañados alguna vez por nuestros padres.

Desde luego que, a menos los padres hayan estado mentalmente enfermos —y lo triste es que en muchos casos así ha sido—, nunca nos hicieron mal de manera intencional.

Nunca se despertaron una mañana y se dijieron antes de levantarse: "Vamos a ver. ¿Qué daño nuevo podré hacerle hoy al chico?" Aunque algunas veces sí parezca que procedieron así, lo más probable es que esos padres *no* hayan concebido consciente y maliciosamente un plan para hacer daño a sus hijos, y luego lo llevaron a cabo con toda habilidad. En realidad, algunos padres alientan la mejor de las intenciones, *pero de todos modos lastiman a sus hijos.*

Por ejemplo, su papá o su mamá quizás hayan deseado con toda sinceridad que usted "aprovechara todo su potencial." Lamentablemente, al realizar esfuerzos para modelarlo y formarlo hasta hacer de usted el mejor de los hijos o hijas, estuvieron bombardeándolo sin cesar con críticas negativas. Es posible que usted se haya esmerado todo cuanto pudo para complacerlos por arrancarles aunque más no fuera un par de sílabas elogiosas, pero por mucho que haya hecho o por bien que le hayan salido las cosas, siempre le respondieron con lo mismo, que había más posibilidades, que con más esfuerzo se podría lograr más y así sucesivamente. Además, padres que sólo querían cerciorarse de que usted no estuviera sometido a ningún daño ni sufriera perjuicio alguno, lo sobreprotegieron o parecieron estar siempre un paso delante de usted para hacerle ver los peligros que aparecían en el camino, sin advertir que así estaban enseñándole a desconfiar de todas las personas y experiencias que fueran apareciendo en su vida. Y otros padres pensaron que estaban ayudándolo a tener una vida mejor que la propia y así lo impulsaron a ser lo que *ellos* querían que usted fuera, con lo que estaban denegándole su condición de "ser único" y dejando de lado *sus sueños,* ilusiones e intereses.

Pero, por favor, al leer estas líneas no crean que estamos excusando a los padres que le hicieron algún daño. En lo profundo de sus corazones, ellos habrán alentado lo mejor para usted... pero lo que realmente hicieron le causó dolor y aflicción. Muchas de las cosas que hicieron sus padres como compararlo con sus hermanos mayores, por ejemplo, o dejarlo que cuidara usted de sus hermanitos y hermanitas menores, cuando no obligarlo a llevar ropas que lo ponían en ridículo delante de sus amiguitos —las llevaron a cabo sin tomar conciencia de lo que hacían.

Algunos de los dolores que usted padeció —cuando sus padres discutían perdían el trabajo, se divorciaban o morían—, desde luego que no estaban dirigidos contra usted ni tenían intención de lastimarlo, pero lo hicieron.

Y, desde luego, también hubo algunas cosas que sus padres les hicieron y que sencillamente *no tendrían que haber hecho.* No tendrían que haberse aprovechado de ustedes —física, sexual o emocionalmente—, ni tendrían que haberlos arrastrado por los bares o desaparecer varios días de la casa ni emborracharse dejándolos a usted y sus hermanitos que se las arreglaran como pudieran.

Según nuestra opinión, los padres ocupan puestos tan destacados en las listas de quienes nos hirieron no sólo porque tantos de nuestros padres nos han causado dolor —no pensemos cómo ni por qué—, sino también debido a que las heridas que nos infligieron tienden a ser las más profundas y las que cicatrizan con mayor dificultad.

¿A qué se debe esto? Pues bien, en primer lugar, cuando nuestros padres nos lastiman casi siempre somos demasiado pequeños como para captar en su totalidad qué nos ocurre o para adaptarnos a la situación de modo saludable. Además:

- Las heridas que nos infligieron nuestros padres con frecuencia amenazaron nuestra propia supervivencia, atacaron lo más íntimo de lo que éramos y comprometieron nuestro sentido de la confianza, la seguridad, la certidumbre y la autoestima.
- El daño que nos hicieron —y no olvidemos que el daño en cuestión no tiene que ser necesariamente tan grande como el maltrato físico o sexual— se produjo en momentos en que aprendíamos lecciones vitales acerca de cómo debíamos vivir en el mundo y en qué forma relacionarnos con los

demás. Lo que aprendimos de los modelos que más debían influir en nuestra vida —nuestros padres, claro— se convirtió en el cimiento de todas nuestras actitudes, creencias y comportamientos del futuro. Alguno de nosotros, a raíz de lo que acaeció en el hogar en nuestra infancia o por lo que perdimos en la misma época, quedamos para todo el resto de la vida con cimientos resquebrajados y derrumbados sobre los cuales debimos construir nuestras vidas.

- De algún modo sabíamos que *los padres no deben lastimar a sus hijos.* Cuando lo hicieron, por instinto nos dimos cuenta de que aquello era algo que estaba terriblemente mal. No sólo no atinábamos a explicar qué estaba ocurriendo, sino que tampoco queríamos creerlo. Sin más ni más, los absolvimos de culpa y consideramos que éramos nosotros los equivocados. Negamos incluso que la dolorosa experiencia hubiese sucedido, nos preocupamos todo lo posible para que no se repitiera o ya no nos sentimos tan lastimados cuando volvió a ocurrir. Aquella forma de adaptarnos a las circunstancias hirientes *en el momento nos sirvió.* Los reajustes que luego hicimos en materia de actitudes y comportamiento, nos ayudaron a sobrevivir. Pero surgieron problemas, porque muchos seguimos pensando y actuando como entonces... *aunque eso ya no nos sirva e incluso pueda lastimarnos más.*

Esto último, que tanto sirve para los padres como para quienquiera que nos haya lastimado, explica que hayamos establecido una diferencia en nuestras vidas tanto por lo que hicimos como por lo que seguimos haciendo. ¿Qué clase de diferencia? Las respuestas se exponen en el capítulo siguiente, donde tendremos la visión de ese herido ambulante en el que nos hemos convertido tantos de nosotros.

CAPITULO 3

El Herido Ambulante Qué Hemos Hecho a Raíz De Que Nos Lastimaron

El monje y la mujer

Cuando se encaminaban al monasterio, dos monjes budistas encontraron a una bellísima mujer a la orilla de un río. También ella, como los monjes, se proponía cruzar la corriente, pero la profundidad era excesiva. Así que uno de los monjes se la echó a la espalda y cruzó con ella.

El otro monje se escandalizó muchísimo. Estuvo dos horas reconviniendo a su compañero por su negligencia en obedecer las reglas: ¿Había olvidado su condición de monje? ¿Cómo pudo haber osado tocar a una mujer? Y lo que era todavía peor, ¿cómo pudo atreverse a cruzarla? ¿Qué diría la gente cuando se enterase? ¿No estaría vilipendiando los sagrados principios de su religión?

El otro escuchó con toda paciencia el interminable sermón. Hasta que al fin rompió su silencio y dijo: "Hermano, dejé caer esa mujer al río. ¿Todavía la estás llevando?

Anónimo

Al igual que ese monje, muchos de nosotros llevamos todavía sobre las espaldas una carga que podríamos haber "dejado caer al río" hace tiempo. Nuestras propias experiencias, así como los dichos de miles de personas a las que hemos asesorado, enseñado o conocido en los seminarios sobre perdón que llevamos a cabo en los Estados Unidos y Europa, nos han convencido de que *todavía no* hemos cicatrizado nuestras heridas ni hemos hecho las paces con nuestro pasado. No hemos perdonado a quienes nos lastimaron, pero lo que es todavía más importante, *no hemos dejado que el dolor quedara atrás*. Y ese dolor no se ha ido.

Lo cierto es que, muchos de nosotros, despertamos cada mañana y nos ponemos a llenar una enorme valija con los dolores de nuestro pasado. La colmamos de rencores, amarguras, resentimientos y enojos intolerantes. Rellenamos espacios de la valija con autocompasión, envidia, celos y un poco de remordimiento. La terminamos de llenar con cuanta injusticia y herida se nos hizo alguna vez; con todos los recuerdos de personas que nos fallaron y de nuestros propios errores; y con los recordatorios de tantas cosas que no alcanzamos ni podremos alcanzar nunca más. Después cerramos la valija y salimos arrastrándola dondequiera que vayamos.

Para poder captar en toda su amplitud el impacto de andar llevando las penas del pasado durante el momento actual, bastaría con observar cómo se comporta alguien que arrastra un equipaje real por el andén de una estación. Tómese unos segundos para imaginar la escena. Piense en un hombre provisto de una abultada valija en una mano y una gran caja en la otra, que además camina inclinado hacia un costado por el peso de una mochila que lleva colgada. Transpirando y luchando, dedica sus maldiciones a todos los que avanzan más despacio y envidia a los que se desplazan sin dificultades porque llevan escaso equipaje. Teme perder el tren y se pregunta si el viaje que se apresta a hacer en realidad vale tanto esfuerzo. Se detiene para descansar, fulmina con la vista su equipaje y llega a darle una patada a la valija más grande, maldice y se indigna consigo mismo. "¿Por qué tendré que andar siempre cargando tantas cosas?", musita con algo de rencor, luego lanza un suspiro y agrega: "En realidad, no las necesito".

Al igual que en el caso del cansado, irritable y esclavizado viajero, el exceso de equipaje emocional que llevamos encima nos aplasta, agota nuestras energías, detiene nuestro avance y en ocasiones llega a convencernos de la necesidad de cancelar el viaje... de renunciar a nuestros objetivos y aspiraciones, o reducir todas nuestras ambiciones. Hasta ese momento, *usted sencillamente no sabe que hay otra manera de hacer el viaje.*

Una y mil veces hemos sido testigos de cómo actúa ese debilitador impacto de arrastrar nuestro dolor del pasado hasta el presente. No sólo nos impide hacer lo que deseamos y llegar adonde queremos, sino que nos recarga con nuevos y casi siempre debilitantes problemas, como éstos:

- malestares y enfermedades de tipo físico
- adicciones y comportamientos compulsivos
- problemas de relación
- desastes en el trabajo
- negatividad
- maltrato de los niños y violencia doméstica
- errores en el comportamiento como padres
- letargo, depresión y suicidio

Tales son los callejones sin salida a los que se llega cuando las heridas sin cicatrizar y los asuntos sin concluir pueden influir en las opciones que tomamos. A esos callejones sin salida se vuelve *aunque se haga todo lo posible* por vérselas con el dolor y vivir la propia vida, tanto en el momento en que se nos lastimó como en cada minuto de todos los días que pasaron desde entonces.

Hacer lo mejor para sobrevivir

Tenemos la inconmovible convicción de que todo el mundo hace cuanto puede para aprovechar los recursos tangibles, de su discernimiento y el respaldo emocional a su disposición. En este preciso instante usted está esforzándose lo mejor que puede y en el momento en que lo lastimaron también hizo cuanto le fue posible para enfrentarse con su dolor. En vista de que usted era joven, vulnerable y quizá se sintiera confundido por cuanto estaba sintiendo, tal vez no haya comprendido plenamente lo que estaba pasándole o cómo estaba reaccionando ante el hecho. De haber sido diferentes las circunstancias, de haber tenido entonces más experiencia, tiempo, dinero, habilidad o alternativas, quizás hubiera procedido de otra manera. Pero en aquel momento no contaba con esas cosas. Tal vez no haya tenido a nadie hacia quien volverse en busca de una guía y hayan sido muy pocos los modelos de conducta que le mostraran los recursos productivos, cicatrizantes a su alcance, cuando le hicieron mal.

De manera que, por favor, cuando lea este capítulo y en especial si se reconoce en estas páginas, recuerde que no decidió conscientemente quedar pegado al odio, a las heridas ni al mantenimiento de los rencores. Por mucho que se le haya hecho, usted nunca dijo: "Creo que seguiré alimentando esta herida por el resto de mi vida y aplicaré a ello todas mis energías y me apartaré de la paz de mi espíritu". Usted no es malo, débil o pecador porque siga aguantando el peso de tanto viejo dolor y tantos asuntos sin terminar. Todos tenemos problemas en alejarnos de ellos.

La obsesión del pasado

• Esposos que se han divorciado empeñan durísima batalla por la tenencia de un hijo, sin haberse recuperado del dolor que les produjo la separación.

• Una joven adolescente, vejada sexualmente por su padre, contrata a un asesino a sueldo para que lo mate.

• La desazón causada por la ruptura de un noviazgo se convierte en odio, y el hombre termina aterrorizando a la mujer que amó.

• Cuarenta años después de haber competido por el afecto de sus padres, dos hermanos siguen siendo enemigos declarados, llevan su odio perpetuo a los estrados judiciales y siguen la lucha en procura de quedarse con el patrimonio paterno.

Asuntos como éstos suelen ganar los titulares de los periódicos. Pero si nos encargaran a nosotros la redacción de tales titulares, englobaríamos los cuatro relatos bajo un título común: *DOLOROSOS Y NO PERDONADOS INCIDENTES DEL PASADO CAUSAN NUEVOS PROBLEMAS, NUEVO DOLOR.*

Aunque sus propias experiencias tal vez no aparezcan nunca en los diarios ni se las mencione en el noticiario de la tarde, muchas de las historias que podría relatarnos tal vez encajaran bajo ese titular. Sin la menor duda, los recuerdos decididamente desagradables que se ocultan en los últimos recesos de su memoria, las heridas que no cicatrizaron, las maldades e injusticias que no perdonó, vuelven para obsesionarlo y acosarlo. La amargura y el resentimiento que experimenta, los rencores que alienta, constituyen los ejemplos más obvios de este fenómeno.

Guardar un rencor

¿Es usted uno de esos millones de hombres y mujeres que mantienen amargos, airados o resentidos sentimientos respecto de padres o hermanos, hasta el punto de negarse a hablarles? ¿Tan dañadas y tensas se hallan sus relaciones familiares que toda reunión de familia se ve precedida por tres días de ansiedad y seguida por tres semanas de culpa, desaliento o depresión? Una vez pasadas las primeras emociones provocadas por el divorcio, ¿sintió la arrolladora urgencia de cerciorarse de que sus hijos, sus padres, amigos y vecinos se enterasen de que la disolución de su matrimonio se debió pura y exclusivamente a su esposa?

¿Intentó echar toda la culpa —o por lo menos "igualar los tantos"— a su pareja o su amante bombardeando a esa persona con todo un rosario de los daños que él (o ella) le causaron en el pasado? ¿O experimentó deseos de que le pasara algo malo a un compañero de trabajo que chismorreó acerca de sus cosas, habló maliciosamente alguna vez, de un patrón que lo había criticado a usted o "se echó atrás" en el cumplimiento de sus labores porque no consiguió el ascenso que esperaba, no le dieron el aumento de sueldo que descontaba o consideró que no se apreciaba su capacidad?

Si alguna vez le ha pasado algo así, entonces usted ya sabe qué significa alimentar rencores.

A decir verdad, el rencor puede compararse con una costra que seguimos rascando y arrancando hasta que se convierte en una herida infectada que termina por envenenarnos del todo. Y eso se debe a una razón muy sencilla: guardar viejos rencores consume una enorme cantidad de energía. Aplicamos energía que necesitamos para otras cosas a la venganza, al esfuerzo por hacer un daño parecido al que recibimos y, luego, a estudiar la forma de que el otro no vuelva a hacernos mal y quiebre el empate; descargamos unos cuantos golpes de puño y causamos algunas heridas, castigando así al que nos hizo daño y, de paso, a todos los inocentes que inadvertidamente se encontraban en la línea de ataque. Y si perdemos tanto tiempo en esa agotadora tarea de sufrir un dolor, acumular odio, y devolver sutil —y no tan sutilmente— golpe por golpe, dejamos muy poca energía para realizar las cosas buenas de la vida, para aprovechar tantos momentos agradables y productivos que perdemos de manera definitiva.

Lo que es más, coleccionar injusticias, alimentar rencores y andar por el mundo con enojos no resueltos y no expresados hirviendo en nuestras entrañas, se cobra lo suyo dañando nuestra salud física y nuestro bienestar emocional. Es algo que produce estrés, que eleva la tensión arterial y acrecienta la acidez gástrica, con lo que se convierte en factor de riesgo para contraer enfermedades como úlceras, colitis y artritis. Nuestros viejos rencores siguen revoloteando alrededor como otros tantos albatros invisibles, y padecemos dolores de espalda, de pecho, accesos de ansiedad y terribles jaquecas. Acelerado el ritmo de nuestro corazón y con una mayor descarga de adrenalina, la cabeza parece darnos vuelta y nos zumban los oídos, así que, en suma, alimentar rencores no es nada bueno ni sirve para nada.

Como no lo es tampoco la lucha emocional que acompaña al proceso. Cuando alimentamos viejas heridas, nos apartamos; tenemos dificultades para conservar amistades; nos volvemos muchas veces intolerantes y no somos capaces de considerar los hechos desde la perspectiva de otras personas. Nos tornamos suspicaces e hipersensibles, con mayores posibilidades de que vuelvan a lastimarnos, siempre dispuestos a entrar en discusiones, olvidadizos, sutilmente egoístas. Ese negativismo y la amargura que dejamos trascender nos aleja de quienes nos rodean, y así terminamos por quedar solos, en absoluta soledad, bien en lo alto de nuestra virtuosa indignación, sólo acompañados de nuestro dolor y con las fantasías de venganza por única compañía. No es allí donde queríamos ir, pero es el lugar al que *siempre* nos lleva el rencor que alimentamos.

Callejones sin salida

Guardar un rencor es el ejemplo más evidente de lo que decidimos hacer porque se nos ha lastimado. Sin embargo, las heridas sin curar, los hechos sin perdonar y los asuntos sin concluir, también actúan quizás en forma más sutil y, en última instancia, más devastadora.

Drogas y artificios para llenar vacíos

Bruce, de treinta y seis años, supervisor de servicios a los clientes de una cadena hotelera nacional, asistió durante dos días a un seminario de perdón que realizamos en Phoenix, Arizona. Cuando lo conocimos había pasado ya por un programa de rehabilitación de drogas y alcohol. Limpio y sobrio desde hacía cerca de un año, reconoció que su recuperación había dependido de algo más que sencillamente dejar de beber o drogarse. "He pasado veinte años adormeciendo el dolor", dijo. "Ahora tengo que empezar a curar mis heridas." Su relato ilustra toda una sucesión de hechos que se producen con alarmante frecuencia: primero, otros nos lastiman; después, debido a lo que nosotros mismos hacemos para enfrentar el dolor, terminamos lastimándonos.

Hijo de padres bien educados y debidamente orientados, Bruce ingresó en la misma escuela que sus hermanos mayores y, tal como en el caso de ellos, se esperaba que sus logros académicos fueran excelentes. Pero, lamentablemente, padecía una grave discapacidad para el aprendizaje, que sólo se le diagnosticó después de haber pasado siete años oyendo a los maestros tratarlo de estúpido, haragán, inútil e incorregible, y de soportar a compañeritos que lo ponían en ridículo, aparte de perder ciertos privilegios como los de ver programas de televisión o jugar béisbol, en razón de que sus padres creían que intencionalmente trataba de hacer las cosas mal en la escuela.

Para cuando llegó a tercer grado, Bruce ya había abandonado toda intención de aprender y se dedicaba en cambio a hacer cuanto le fuera posible para evitar más humillación y ridículo. Trampeaba en las pruebas escritas, pagaba a estudiantes más avispados para que le hicieran los deberes y todos los días, en la clase de lectura, se portaba mal para que lo mandaran a la dirección antes de que le tocara pasar al frente para leer. Así continuaron las cosas hasta que un maestro se dio cuenta de que algo andaba mal con ese chico y logró que se le hicieran diversas pruebas. Cuando se identificó el problema de Bruce para aprender y se le enseño qué debía hacer para compensarlo, terminaron las críticas de sus maestros y sus condiscípulos dejaron de tomarle el pelo. Pero Bruce mantuvo los sentimientos de falta de adecuación, de humillación y de dudas sobre su propia capacidad.

Tenía catorce años cuando trabó conocimiento con el alcohol. "La primera vez que me emborraché fue la primera que me sentí bien", es la explicación que ahora nos da Bruce. "Desde muy pequeño siempre había tenido aquella sensación tan fea en el estómago, aquellos zumbidos en la cabeza. Era inquieto y me apartaba de todos. Pero cuando empecé a beber me parecía que nada podría hacerme mal. Me solté, y en realidad hasta empecé a gustarle a la gente." Y al mismo tiempo la bebida sirvió para demostrar algo en lo que Bruce era mejor que otros. Sus compañeros llegaron a elogiarlo por ser capaz de "aguantar más la bebida". Los concursos de bebedores —en los que se competía para ver quién bebía más o más rápido— se convirtieron en competencias en las que Bruce siempre era el ganador, algo que le ocurría por primera vez en la vida.

Cuando Bruce inició sus estudios secundarios conservó aquella fama de "gran bebedor" y comenzó a utilizar tanto las drogas como el alcohol. "Estaba dispuesto a probar lo que fuera", admite. "Quería pasarla bien. Y por cierto que me divertía, pero la verdad fue que pronto empecé a necesitar drogas para hacerme volar y después recurrir a otras para tranquilizarme. Las necesitaba para que me ayudaran a relajarme y para infundirme más energía. No *quería* ver las cosas con claridad, porque cuando pasaba eso no me gustaba lo que veía. Así que alcancé un punto en el que me encontraba algo excitado constantemente."

Bruce se graduó, luego se casó y se puso a trabajar como era debido para ir ascendiendo hasta alcanzar una posición de responsabilidad en una cadena hotelera nacional. Pero, a pesar de su éxito, sólo sentía confianza en sí mismo o casi se aceptaba tal cual era, cuando estaba ebrio o tenía mucha cocaína. "No me consideraba un adicto", explica. "Me sentía sólido y por encima de todo". Desde luego, no era una cosa ni la otra. En realidad, se había metido en muchas deudas y su mujer amenazaba abandonarlo. Llegó el momento en que alguien lo descubrió cuando se dopaba durante el trabajo y le dieron a elegir: se inscribía en un programa de rehabilitación o podía considerarse despedido.

"Aquella era una elección mucho más dura de lo que podría pensarse", dice. " En realidad, me anoté para el programa de rehabilitación considerando que cumpliría con sus fórmulas, saldría de allí y podría volver a hacer lo que se me antojase. Pero, desde luego, los especialistas se dieron cuenta de inmediato de cuál era mi propósito y no me permitieron salirme con la mía." Cuando comenzó a recuperarse de su adicción, Bruce se sintió anonadado por lo que fuera su comportamiento pasado. Había estado dispuesto a arriesgar cuanto tenía y todo lo que pudiera esperar del futuro con el único propósito de guardarse del dolor y llenar los espacios vacíos dejados por los fracasos, el ridículo y las humillaciones que experimentara tanto tiempo atrás.

La mayoría de nosotros —cuando niños y en la vida adulta— hemos anhelado poseer alguna poción mágica que pudiera librarnos de pensar en lo que nos molestaba. Sin importar mayormente cuándo o cómo nos lastimaron, nuestra primera reacción dictada por el instinto era *frenar el dolor*. Cuando encontramos esa posibilidad nos inclinamos a seguir haciéndolo, utilizando cuanto medio esté a nuestro alcance para bloquear y enterrar las emociones desagradables; anestesiar y aguantar todo lo que podamos estar sintiendo.

Son innumerables, por ejemplo, los hombres y mujeres que entierran sus penas bajo montañas de trabajo —y es posible que sea usted una de esas personas—. O también es posible que se distraiga recurriendo a diversos artilugios, desde el sexo a los juegos de azar, sin olvidar el vicio de salir a realizar compras desmedidas. También es posible que embote su dolor por medio de ansiolíticos o levante su confianza con algo que le permita "volar". Por cierto que deja de sentirse solo cuando se atiborra de comida para atemperar sus miedos, ansiedades o soledad; y en caso de sentirse vacío se rellena con lo que se tenga a mano, en el estante de las bebidas, en el botiquín de medicamentos, o en el refrigerador.

Y cuando vuelven a usted el dolor o la sensación de vacío —como según parece ocurre siempre—, entonces todo lo que tiene que hacer es tomar otra dosis de su "matadolores" favorito o ingerir algo más de lo que "rellena sus vacíos", con lo que vuelve a recorrer, una y mil veces, el mismo camino de escape. Hasta que un día cualquiera se pone a considerar las cosas y advierte que el dolor sigue allí, que usted no se apartó de él, sino que ha pasado años de su vida corriendo en círculos y acumulando un problema tras otro, problemas que son todavía más dolorosos que los originales. En un primer momento, todo cuanto quería era frenar el dolor —motivo universal y comprensible si los hay—, pero lo malo fue que eligió un camino sin salida, una calle que lo condujo a ninguna parte, sobrecargado de hábitos nada saludables y hasta con adicciones autodestructivas.

En el desdichado día de "tocar fondo", sin que consideremos dónde puede encontrarse ese fondo en cada caso, lo más probable es que se desprecie y dude de sí mismo más que antes. Ya no sabe si podrá encontrar las fuerzas necesarias para mejorar su situación y ni siquiera estará seguro de merecer esa rehabilitación. Es que, como puede ver, por el hecho de haber sido lastimado tal vez haya dejado de creer en sí mismo o incluso le disguste su propia persona.

Baja autoestima

Es posible que uno de los efectos secundarios más perjudiciales del haber sido lastimados sea considerarnos inferiores por haber sido rechazados, desengañados, ridiculizados, traicionados o maltratados. Las heridas que nos causan otros invariablemente nos dañan en nuestra autoestima. Al igual que Melinda, a quien conocimos en el primer capítulo, terminamos creyendo que "de alguna manera no somos lo suficientemente buenos", que nos han lastimado porque, en cierto modo y en primer lugar, en algo éramos deficientes. Nos convencemos de que ésa es una respuesta universal para el hecho de haber sido lastimados, cualquiera que sea la forma en que nos hirieron. Es algo que a todos nos sucede.

Por ejemplo, en el caso de que, tal como le pasó a Bruce, lo criticaran, humillaran o ridiculizaran por errores cometidos o por tareas que no supo terminar correctamente, hay grandes posibilidades de que también usted empiece a considerarse como alguien incompetente o inadecuado, como un fracaso total. Si llegaran a maltratarlo, podría llegar a creer que la maldad le era inherente y que, por tal razón, tenía que ser víctima de tal o cual dolor o de cualquier trato injusto. O por causa de haber recibido un trato indebido podrá considerarse a sí mismo como "artículo con fallas", como alguien defectuoso, con cicatrices y diferente de los seres "normales". Si le dijeron que usted era feo, estúpido o perezoso, o carente de mayor valor, esas opiniones habrán herido sus sentimientos no sólo en el momento en que se pronunciaron, sino que las tomó muy a pecho, hizo que pasaran a ser parte integral de su identidad. Siguen determinando lo aceptable para otros y lo capaz que usted pueda considerarse a sí mismo. Y si lo rechazara un amante, el tropiezo real o imaginario que pudo haber considerado para explicar el rechazo —su comportamiento sexual, por ejemplo, o su apariencia física, su preocupación por su carrera o cualquier otra deficiencia— habrá de quedar incorporado a la imagen que tenga de sí mismo. Le dijeron que *no* hizo algo tan bien como se debe, y usted tomó esa observación como significando que *ése que es usted*, no es bastante bueno... una percepción que se mantuvo en su interior y que casi con seguridad sigue estando allí todavía.

Esa baja autoestima que experimentamos hasta podemos oírla en expresiones tales como "nada me sale bien", "soy muy torpe", "desde luego, soy demasiado estúpido como para darme cuenta" y "no resultaré", "no soy lo que buscan para ese puesto", "no soy tan creativo"... o no tan linda, o no tan inteligente, o no tan divertido o no tan fuerte.

Aparte de mantener una opinión muy pobre de nuestra propia capacidad, casi siempre estamos expresando lo que creemos ser. Por ejemplo, debido a que su madre la abandonó cuando bebé, Sandy —a quien presentamos en el capítulo anterior— se vio a sí misma como inadapatada, como alguien sin raíces, sin un lugar cierto para ocupar en el mundo y tan desprovista de valor que ni siquiera su madre la quiso. Y en sus años de adolescencia precisamente se convirtió en inadaptada. Desde la forma en que se vestía hasta su negativa a comunicarse con sus padres adoptivos o su terapeuta, Sandy no hizo sino alienarse de todos los demás... dramatizando lo que ya creía de sí: que estaba sola y no era deseada.

Aunque no sea siempre de manera tan gráfica, su autoestima está influyendo en todo momento en su modo de comportarse. Las formas más notables y trágicas se presentan cuando el que no gusta de sí tiende a dañarse. Deja de cuidarse y se maltrata, con lo que no hace sino estar cometiendo un suicidio sistemático. No hace ningún ejercicio. Ingiere alimentos inconvenientes. No acude a revisiones médicas ni odontológicas, no se pone el cinturón de seguridad en el automóvil ni se protege del peligro de las enfermedades que se transmiten por vía sexual. Se aísla de todos los que se ocupan de él, vuelve del trabajo, se desmorona sobre un sillón y se pone a mirar programas de televisión que ni siquiera le interesan. Con mucha frecuencia se vuelve dependiente de drogas y colmadores de vacíos, según acabamos de ver. En general, se ajetrea en la vida envuelto en gasas, sin advertir jamás lo bello que lo rodea, sin sentirse nunca alegre, excitado o desafiado de verdad. Lo que hace y lo que no hace como resultado de esa baja autoestima va matándolo de a poco, le va acortando la vida y hace que cada día sea menos fructífero que el anterior o le satisfaga menos que los pasados.

Además, en vista de que la baja autoestima alienta escasas expectativas, cuando su sentido del propio valor ha sido dañado, su perspectiva de vida tiende a ser más y más pesimista. Lo más probable es que encare tanto situaciones nuevas como problemas presentes pensando: "Esto no lo puedo hacer" o "esto no lo puedo modificar". Y ni se imagina lo poderosas que son esas palabras. Cuando su primera y habitual reacción es un "no puedo", ya se encuentra en serio peligro de quedar ligado a una labor que no terminará, a mantener una costumbre dañina, a convencerse de permanecer en una relación insatisfactoria o abusiva a encontrar infinitas excusas para que todo siga igual. Una baja autoestima equivale a resumir su vida con las siguientes palabras, pronunciadas cierta vez por una mujer que viajaba junto a mí en un avión: "Según considero las cosas", dijo, "únicamente podemos jugar las cartas que nos dieron al nacer. Y no puedo hacer nada si me ha tocado una mano perdedora". Aquella mujer creía —y posiblemente también usted lo crea, si su autoestima ha sido dañada— que lo máximo que podemos esperar de nuestra vida es lo mínimo para sobrevivir, que todo cuanto podemos anhelar es salir del paso.

La autoestima, dañada por dolorosas experiencias del pasado, nos convence de que *no merecemos* más que eso; que *debemos avenirnos* a como son las cosas; a que *somos incapaces* de ser o hacer algo más o mejor. Y esta percepción, combinada con las heridas no cicatrizadas y los asuntos que dejamos sin resolver, no hace sino impulsarnos a un callejón sin salida tras otro, a partir de alguno que nos prometa andar bien y sin desazones. Ese es el sendero que han elegido aquellos de nosotros que se han comprometido y están determinados a no volver a correr el riesgo de que los lastimen.

Ir a lo seguro

Lleno de amargura, Mark, un fisioterapeuta de veintiocho años, nos dice: "Durante toda mi infancia no hubo fiesta, cumpleaños o cualquier otra fecha que tuviera algún interés o importancia para mí, que papá no se las arreglase para arruinarla. Bastaba que yo me interesara por alguna cosa para que él me impidiera alcanzarla, y siempre me quitaba de las manos cuanto conseguía".

El padre de Mark es un hombrón muy belicoso. "Mi papá consideraba que todo el mundo tenía algo contra él", explica Mark, "y siempre disponía las cosas de modo que el suyo fuera el primer golpe". Ignoramos por qué razón el padre de Mark era un sujeto tan amargado, celoso, suspicaz, etcétera, pero lo cierto es que ya era así mucho antes de que Mark viniera al mundo, y su perspectiva paranoide del mundo empañó casi todos los momentos de la infancia del niño.

Mark creció sintiéndose aislado, separado del resto del mundo y alienado de todas las otras personas, porque su padre no creía en nadie ni confiaba en ninguno. Tanto Mark como sus hermanas, vivieron siempre en medio de advertencias para que no fueran a relacionarse con otros, ni siquiera con sus parientes, y mucho menos con el tío Dan y su familia.

"Mi padre sentía verdadero odio por su hermano", dice Mark. "Todo cuanto le oímos decir de él era que no había en el mundo nadie más horrible. Aseguraba que su cuñada era un bochorno. Y mejor no referirse a sus hijos. Insistía en que todos nos despreciaban." Todas aquellas interminables arengas del padre con respecto a su propio hermano no hicieron sino confundir los sentimientos de Mark, ya que sus parientes "seguían como si tal cosa, siempre tratando de ser buenos con nosotros. Siempre estábamos dispuestos a pasar algunos momentos con ellos, pero en muy pocas oportunidades lo conseguíamos".

Todos los años, cuando llegaban fiestas como el Día de Acción de Gracias, la Navidad o la Pascua, la familia de Mark recibía la correspondiente invitación para pasarlas con sus parientes. En todos los casos, el padre de Mark aceptaba el convite, pero siempre se echaba atrás a último momento. "Ya ni recuerdo las veces en que, durante aquellas fiestas, nos quedamos vestidos con nuestras mejores ropas comiendo sobras en la mesa de la cocina, porque mi padre decidía que la invitación del tío Dan formaba parte de alguna conspiración para hacerlo quedar mal y que, por lo tanto, no estaba dispuesto a darle esa oportunidad a su hermano."

Para empeorar las cosas, a pesar de que era un electricista muy capacitado, el padre de Mark tenía problemas para conservar su trabajo. En los momentos en que tenía una buena ocupación, hacía compras extravagantes: nuevos muebles, automóviles, equipos de estéreo, y para sus hijos juguetes, ropa nueva y hasta algún televisor. "Pero tarde o temprano papá perdía el trabajo y entonces todo desaparecía", se lamenta Mark. El padre se veía obligado a devolver todo lo que había comprado a crédito. Mark y sus hermanas tenían que devolver hasta sus juguetes. Otras veces, si las cosas se habían pagado al contado, también debían renunciar a ellas y vender en la puerta de su casa juguetes, ropas y todos los chiches nuevos adquiridos por su padre.

Tanto Mark como sus hermanas se veían en la imposibilidad de manifestar sus sentimientos, y mucho menos su desazón. "Una vez, cuando yo tenía ocho años, cometí el error de decir lo que pensaba, y mi papá me arrojó de la casa." Mark todavía hoy se estremece al recordar la escena. "Literalmente me puso de patitas en la calle y me dijo que, si tanto me gustaba el tío Dan, podía convertirme en hijo suyo, puesto que él ya no me quería." El padre cerró puertas y ventanas, y el pobre chico debió permanecer fuera durante varias horas. "En algún momento llegué a pensar que ya no me dejaría volver a entrar ni reintegrarme a mi familia."

En un punto determinado de su infancia, Mark decidió que ya no podía seguir asumiendo dolores ni desengaños. En medio de la confusión y el caos creados por su padre, con una madre que sufría tanto como los hijos y en absoluto silencio, sin parientes ni amigos a quienes recurrir, Mark llegó a la conclusión que más lógica podía resultar para un jovencito vulnerable tan lastimado: si dejaba de esperar que pasasen cosas buenas, ya no se sentiría lastimado cuando no se produjeran. Aprendió a vivir sin esperar fiestas divertidas, reuniones de amigos o alguna posesión para atesorar.

Conviene hacer notar que la decisión de Mark fue más el producto de una reacción instintiva que una elección cuidadosamente pensada. En algún lugar, muy en lo hondo de su subconsciente, había llegado a la conclusión de que esperar que se produjeran cosas agradables era algo peligroso.

Tan pronto conocimos a Mark advertimos que sólo esperaba lo peor de cualquier situación que se le presentaba. Es que ya no estaba preparado para sufrir más desazones a causa de su padre. Todos los días y en todas las situaciones imaginables, anticipaba los desastres y se preparaba contra cualquier desengaño. Por ejemplo, cierta vez llegó a pedir solicitudes para graduarse en el colegio, las llenó, pero nunca las presentó diciéndose: "Después de todo, para qué presentarme sino siento tantos deseos de hacerlo". Todos los años, cuando se acercaba la época de las vacaciones, visitaba agencias de viajes y se llenaba de folletos sobre lugares exóticos que siempre había querido conocer. Lo cierto es que nunca hizo un viaje, y se convencía a sí mismo de que "no sería para tanto". Explicaba todo diciendo que "seguramente ninguno de esos lugares tiene que ser tan bonito como lo pintan en esos folletos". Incluso está al borde de quedarse sin el trabajo en un centro de rehabilitación, que goza de muy buena reputación en la ayuda a discapacitados a recuperar la motricidad, después de alguna enfermedad o tras sufrir accidentes. "Aquí no hay más que un montón de inocentes optimistas que lo esperan todo", asegura Mark, "pero lo que yo creo es que a esa gente están haciéndole alentar exageradas esperanzas". Considera que es difícil establecer objetivos "muy altos" para sus pacientes e incluso no los incita a alcanzar los que él mismo les fija. "Dice mi supervisor que lo mío es una actitud negativa; pero yo le digo que en realidad soy realista."

Es que esperar poco y defenderse constantemente del desengaño *era* realista en los tiempos en que Mark crecía a la sombra de un padre tan explosivo como imprevisible. En algún momento, esa actitud lo ayudó a sobrevivir, pero ya no le sirve. La actual determinación de Mark de no volver a sentirse lastimado y su decisión de "no esperar nada más que lo peor", son actitudes que ya no lo protegen. En el fondo no hacen sino forzarlo a no recibir de la vida todo lo que podría obtener.

Muchos de los que encaramos la vida de esa manera tenemos absoluta conciencia de lo que estamos perdiendo. Miramos hacia atrás y advertimos todas las oportunidades que perdimos por haber ido siempre a lo seguro o descubrimos la vida que podríamos haber tenido eligiendo una senda que no fuera la de menor resistencia, y en esa forma no hacemos sino sentir el mismo dolor y la misma desazón que en su momento buscamos evitar.

Levantando muros

Esa decisión de ir a lo seguro y no correr el riesgo de que vuelvan a lastimarnos se observa con mayor frecuencia en la forma que adoptamos para relacionarnos con los demás, en especial en cuanto se refiere a alejar de nosotros a las demás personas y levantar muros, a fin de que no puedan acercarse lo suficiente como para hacernos daño. En realidad, tiene sentido el que tratemos de mantenernos a distancia de los demás. Porque después de todo, fueron *los demás* los que perpetraron con nosotros las primeras injusticias y nos causaron los primeros daños, y por muy lamentable que parezca, esas personas casi siempre fueron las que más cerca de nosotros se hallaban. Como resultado, podemos llegar a la conclusión de que si no les hubiéramos permitido acercarse tanto, si no hubiésemos confiado en ellos con pleno conocimiento de quienes éramos y qué nos impresionaba, si no les hubiéramos permitido "meterse bajo nuestra piel", jamás podrían habernos causado todo el mal que nos hicieron. Con suma frecuencia, y a menudo sin habernos dado cuenta de que lo hacíamos, hemos encontrado la forma de asegurarnos de que nadie vuelva a aproximarse demasiado.

Por ejemplo, uno puede haber tomado la decisión de que "la mejor defensa es un buen ataque" y, al igual que Patricia, que todavía sigue sintiendo las punzadas del ridículo que soportó de niña, uno se vuelve frío, cínico y —algunas veces— hasta cruel. Es posible que uno se incline hacia el sarcasmo, se sienta obligado a criticar, o resulte un verdadero mago para echar a perder todos los argumentos que escuche, obligando a otros a achicarse o incluso empleando una forma de mirar tan furiosa como para obligar a los demás a quedarse quietos. Y hay muchos que así lo hacen. Para expresarlo con las palabras que usó un colega de Patricia: "Esa mujer sabe enviar un mensaje que está diciendo 'no se metan conmigo' y tendría que ser muy tonto quien no obedeciera. Les aseguro que la he visto en acción. Va derechito a la yugular y no abandona nunca. Desde luego que nunca me voy a poner voluntariamente en el extremo donde se reciben sus latigazos verbales, así que he aprendido a guardar distancias".

Por otra parte, algunos no empujan activamente a los demás para alejarlos. Proceden al revés, se retiran, se apartan del contacto con los humanos, tanto en lo físico como en lo emocional. Es posible que uno guarde una distancia segura de los otros volcándose hacia sí mismo y manteniendo conversaciones breves e impersonales. Tal vez eluda todo compromiso social, vaya al trabajo para hacer lo suyo y relacionarse con sus compañeros lo menos posible. Algunas veces, cuando alguien pretende conocernos o entablar conversación, nos sentimos irritados y en otras oportunidades sólo sorprendidos. ¿Qué andará buscando éste para hacerse el amistoso?, nos preguntamos, y aunque no lleguemos a ser tan descorteses como lo era Patricia, nos encargaremos de desalentar al frustrado interlocutor con respuestas sin interés, con monosílabos y buscando cualquier excusa para no seguir la conversación.

Aquellos que eluden la relación más estrecha, no necesariamente terminan aislados por completo, pero de todos modos siempre encuentran difícil, cuando no imposible, compartir determinados aspectos de su persona con terceros. Y lo cierto es que esas veces en que más se necesita de los otros son precisamente aquellas en que más se aparta uno para encerrarse en su cuevita. Cuando uno sufre, no puede permitir que el otro lo advierta. No se le puede pedir apoyo y si el otro lo ofrece, se le asegura que todo anda bien que hay algo que no funciona bien pero que no quiere hablar de eso. Esto los hiere, lo acusan de no confiar en ellos... y, por lo general, están en lo cierto.

Otras veces, por la propia negatividad, uno puede alienar a los demás *sin la intención de hacerlo*. El pesimismo y la autocompasión, que han engendrado en uno heridas sin curar y viejos rencores, pueden hacer que la nuestra sea una compañía desechable por completo. En algún momento, amigos y colegas terminan agotando su simpatía y se cansan de estar oyendo nada más que lamentos y negaciones.

Y a la inversa, los hay que se manejan a la perfección con

todo el mundo. Sin embargo, logran hacerlo sin intimar de verdad con nadie. En todo momento se relacionan, interactúan, pero revelan muy poco de lo que en verdad son. "Si verdaderamente llegaran a conocerme, ya no les gustaría", dice la dolorosa lección que alguna vez enseñó la experiencia pasada, así que uno procede a crear una impresión determinada. Desempeña el papel que considera más aceptable, desde luego mucho mejor que "ser uno mismo". Uno aparece alegre, divertido y adorable, siempre es el gran animador de las reuniones. Cuando no se convierte en el gran depositario final, en el que presta atención a los problemas de todos los demás, pero sin hablar nunca de los propios, o en el arreglador de problemas que presta dinero, ofrece el automóvil para acercar a otros, se presta para cuidar los niños de los amigos y, en suma, resuelve cualquier dificultad. Uno se convierte en experto en tonterías o en gran contador de chistes, cuando no en el gran ordenador de debates que toma todas las precauciones para que se respete la propia inteligencia y no se preste la debida atención a los aspectos menos impresionantes de quiénes somos en realidad. Mantener siempre esa fachada es algo que exige gran derroche de energía y produce mucha ansiedad. Algo que persiste del pasado, alguna herida mal curada, nos ha convencido de que podrían producirse devastadoras consecuencias si la máscara llegara a caer aunque fuera un instante, si por puro accidente los demás descubrieran que uno está dolorido, tiene dudas o por una u otra razón no es lo que parece.

Hay también algunos casos en los que se levantan barreras visibles para evitar acercamientos. Los hay que se muestran mal educados, gritones o que emplean un lenguaje procaz. Llegan a descuidar aspectos de higiene personal. Y, por lo común, esa persona suele esconderse detrás de una pared de grasa. Las investigaciones referidas a la obesidad demuestran que —en las mujeres sobre todo— se usa el cuerpo para hacer que éste hable por sí mismo, para hacerle decir: "No. Váyase. No se aproxime". Esto es particularmente cierto en el caso de mujeres que han sufrido vejaciones de tipo sexual, que fueron violadas o lastimadas de algún modo.

Por último, los hay que deciden en favor del pseudoacercamiento, que buscan sexo cuando lo que en realidad quieren es amor, que convirten toda aproximación en una seducción y pierden innumerables horas con relaciones intercambiables y carentes de toda significación.

Pero, sin tener en cuenta la forma elegida para el tipo de muro que nos proponemos levantar, el resultado es el mismo. Se termina sintiéndose solo, aislado, atrapado en algo así como una celda de castigo construida con las propias manos. Lo que se quiere es alejar a los demás para que no nos dañen. Considerábamos que así debía procederse para sobrevivir. Pero cuando se ha hecho y dicho todo, cuando se han construido todas las barreras, se llega también a la conclusión de que se ha impedido a los demás acercarse lo suficiente como para amarnos, cuidarnos, reconfortarnos, alentarnos y suministrarnos esa clase de apoyo emocional que todos necesitamos para desarrollar una vida plena y satisfactoria. Una vez más, experimentamos dolor precisamente cuando lo que intentamos fue evitarlo.

Perjudicar las relaciones que tenemos

En vista de que se nos ha lastimado de diversos modos y hemos adoptado actitudes y comportamientos diferentes para hacer frente al dolor, no todos nosotros terminamos aislados y solitarios. Muchos de nosotros tenemos amigos y amores, o nos hemos casado y llevamos años de matrimonio. No separamos a los demás de nuestra vida de manera tan drástica, si bien nuestras heridas todavía abiertas pueden ejercer enorme impacto sobre la calidad de nuestra relación, sobre su duración y acerca de lo que estaríamos dispuestos a soportar con tal de conservarla. En realidad, nuestras vinculaciones más cercanas, con frecuencia, nos brindan un escenario en el que podemos revivir viejos pasajes, con nuevos actores en los papeles principales.

Por ejemplo, aunque todavía no ha pasado un año desde el día en que Stan y Amy se juraron amor eterno, hoy están convencidos de que su matrimonio fue un error. "Este casamiento se está pareciendo cada vez más a una reiteración de mi boda anterior", se lamenta Stan. Y Amy concuerda con él diciendo: "Algunas veces, cuando peleamos, la escena tiene todo el aspecto de lo *dejá vu*. Digo algo y al mismo tiempo pienso, ¿no he mantenido ya esta discusión? Y es así, la he mantenido, pero con mi ex marido".

Stan y Amy se conocieron a poco de haber puesto punto final a sus respectivos matrimonios anteriores. En realidad, sus primeros temas de conversación estuvieron referidos a lamentaciones acerca del papeleo que acompaña a los divorcios, todo ello acentuado por los tristes recuerdos de infidelidades, crueldad mental y la división de los bienes comunes. Pero cuando hablaban no se daban cuenta de que estaban introduciendo en la nueva relación una peligrosa agenda oculta, que era en lo esencial la misma para los dos: zafar antes de volver a ser lastimados. Si bien no comparaban conscientemente a uno y a otro con sus respectivos cónyuges anteriores, ni la nueva relación con la de su primer matrimonio, tales comparaciones eran inevitables. Y tan pronto empezaban a advertir que estaban repitiendo sus pasados, ambos estaban listos para correr tan rápido y tan lejos como pudieran.

Lo mismo que Stan y Amy, usted puede traer al presente viejos dolores y pleitos sin resolver, aplicarlos a sus relaciones de hoy y limitarse a observar sin esperanzas que sus viejos miedos a ser lastimado nuevamente le impiden confiar en otros, llegar a cierta intimidad. Una intimidad que, por cierto, puede llegar a causarle nuevos temores.

El rechazo, la traición, el engaño, el abuso, la infidelidad y, en especial, el abandono son cosas que dañan gravemente nuestro sentido de la confiabilidad. Como resultado de todo ello, podemos llegar a considerar difícil, cuando no imposible, creer de todo corazón que hay seres que no han de perjudicarnos, de los que podríamos depender cuando los necesitáramos, que seguirán aceptándonos tal como somos —desde luego que imperfectos— o que no aprovecharían la información que hemos compartido con ellos para dañarnos. Puesto que la confianza, la interdependencia, la aceptación y la comunicación honesta son otros tantos prerrequisitos para lograr una sincera e íntima amistad, nuestra historia pasada siempre puede interponerse para que no logremos nunca sentir o menos aún tener una verdadera relación íntima.

Si creció usted en un ambiente caótico o en una familia donde se guardaron secretos, o si sus padres fueron represores o sobreprotectores, lleva consigo actitudes y comportamientos que provocan en sus nuevas vinculaciones los mismos efectos que la incapacidad para confiar. Para usted, la intimidad lo hace estremecer con viejos temores a perder el control o sofocarse, a perder el sentido de quién es y a que le pidan más de lo que está dispuesto a dar o cree estar en condiciones de conceder.

Sin tener en cuenta la razón, cuando nos hace falta mantener una cierta distancia, nuestra relación sufre porque esa necesidad supera el deseo de intimidad. Retrocedemos ante la idea de comprometernos o somos incapaces de bajar la guardia frente al ser que amamos. Disponemos de innumerables argumentos respecto de la intimidad en sí misma, de conflictos no resueltos acerca de quién está dando más de lo debido y quién está pidiendo más de lo necesario. Puede incluso deteriorarse nuestra vida sexual. Dedicamos la mayor parte de nuestro tiempo y energía emocional a nuestros hijos o nuestro trabajo, con lo que vamos dejando más y más lejos a la que llamábamos cara mitad hasta que los dos terminamos por llevar vidas completamente separadas, aunque sigamos bajo el mismo techo.

Por otra parte, aquellas heridas que no terminaron de

curar pueden llevarlo al extremo opuesto del espectro. Los rechazos del pasado, el abandono o cualquier otra injusticia o dolor son capaces de crear en usted una desesperada necesidad de intimidad y una disposición para llegar a lo que sea con el fin de hallarla y mantenerla. Por ejemplo, Wendy, una asistente odontológica de veintiséis años cuyo padre abandonó a su familia cuando ella tenía sólo un año y medio y después no se esforzó en absoluto por verlos y ayudar a sus hijos durante quince años, creció sintiéndose siempre insegura y golpeada. "Ya sé que hay otros hijos de padres divorciados", dice. "Pero ven a sus padres de vez en cuando. Yo ni siquiera conocía al mío. Yo le preocupé tan poco que sencillamente se fue y no volvió nunca, ni siquiera echó una mirada atrás. Hace apenas un año que dejé de alimentar la idea de que algo tendría que haber en mí para que él se fuera."

Tal como en el caso de muchos otros que fueron abandonados por el padre, el cónyuge o el amante, Wendy nunca tuvo la certeza de que no hubiera en ella algún aspecto personal que hubiese originado abandono. "Tuve como media docena de novios durante mis años de colegio", dice mientras ríe. "Los volví locos a todos. Quería estar con ellos todo el tiempo. Cuando nos despedíamos después de una salida, contaba los minutos que el chico podría tardar para llegar a su casa, y lo llamaba por teléfono pensando en mil cosas distintas para no tener que colgar. Y cuando el chico tardaba en volver a su casa un poco más de lo calculado, me sentía destrozada."

Por sorprendente que parezca, Wendy siempre manejó bien sus relaciones hasta el final. "Rompía con uno y no tardaba en encontrar otro novio", con el que se mostraba todavía más posesiva que con el anterior. "Lo que tiene que causar asombro a cualquiera es que al fin encontré uno para casarme", suspira. Y en efecto se casó, pero no pasó mucho tiempo antes de que también esa relación se desmoronara.

"En realidad, yo era imposible. Llamaba a Jack a su trabajo como diez veces por día. Pasaba por su oficina durante la pausa para el almuerzo, y cuando él no podía verme porque estaba en una reunión o por lo que fuere, suponía que no quería verme y peleábamos cuando él volvía a casa. Me indignaba cada vez que llegaba un poco tarde, cuando miraba a otra mujer. Recuerdo que hasta llegamos a pelear porque él estaba leyendo la sección turismo en un diario y lo acusé de estar escogiendo lugares para irse de la casa y abandonarme.."

Por mucho que Jack la tranquilizara, le dijera una y mil veces que la quería y que no tenía la menor intención de abandonarla, Wendy no terminaba de convencerse. Hasta que, por fin, y felizmente para ambos, cuando ya estaba llegando al final de lo soportable, Jack la convenció de concurrir juntos a un consejero matrimonial. En este momento llevan alrededor de un año asistiendo a terapia individual y de pareja, y si bien Wendy es la primera en admitir que tanto ella como Jack todavía no han podido salir de lo más espeso del bosque, parecería que su historia tendrá un final por lo menos un poco más feliz que el predestinado, desde aquel dolor que sufriera por el abandono.

Es posible que otras personas no hayan sido tan afortunadas. Las cosas que ha hecho, a causa del debilitante miedo al rechazo y el abandono, lo han apartado de cónyuges, amigos o amantes. Bastó con haberse aferrado de manera exagerada a lo que tenía para quedarse sin nada. Tal como ocurre tantas veces, cuando el dolor del pasado nos dicta cómo hemos de vivir nuestra vida presente, los peores temores se convierten en realidad.

Para más de uno, lo mejor hubiese sido que la relación *sí hubiera* terminado. Pero no pasó así. El mismo temor al rechazo y el abandono pudo haber impulsado a esas personas a soportar una relación dañina o una abusiva, física o emocionalmente. El mensaje que se recibía de las heridas del pasado indicaba que el hecho de ser golpeado, degradado y disminuido era, a pesar de todo, mejor y más soportable que la soledad. Así queda uno paralizado al final de otro de los callejones sin salida, con el viejo demonio de la baja autoestima diciéndonos que este tratamiento era ni más ni menos que el merecido y que uno carecía de lo que debe tenerse para escapar de una situación que nos daña.

El callejón sin salida final: repetir el pasado y perpetuar el ciclo del maltrato

Aquella Marcy de treinta y un años, que les presentamos en el capítulo inicial, está casada, es investigador, médico y madre de una niña de dos años. Durante casi todo el tiempo se las compone para llevar una vida de hogar que espera sea pulcra y ordenada, tan organizada como podría pedirlo el más exigente y, una carrera profesional al que exige la máxima vigilancia y precisión. Pero ocurre que, siempre que un hecho fortuito e imprevisible se interponga para alterar su bien orquestada rutina, se siente afectada. Si se encuentra en medio de un embotellamiento de tránsito o en una cola del supermercado que se mueve lentamente, Marcy sale de sus casillas. Todavía se muestra más intolerante con los errores que comete. El más insignificante basta para echarse a llorar, deprimirse durante días y hasta alentar ideas de suicidio.

¿Por qué son tan extremas las reacciones de Marcy frente a variaciones en la rutina o ante sus propios errores? Porque las dilaciones, las interrupciones y las faltas que pueda cometer liberan sentimientos que conoció demasiado bien como hija de padres alcohólicos, cuyas borracheras terminaban descompaginando la vida de toda la familia. En los primeros años, Marcy llegó a creer que el menor error de su parte podría ser suficiente para destruir el delicado equilibrio existente en su hogar; que hasta su salud y su posibilidad de sobrevivir dependían de su habilidad para anticiparse y, de ser posible, controlar todo aspecto de su vida familiar que pudiera molestar a sus padres y darles una excusa para beber. Desde luego que los padres de Marcy bebían y se emborrachaban lo mismo, sin tener en cuenta lo que ella hiciera o no, pero la joven seguía tratando de ser suficientemente perfecta como para frenarlos. Todavía hoy sigue luchando por lograr la perfección y reaccionando ante las imperfecciones como si los errores pudieran llevarla al mismo caos y devastación por los que debió pasar cuando era una niña.

A pesar de que sus actuales circunstancias difieren tanto de las que debió soportar en su niñez, aunque ya no vive con sus padres, y no obstante haber muerto su padre y llevar la madre cuatro años sin probar una gota de alcohol, Marcy sigue viviendo en la misma situación de dolor, miedo y ansiedad que experimentara durante su infancia. Se ha colocado en una posición y adoptado un enfoque de la vida que siguen infligiéndole la misma *clase* de dolor que sintió cuando joven. Su perfeccionismo y sus impulsos para controlar todos los aspectos de la vida diaria, reabren viejas heridas y le impiden cicatrizarlas. Aunque nunca se lo propuso, Marcy ha dispuesto en tal forma su vida que ahora está destinada a repetir su pasado una y otra vez.

Si observa usted sin temores y desde muy cerca su propia vida, creemos que también descubrirá que mucho de lo que hoy lo lastima no es sino una repetición de lo sufrido en el pasado. Inadvertidamente, y en la mayoría de los casos sin tomar conciencia de ello, al igual que Marcy, también usted se apresta a lastimarse una y otra vez.

Lo mismo que la autoestima dañada, ésta parece ser una reacción universal frente a dolorosas experiencias del pasado. Es como si en cada ocasión en que iniciamos una relación o encaramos una situación nueva, en algún nivel del subconsciente estuviéramos diciéndonos que *esta vez* "lo haremos bien" y que *esta vez* "tendremos lo que necesitamos" (dicho de otro modo, lo que no tuvimos en el pasado, lo que no nos sucedió antes). Lamentablemente, en vista de que no captamos en su totalidad ni elaboramos lo suficiente qué nos pasó cuando nos lastimaron en el pasado, en lugar de hacer ahora las cosas bien o de lograr lo que necesitamos, obtenemos exactamente lo opuesto. Las cosas vuelven a salir mal, de nuevo obtenemos poco y nada de lo que necesitamos y, desde luego, volvemos a lastimarnos.

Por eso es que Melinda, dolida todavía por haber sido abandonada por Steve, se relacionó con hombres que "estaban rehaciéndose" de otras relaciones destruidas. Steve dijo en su momento que Melinda no estuvo junto a él cuando la necesitó, así que ella tomó todas las precauciones para "estar allí" en el caso de los hombres que siguieron. Como era de esperar, mitigó sus dolores y curó sus heridas. Pero en vista de que esos hombres se sintieron atraídos hacia ella por los cuidados que les prodigaba, tan pronto dejaron de necesitarlos advirtieron que tenían muy pocas cosas en común como para seguir manteniendo una relación y, al final, la abandonaron. Melinda se da cuenta hoy de que todas aquellas relaciones llevaban "el rechazo escrito en la frente", pero en su momento se sintió atraída hacia esos hombres, empujada a un camino que la llevaría una y otra vez al rechazo.

De la misma manera Darlene, que aprendió, de un padre que reiteradamente la desengañó al dejar de visitarla, que "no puede confiarse en que la gente haga lo que promete", sigue suponiendo que esto es la pura verdad. En todas las situaciones imaginables asume como propias las responsabilidades de otros. Cuando delega alguna tarea en su trabajo termina haciéndola ella antes que los demás puedan hacerla. Cuando le pide a su marido que, de regreso a casa, realice algunas compras en el almacén, termina por hacerlas ella misma diciéndole al marido que no se preocupe. Ayudar a sus hijos, en las tareas escolares casi siempre significa terminar haciendo ella todo el trabajo escolar. Es interminable la lista de las tareas extras que encara porque no puede confiar en otros, porque desconfía de que "sepan hacer las cosas con la necesaria prontitud". Como puede comprenderse, Darlene vive agobiada de trabajo y, por lo menos, una vez durante el día lo advierte. Hierve de amargura y resentimiento. Vuelve a considerar que está "en un lugar de porquería porque los demás son todos unos irresponsables y no se puede confiar en nadie. ¿Cómo puede ser que yo sea capaz de hacer todas estas cosas y ellos no?" La pura verdad es que Darlene no deja hacer nada a los otros y al no dejarlos no hace sino mantener vivos sus dolores del pasado.

Como pasó con Darlene, cada reiteración de una herida o una injusticia del pasado refuerza nuestra percepción original, cualquiera haya sido. Puede llevar años e infinitas experiencias dolorosas, antes de que dejemos de aprestarnos nosotros mismos a recibir un nuevo dolor y empecemos a trabajar sobre el antiguo.

Sin duda, el ejemplo más devastador de esa repetición de lo pasado lo encontramos en los hechos perfectamente documentados del maltrato a los niños. Existe amplia evidencia de que un sorprendente número de padres que hoy abusan de sus hijos fueron a su vez víctimas de iguales abusos cuando eran niños. Su propia experiencia les mostró en qué medida puede desatarse la frustración, la confusión y la ira sobre los seres más cercanos y al mismo tiempo más indefensos; que cuando el dolor que pueda sentir un padre se torna insoportable, termina descargándolo sobre su hijo. Parecidas lecciones fueron aprendidas por muchos golpeadores de sus cónyuges, por algunos abusadores sexuales y por casi todos los inclinados al comportamiento violento, explosivo. Puede advertirse en los padres que critican y ridiculizan a sus hijos como alguna vez ellos fueron criticados y ridiculizados, o que reprimen o sobreprotegen a sus hijos, tal como sus padres alguna vez los reprimieron o sobreprotegieron.

Lo trágico del asunto es que una y otra vez hacemos a los otros lo mismo que alguna vez nos hicieron, con lo que involuntariamente estamos continuando un ciclo que se inició cuando nos lastimaron o nos trataron injustamente, o cuando les pasó a nuestros padres o a los padres de nuestros padres.

Felizmente, ese *ciclo puede cortarse,* tanto el del maltrato o el abuso como el de cualquier otra pauta cíclica o reiterativa que en el día de hoy podamos encontrar dentro de nosotros.

Es posible cambiar de camino

Cuando lo lastimaron y a partir de entonces, mediante la reflexión, los recursos y el apoyo emocional que tuvo, usted se las arregló lo mejor posible. Hizo cuanto pudo para detener el dolor, anticiparse al peligro y evitar que devolvieran a hacerle daño. Sí, es verdad que parte de lo que hizo terminó lastimándolo y otra parte llegó a herir a terceros. Y, lo que es más importante, lo que *usted hizo no significó* una tremenda diferencia en su vida. No curó sus heridas ni completó los asuntos inconclusos, pero ahora *está en condiciones* de hacerlo.

Debido a que lo hirieron, hizo usted determinadas elecciones. Le sirvieron en cierto momento de su vida, pero ya no le resultan útiles. Es imposible retroceder en el tiempo y aplicar lo que ahora sabe para tomar decisiones distintas, pero hoy *sí puede* elegir nuevas opciones.

Desde luego que las actitudes y comportamientos que adoptó le sirvieron para poder sobrevivir. Sin embargo, cuando maduró y cambiaron las circunstancias de su vida, aquello dejó de funcionar. En realidad, esas actitudes y conductas terminaron obstaculizándolo, hicieron que recibiera de la vida menos de lo que merecía y buscaba. Lo hecho, hecho está, pero siempre *puede* modificar comportamientos y actitudes para mejorar el presente y crearse un futuro más brillante.

Maltrato, rechazo, traición, engaño, ridículo y humillación podrán estar llevándolo a un callejón sin salida. Esas heridas que no cicatrizaron y esos asuntos que no se resolvieron, también; pero todavía puede girar la cabeza y retornar a la senda principal, a esa que habrá de llevarlo a la vida que quiere y merece.

Hay una alternativa para los matadolores y llenadores de vacíos para sentirse siempre a salvo levantando muros, quedándose sin amigos, repitiendo el pasado y perpetuando un ciclo de dolores y resentimientos. Esa alternativa es el proceso de curación que describiremos en lo que resta de este libro. En el capítulo que sigue empezaremos por ofrecerle indicios para que aprenda a recorrer la senda que lleva al *perdón*.

4

El Proceso de Curación: Un Proceso : de Integración

Ya ha llegado a comprender mejor cómo lo lastimaron. Desaliento, rechazo, abandono, traición, engaño, ridículo, humillación y maltrato fueron cosas que le sucedieron aunque usted no las quisiera. Pero, ¿se le ha ocurrido pensar que también puede haberse sentido dolido por cosas que usted deseaba *pero no logró* de padres, cónyuges, amantes, amigos y quienquiera que haya tenido algún lugar de importancia en su vida?

Usted deseaba:

- amor
- intimidad
- seguridad
- afecto
- atención
- guía

- aliento
- compromiso
- reconocimiento de su propio valor

Pero en los momentos en que resultara lastimado, uno o más de esos aspectos esenciales del respaldo y la alimentación emocional se le negaron. Los perdió cuando se dañaron los vínculos de confianza o amor o amistad que existían entre usted y la persona que lo hirió. Y sufrió a causa de todas esas necesidades insatisfechas, por las que estaban faltándole en la vida, por las que perdió en el momento en que lo lastimaron.

Tal como la persona que ha perdido a un ser muy querido, usted tuvo necesidad de elaborar su luto. Le resultaba imposible eludir la tristeza y la pena. No podía escapar al deseo instintivo de controlar de algún modo aquellas emociones a fin de que no lo consumieran ni superaran. *Se vio obligado a pasar por un proceso interior en respuesta a un hecho exterior.* La muerte de un ser querido constituye un acontecimiento externo para quien lo sufre. En su caso, ese acontecimiento fue la herida o la injusticia que le tocó experimentar. Inició su proceso de curación tan pronto como se registró el incidente doloroso, pero la mayoría de las veces usted se sintió como empantanado. Los que sufren, alguna vez, se sienten en igual situación, pero en su caso las probabilidades eran mayores en vista de que su pérdida no era algo tan tangible ni definitivo como es la muerte de un ser querido.

Lo que usted estaba perdiendo era la capacidad de satisfacer una necesidad vital determinada *por medio de la persona que en su opinión estaba en condiciones de satisfacerla.* No obstante, y a pesar de que sus padres, cónyuge, amante o quienquiera que fuese poseedor de su confianza en cuanto a satisfacer sus necesidades de aliento y apoyo emocional no lo hicieran, usted no dejó de experimentar esas mismas necesidades. En consecuencia, dirigió su atención hacia otras formas de dar satisfacción a sus necesidades, con gran frecuencia apuntando hacia aquellos matadolores y llenadores de vacío de los que le hablamos en el capítulo 3. Tal como expusimos también en ese capítulo, mucho de cuanto hiciera para compensar lo perdido no le sirvió. En realidad, parte de lo que hizo le produjo más daño. Y en última instancia no consiguió salir del pantano.

Lograr lo que necesita sin lastimarse ni herir a otros

La diferencia más significativa entre el proceso del dolor y el proceso de la curación es que, en el último, siguen existiendo las personas a las que amamos y de quienes esperábamos amor. Aunque algunos de los que en un momento determinado nos hirieron puedan haber muerto ya, no murieron inmediatamente después de habernos herido o tras fallarnos en lo que esperábamos de ellos. Y tampoco lo hizo la esperanza de que algún día habrán de darnos amor, nos prestarán atención, nos alentarán o elogiarán, o nos concederán esa aceptación incondicional que nos negaron en el pasado. Podrán pasar diez, quince y hasta treinta años desde que experimentáramos la pérdida del sostén emocional, y todavía estaremos tratando de "recuperarlo". Y una de las razones de que todavía no nos hayamos curado es que seguimos esperando que quienes nos lastimaron nos curen... reconstruyendo lo que *ellos* hicieron y *nosotros* perdimos.

Cuando esto no pasa —y nunca lo hace— nos sentimos desazonados y desilusionados, como lastimados por nuestras expectativas incumplidas, tal como lo hemos sido por la herida o la injusticia original. El dolor sigue, y sigue. No podemos desprendernos de él y continúa hasta que aceptamos que quienes no satisficieron nuestras necesidades en el pasado no pueden hacerlo *en este momento.*

De modo que necesitaba usted amor y no lo obtuvo. Necesitaba intimidad, seguridad, afecto y esa clase de palabras y aliento que fueran capaces de reforzar su autoestima, pero no ocurrió así, no le fueron concedidas por aquellas personas de quienes usted las esperaba, precisamente las personas que "se suponía" debían proveérselas.

Mientras tanto, sigue teniendo esas necesidades y debe hallar *nuevas* formas de satisfacerlas. Las antiguas no sirven. Nunca sirvieron. Por mucho que busque toda una vida en el alcohol, las drogas, la comida y el sexo, o incluso el comportamiento licencioso, nunca podrá lograr lo que no obtuvo de sus padres, sus cónyuges, amantes y amigos, o quienquiera que lo haya lastimado alguna vez. Necesita abandonar de una vez la idea de que esas personas pueden deshacer lo que hicieron o lograr que todo "esté bien" para usted nuevamente. Ya no es usted un niño. Sus padres ya no pueden "arreglarle" las heridas como lo hacían antes, con un beso sobre la rodilla lastimada ni con la vieja fórmula del sana, sana. La curación que necesita ahora ya no se logra así.

En este preciso instante, su vida, puede estar derrumbándose hasta los cimientos. O sencillamente puede ser menos productiva, satisfactoria o apacible que lo que usted querría. Sea que su vida necesite una recomposición completa o sólo leves toques de afinación, lo más probable es que usted siga empantanado en alguno de los pasos iniciales del proceso de cicatrización. No importa en qué punto esté, siempre será hora de aceptar que el pasado ya pasó. Se fue y no puede hacerlo volver. Para avanzar en su proceso de curación, lo que debe hacer es dirigir su atención hacia las necesidades que tiene *ahora* y cómo tendrá que hacer para satisfacerlas *ahora*. En su condición de adulto, es *su* responsabilidad hacerse cargo de su vida y llevar a cabo lo mejor para su salud física y su bienestar emocional, optar por las situaciones que le permitan curar viejas heridas y crear una vida adulta nueva, más productiva y satisfactoria.

No otra cosa hicieron las personas que le presentaremos en este libro. Todas ellas eligieron la posibilidad de curarse. Por cierto que no fue una elección sencilla ni fácil, como tampoco fue nada fácil ni sencillo mantenerse en la senda una vez elegida. Tampoco lo será para usted, y por eso es que en este capítulo nos gustaría brindarle unas cuantas pautas, palabras de advertencia y aliento para que pueda avanzar por el camino del perdón.

Elegir curarse

Durante su proceso de curación tendrá que hacer elecciones. En realidad, desde el momento en que enfrentó decisiones tan pronto como fue lastimado, ya estuvo haciendo muchas elecciones. En aquel momento podrá haber preferido bloquearse y enterrar todos los pensamientos y sentimientos desagradables, habrá optado quizá por embotar su dolor recurriendo al alcohol, las drogas, la comida o el trabajo en exceso. Tiempo después podrá haber escogido considerar que las viejas heridas ya no lo afectaban ni ejercían influencia en su vida. Y debido a esta convicción podría haber decidido que no necesitaba buscar ayuda. Organizó su vida de tal manera que pudiera asegurarse de no tener que enfrentar nunca el pasado y evitar problemas similares en el futuro.

Nueve de cada diez veces, tales elecciones lo lastiman. Pero eso no quiere decir que voluntariamente eligió usted cosas que le causasen dolor, ni supo que así sucedería. Tomó usted la mejor decisión posible sobre la base de la información y los recursos con que contaba en el momento, o sea cuando era más vulnerable y sufría todavía el dolor.

Muchos de nosotros éramos muy jóvenes cuando tomamos decisiones que seguirían afectando nuestras vidas durante los años por venir, y la mayor parte de las elecciones en verdad debilitantes se hicieron con escasa conciencia y casi sin pensar. ¡De hecho, tal vez ni nos hayamos dado cuenta de qué estábamos eligiendo!

Desde el momento en que empezamos a hacer elecciones *conscientes* que nos permiten satisfacer nuestras necesidades y reforzar nuestra autoestima, nuestro proceso de curación toma una nueva dirección, que nos lleva hacia el perdón y a una nueva vida. Por ejemplo, podemos elegir un programa de terapia, ingresar en un grupo de apoyo y participar plenamente, poner término a una relación abusiva o dejar una ocupación que nos disgustaba, asistir a talleres de crecimiento personal y absorber allí cuanta información podamos, a fin de abandonar un hábito autodestructivo, comenzar la recuperación de alguna adicción o incluso ponernos en contacto con alguien que nos haya lastimado y con el que podamos intentar reconstruir esa relación. Cada elección se toma después de considerar muy cuidadosamente todas las alternativas disponibles con sus probables consecuencias... incluyendo la posibilidad de dolor, humillación y angustia. Debido a que sabemos que estamos haciendo una elección, y como sabemos qué y por qué estamos eligiendo, cada opción escogida hace avanzar el proceso de nuestra curación, *incluso en el caso de que aquello que decidamos no nos reporte los resultados exactos que esperamos.*

Mientras sigue la marcha en busca de su curación en cada encrucijada o vuelta del camino las elecciones que haga habrán de reflejar sus respuestas a las siguientes preguntas:

¿En qué punto estoy ahora?
¿En qué punto debería estar?
¿Y cuál es el nuevo paso que deberé atreverme a dar para llegar ahí?

¿Dónde está ahora?

Al recorrer las páginas de este libro, cuando lea cosas acerca de gente que eligió curarse y perdonar, habrá de identificarse con algunas de esas personas, pero no con todas. En determinado punto de un relado se dirá: "Es como me pasó a mí. Así me sentí yo. Sí, claro, yo hice lo mismo". Por otra parte, determinadas ideas podrán parecer por completo ajenas. Se preguntará cómo diablos Suzanne o Sandy, Bruce o Melinda eligieron determinado camino y sentirá crecer en su interior sentimientos de miedo, ira o resentimiento. Hasta podría llegar a pensar: "¡Nadie en el mundo podrá hacerme creer nunca que esos h. de p. que me lastimaron estaban haciendo lo mejor que podían!"

Sus reacciones —cualesquiera que fueren— casi con seguridad estarán reflejando en qué momento de su proceso de curación se encuentra ahora. Podrá compararse con las ideas, sentimientos y conductas similares a los que ya ha experimentado o está experimentando ahora, pero no con los casos que han llegado a un punto del proceso de curación todavía no alcanzado por usted. Pero, ¿a qué punto ha llegado? ¿Adónde lo ha llevado el dolor del pasado? Son preguntas de difícil respuesta. En realidad, incluso son preguntas de difícil consideración. Reconocer que aquellas viejas heridas e injusticias lo han llevado a determinado lugar lo obliga a enfrentar el hecho de que algo que quizás haya sucedido hace mucho, mucho tiempo, alteró el curso de su vida y lo está afectando todavía. Semejante admisión muy probablemente devolverá a la superficie viejos sentimientos de vergüenza, remordimiento o ultraje. Hasta es posible que le broten lágrimas cuando comprenda que su vida de hoy es un terrible lío o por lo menos nada parecida a la que hubiera deseado, en razón de que un dolor del pasado lo condujo a diversos callejones sin salida. Por difícil que pueda ser, lo instamos a que mire desde bien cerca dónde estuvo y dónde está hoy por culpa de aquella herida que le causaron.

Está en condiciones de responder a esa pregunta si revisa aquellos callejones sin salida que le pintamos en el capítulo 3 y luego se pregunta, sin miedo, qué ha hecho o qué está haciendo para embotar su dolor y llenar el vacío existente en su vida, para sentirse a buen recaudo y guardar distancia. Logrará descubrir con absoluta exactitud hasta dónde lo ha llevado su pena del pasado haciendo una lectura de su autoestima, examinando sus condiciones para relacionarse, identificándose con las maneras de que se sirve para repetir el pasado y determinando si sus actitudes y comportamientos hieren a otros aunque sea sin tener conciencia de ello. Sin embargo, si está dispuesto a observar las cosas desde más cerca, puede ganar en conocimiento de *por qué* hizo lo que hizo, y por qué llegó a determinadas elecciones que podrían haber sido distintas.

En este libro, lo incitaremos a desarrollar una comprensión *más clara* de sus comportamientos, actitudes y sentimientos respecto de ciertas cuestiones. A fin de alcanzar ese objetivo hemos incluido una determinada cantidad de *estrategias de clarificación*: preguntas que obligan a pensar o ejercicios de papel y lápiz como los que siguen. Aunque por una u otra razón pueda sentirse reticente en cuanto a dejar de leer para ponerse a completar los ejercicios, estamos en la obligación de alentarlo para que les eche por lo menos un vistazo a todos. Le ayudarán a aplicar lo que está leyendo a su propia vida y le revelarán cosas acerca de usted mismo que casi seguramente ni siquiera habrá advertido hasta hoy.

Estrategia de clarificación número 1
Callejones sin salida

En una hoja rayada trace una línea vertical por el medio de la página, con lo que habrá formado dos columnas. Después divida la columna de la derecha con otras dos líneas verticales, con lo que tendrá en total cuatro columnas: una ancha y tres más angostas.

En la columna ancha de la izquierda anote los "callejones sin salida" que debió transitar alguna vez en su vida, todos los recursos para "matar dolores y llenar vacíos" a los que acudió, y todo cuanto haya hecho en su existencia para restar méritos a su bienestar físico o emocional. He aquí algunas posibilidades:

Alcohol
Azúcar
Cafeína
Aislamiento
Comer (en exceso o muy poco)
Actividad frenética
Juego
Excesos en los gastos
Sueño (escaso o excesivo)
Alimentos
Excederse en los sentimientos
Dependencia de una relación
Golpear o ridiculizar a los niños
Maltratar física o emocionalmente al cónyuge
Buscar peleas verbales o físicas
Drogas recetadas
Nicotina
Adicción al trabajo
Francachelas
Promiscuidad
Perfeccionismo
Drogas ilícitas
Chocolate
Eludir los riesgos
Elevado colesterol
Falta de ejercicio
Adicción a la TV
Exceso de logros
Autocompasión
Negatividad
Descuidar el trabajo

Desde luego que podrán ocurrírsele más. Una vez completada la lista de sus posibilidades, todas en la primera columna, pase revista a las que todavía hoy sigue cometiendo.

En la segunda columna marque con un asterisco (*) las faltas en que más veces incurra o las que comete cuando recuerda o quiere ahogar lo que siente, aún hoy, a raíz de heridas e injusticias del pasado. Si le resulta difícil establecer la debida conexión, piense en las veces en que siente enojo, resentimiento, frustración, dolor o en las que fue tratado injustamente. En tales circunstancias, ¿hacia qué puntos de la lista se inclinó?

A continuación, en la tercera columna asigne a *los ítem que acaba de revisar*, una calificación de A, B o C. Elija el tercio de ítem que sean merecedores de la calificación A, lo que estará indicándole que usted quiere ponerse inmediatamente a trabajar para modificarlos. Una calificación B corresponderá a otro tercio, donde aparecerán los recursos que no sean de absoluta prioridad pero de los que deberá ocuparse pronto y por fin conceda el puntaje C a un último tercio, las cosas que le gustaría también cambiar pero que no son de urgencia absoluta.

Por último, en la cuarta columna establezca el orden de prioridades que considere para los ítem de letra A, asignando el número uno (1) al que considere como de la máxima importancia para cambiar, un dos (2) para el que siga en orden de entidad y así sucesivamente hasta que todos los puntos de la letra A cuenten con su número de orden.

Esta estrategia de clarificación le permite encarar con valentía lo que está haciendo todavía porque alguna vez lo lastimaron, pero al mismo tiempo le da oportunidad de palmearse la espalda por haber abandonado ya determinados comportamientos autodestructivos. Sin embargo, lo que es aun más importante, es que le permite hallar un punto de partida para decidir desde allí los pasos más atrevidos a dar para mejorarse a sí mismo y para mejorar su vida.

Sea amable consigo mismo

Es muy posible que el hecho de identificar el punto en que ahora se encuentra lo haga sentir desalentado y deprimido. Es que nadie puede arrancar algún placer del examen de sus dolores. No hay nadie que pueda reconfortarse por pasar revista al abrupto y tortuoso camino cuesta abajo que ha seguido con el propósito de componérselas con el dolor. Ese Pequeño Juez que todos llevamos dentro tal vez esté haciendo llover sobre nosotros un fuego graneado de críticas: "Mira lo que has hecho de ti", nos dice. "Echa un vistazo a este lío al que llamas tu vida. Qué tipo más debil, estúpido, incompetente y absolutamente desagradable eres. Desde luego que no tienes sino lo que te mereces."

Y también esa Eterna Víctima que habita en nosotros podría replicar: "Sí, pero me lastimaron. Fíjate en lo que me hicieron. ¿Quién podría esperar algo más de mí, entonces o ahora? Es lo que cargo en esta vida. Nunca habré de cambiarlo." Cualquiera de esas líneas de pensamiento es autoderrotista.

No le pedimos que piense en dónde está ahora para que se golpee la frente con la información que recoge. Eso no lo ayudará a curarse ni le permitirá avanzar, por la sencilla razón de que es una de las causas de que se haya quedado empantanado.

De modo que, por favor, trátese con más amabilidad. Sí, es cierto, ha cometido sus errores. Todos los hemos cometido. Pero ya se ha castigado lo suficiente. Ya ha pasado bastante tiempo comparándose con otros y recordándose que no los ha igualado. No vamos a negar que algunas de las cosas que hacen las personas porque las lastimaron son a veces más destructoras que otras o que determinadas circunstancias tienen remedios más difíciles que otras. Pero lo que sí hemos de afirmar, con todo énfasis, es que *de nada le puede servir a nadie comparar viejas heridas, circunstancias del presente y procesos de curación.*

Lo lastimaron como haya sido. Respondió como haya respondido. Ahora usted es quien es, y con toda seguridad que no hay ningún otro sitio en el que *Pueda* estar en este preciso instante. Sus circunstancias específicas y experiencias de vida lo han llevado a este punto, y sin que importe dónde esté —o cómo pueda compararse dondequiera esté con cualquier otro— es el único punto de partida de *su* viaje personal hacia el perdón.

¿Dónde le parecería mejor estar?

Para responder a esta pregunta, primero tendrá que formularse otra todavía más dura: ¿De qué me serviría *no per-*

donar? ¿Qué gano con ello y qué temo perder si abandono rencores y resentimientos?

Según señalamos en el Capítulo 1, aferrarse al dolor y hacer lo que ha hecho porque lo lastimaron, *le sirvió* en determinados momentos de su vida. Consiguió frenar el dolor por lo menos de manera temporaria, tranquilizó sus temores y ansiedades, lo protegió de la desazón, el rechazo, la traición o de algo que pudiera volver a lastimarlo. Pero también le hizo daño. Porque elaboró en usted nuevos problemas tan dolorosos como los anteriores, y volvió a dejarlo muchas veces en las mismas situaciones, ni más ni menos, que las que trató de evitar.

En esta coyuntura de su vida y su proceso de curación, ha de determinar si lo que logró por el hecho de no perdonar realmente vale lo que se vio en la obligación de dejar. ¿Quiere conservar lo que tiene o aspirar a algo más? Sin miedos, enojos ni orgullo, ¿se aferrará a sus rencores y resentimientos pasados o elegirá el camino de la curación?

Es posible que piense, ya que se le da la opción entre herir o curar, que cualquiera tendría que elegir la curación. Y es posible que todo el mundo pensaría igual... *si* pudiera apartar con facilidad y rapidez todos los viejos temores. Tan pronto se encara la perspectiva del cambio, y la cicatrización es decididamente una forma de cambio, salen a la superficie dos temores: el temor a ser herido otra vez y el temor a lo desconocido. El temor a que volvieran a lastimarlo lo ha tenido usted desde que lo hirieron la primera vez y seguirá presente durante todo el proceso de curación. El miedo a lo desconocido —a no saber qué será de su vida como resultado del proceso de curación y la frecuente preferencia por que las cosas sigan como están, aunque no sean precisamente satisfactorias— se puede superar creando una visión del destino que espera alcanzar.

Son requisitos previos para la curación tener esa visión de la vida que espera llevar y una imagen de la persona en que espera convertirse. El deseo de estar en un lugar distinto del actual es la fuerza motivadora que lo hará moverse en otra dirección y su visión del destino que espera alcanzar es lo que guía sus pasos durante el viaje. Eso lo convence de seguir tratando, incluso en esos días en que la paz espiritual parece estar más lejos de nuestro alcance que nunca.

Cuando haya determinado dónde está, deberá preguntarse: "¿Dónde estaría mejor?" Y su respuesta tendrá que ir más allá de un deseo de detenerse, de escapar o de no sentir más dolor. Es posible que lo haya estado deseando usted durante años y siga tratando de hacerlo... pero no funcionó. Además, la imagen de castigar a quienes lo hirieron, obligarlos a que le imploren perdón o escuchar sus disculpas y dedicar el resto del tiempo a recomponer lo que le hicieron, decididamente no pasa de ser una visión. Pero no es una visión que cure. Una visión curativa es aquella que describe los atributos positivos que ansía desarrollar, cómo espera sentirse y muestra lo que quiere hacer y tener como resultado de una cicatrización de las viejas heridas y completar todos los asuntos inconclusos. Todas las personas acerca de cuyas experiencias leerá en este libro desarrollaron una visión curativa mucho antes de que en efecto llegaran a perdonar a alguien. Por eso es que lo instamos a tomarse su tiempo, antes de elaborar una visión propia de su proceso de curación. Piense en:

- hábitos que tiene y desearía abandonar;
- cómo podría mejorar sus relaciones actuales y qué debería hacer para desarrollar nuevas relaciones;
- cambios y/o avances que espera realizar en su profesión, su vida familiar, sus condiciones físicas o su situación espiritual;
- problemas que espera resolver, aventuras que le gustaría protagonizar, riesgos que está dispuesto a correr;
- cómo le gustaría sentirse a medida que pasan los días;
- qué le gustaría decirse todas las noches cuando se apresta a dormir (o todas las mañanas al despertar).

Llegado a este punto, quizá tenga dificultades para hacer una descripción específica de su futuro o, peor aun, para pintarse un futuro mejor que el presente. Eso es algo que está bien. Si se encuentra en el extremo de un túnel larguísimo y oscuro, es más que difícil distinguir la luz en el otro extremo, y mucho menos tener una idea de lo que puede haber más allá de esa luz que apenas alcanza a vislumbrar. La visión irá aclarándose a medida que avance su curación. Cuando siga atravesando las diversas etapas, la niebla que lo ha rodeado durante tanto tiempo empezará a disiparse —o se disipará más que hasta hoy— y así estará en condiciones de trazar un detallado cuadro de dónde quiere ir. Por el momento, será suficiente con tener una idea general.

Una de las formas más divertidas, y al mismo tiempo imaginativas, de elaborar su visión curativa consiste en suponer que ya han pasado dos, tres o cinco años y quiere describirle a un amigo al que no ve desde hace tiempo las actuales circunstancias de su vida. Todo se reducirá a escribirle a ese "amigo" una carta como la que sigue, perteneciente a una de las personas que han participado de nuestros seminarios de perdón:

> Querida Grace:
> ¡No puedo creer que hayan pasado ya dos años! Las cosas han cambiado tanto... Entonces era un pozo de tristeza y ahora puedo anunciarte con mucho orgullo que estoy mejor que nunca. Solía dar vueltas y vueltas siempre ofuscada, pero ahora he tomado conciencia de cuanto sucede a mi alrededor. Soy más comprensiva y cuidadosa como madre (¡Mis chicos están todavía en estado de shock!). Ya no vuelco mis frustraciones en ellos, no les grito tanto y nunca los golpeo. Desde luego que no soy la mejor madre del mundo, pero tampoco, la peor; y dicho sea de paso, nunca fui tan mala como yo creía. Como podrás ver, he aprendido a gustar de mí y eso es algo que salta a la vista en cuanto hago.

Soy una maestra mucho más creativa, y en realidad me involucro con mis alumnos. Hasta he vuelto a ser alumna otra vez, y en un año o dos me convertiré en consejera escolar. Por fin he dejado de protestar porque no hay hombres decentes que quieran llevarle el apunte a una mujer con hijos. He empezado a concurrir a un programa sobre "padres solos" y he visto que sí, que aún hay algunos. Todavía me queda un largo camino por recorrer antes de que vuelva a cobrar confianza y me abra al amor, pero estoy progresando. Sigo pensando que Joe es un mal tipo, pero por lo menos puedo hablar con él como personas educadas cuando viene a buscar a los niños para llevarlos de paseo, como dispuso el juez. Ah, sí, he dejado de fumar y me inscribí en un club de salud. Tiene que haberme servido de mucho, porque en todo un año sólo enfermé una vez, mientras que antes me pescaba cuanto virus andaba suelto por ahí.

Hace dos años decidí que deseaba sentirme entera, bien, feliz, sana, interesada en las cosas y plenamente viva; resolví que me iría a dormir pensando: "Hoy ha sido un buen día, un día en que viví lo mejor que pude, sin tratarme mal mi maltratar a nadie". Después, cuando empezaba a dominarme el sueño, intentaba agregar: "Y mañana será todavía mejor". Claro que no siempre es así, pero estoy por llegar.

Con todo mi cariño, Beverly

Esta carta, en la que Beverly fantasea acerca de su progreso futuro, puede darle una idea clara de los objetivos que se ha fijado en el momento de elegir la curación de sus viejas heridas, incluyendo las sufridas como resultado de su divorcio. Ahora lo exhortamos a que también usted escriba una carta parecida sobre sus previsiones.

Comprenda que su visión se modificará con el tiempo. Por ejemplo, habrá notado que Beverly no hace referencia alguna a que en realidad haya perdonado a su ex esposo, Joe, y ni siquiera expresa el deseo de hacerlo. Más adelante, durante el proceso de curación, el deseo de romper sus lazos emocionales con Joe olvidándose de los rencores que alimentó en su contra pasará a ser prioritario para Beverly. Pero en el momento de escribir esa carta ni siquiera podía imaginar que llegaría a eso y mucho menos iba a fijárselo como un objetivo. Lo importante es que Beverly se había trazado ya una imagen de su destino, y también usted tiene necesidad de contar con esa imagen. Puede ser algo tan positivo como significativo para usted, algo tan ansiado por usted como para predisponerlo a desarrollar el trabajo necesario para alcanzarlo.

Para llegar

Cada uno de nosotros tiene su propio tiempo para curarse y nadie puede saber por anticipado cuánto necesitará para recorrer todo el proceso.

Se tarda lo que haya que tardar

La curación es un proceso interno. Se produce en el interior de cada uno y en consecuencia no se puede medir ni controlar mediante factores externos arbitrarios, como podrían ser los calendarios. Es que sencillamente no es posible decidir que para tal o cual fecha del año próximo uno estará curado de todas sus heridas y habrá perdonado a cuanto ser viviente lo lastimó; que para determinada fecha de un futuro no lejano uno habrá resuelto toda la maraña en que se encuentra enredado, habrá cambiado por completo su perspectiva de la vida y estará en el camino debido para vivir con felicidad por siempre jamás.

La curación demanda el tiempo que deba demandar. No puede discutirse, ni siquiera pensarse, que no sea indispensable armarse de gran paciencia, pero cuando decimos esto no estamos queriendo significar que uno deba sentarse a esperar con paciencia que venga la curación. Nada de eso, puesto que en todo momento habrá que estar trabajando.

Lo que le *estamos* recomendando es que usted respeta su propio proceso de curación y obedezca a su reloj interior; que tenga una visión del proceso de curación semejante a un río que fluye por su interior. Si quiere llegar a destino, tendrá que seguir remando y timoneando su embarcación, pero gastará menos energías y se sentirá menos frustrado si rema *a favor* y no en contra de la corriente.

El camino al perdón no es una línea recta

Cuando le expusimos por primera vez las seis etapas del perdón le dijimos que ninguna de esas etapas queda separada netamente de las otras y que no se desplazará linealmente de un paso a otro. Sería muy lindo que el proceso de curación (y cualquier proceso) se diera en esa forma. Pero no es así. Cuando trabaje para completar las cosas que dejó sin terminar, habrá momentos en los que sentirá que las nubes al fin se han levantado; tendrá momentos gozosos en los que el progreso realizado será visible como para que se pueda tocar o gustar; horas, días y hasta semanas en que habrá de sentirse en paz y en cuyo transcurso ni le pasarán por la mente los difíciles y dolorosos trances del pasado. Pero por otro lado, parte del territorio que deberá atravesar en su viaje tal vez le resulte más doloroso y derrotista que cuanto haya podido experimentar con anterioridad. Incluso habrá momentos en los que ha de preguntarse si no está alejándose de la paz del espíritu en lugar de aproximarse a ella. Los altibajos, los momentos apacibles, los triunfales y los de prueba no son sino otras tantas partes del proceso.

Por si todo fuera poco, algunas veces podrá permanecer en determinadas etapas durante un lapso que se le antojará una eternidad. Si bien con toda certeza esto lo desalentará y hasta podría reavivar sentimientos de tristeza, ansiedad y frustración, eso no quiere decir que haya interrumpido su curación o que ya no podrá pasar a la siguiente etapa. Inclusive cuando le parezca que está detenido sigue en el proceso de curación.

Cuando se encuentre ante un punto muerto —sea por descubrir que no está listo para olvidarse de su enojo o porque tenga dificultades para dejar atrás los miedos que le impiden relacionarse—, permítase quedarse en el lugar en que esté. Haga todo lo posible para no considerar los contratiempos pasajeros como fracasos totales, y en cambio intente verlos como áreas de sí mismo que aún necesitan elaborase. Es que todos estamos incompletos y trabajando en algún aspecto. Y si en realidad desea ser mejor de lo que es, entonces habrá de seguir esforzándose aunque no advierta signos visibles de progreso. Este ya habrá de llegar. Cuando se canse de estar donde se encuentra, encontrará la forma de salir de allí. Lo sabemos porque también nosotros alguna vez nos consideramos empantanados y hemos sido testigos de cómo hicieron muchos para maniobrar a fin de escapar de hoyos profundos y negros para emerger a la luz del día.

Aparte de quedarse como pegado es una etapa determinada, una que otra vez y por diversas causas, podrá parecerle que en lugar de avanzar vuelve a caer en una etapa ya superada. Por ejemplo, sin tener en cuenta lo lejos que podamos haber llegado, la mayoría de nosotros volverá a caer en la etapa de víctima, en especial cuando experimentemos estrés o nos enfrentemos con una forma de crisis. De encontrarnos en tales circunstancias, podríamos creer que nos hemos ganado el derecho a disculparnos o dolernos por nosotros mismos, y durante un tiempo actuar tal como lo hacía aquella víctima que solíamos ser. Pero esa caída no elimina lo que hemos ganado. En realidad, el progreso que hemos hecho nos permite tomar conciencia del resbalón, cansarnos bastante pronto de seguir en esa etapa y tarde o temprano volver adonde estábamos.

No tiene por qué curarse solo

Todas las cargas resultan más livianas cuando se las comparte. Así que será mejor no intentar su curación a solas. Puede conseguir asesoría, incorporarse a un grupo de apoyo o participar de un grupo de autoayuda, cuando no de programas de recuperación en doce etapas como es el caso de Alcohólicos Anónimos, Al-Anon, y Los Anónimos que se exceden en la comida. En su propia vida podrá beneficiarse con el apoyo de ciertas personas: parientes, amigos y compañeros de trabajo pueden suministrarle toda suerte de aliento y estímulo. Tal vez piense que ninguna de las personas que hoy conoce pueda servirle de ayuda. Pero si por los menos toma en consideración esa posibilidad y echa una mirada a su alrededor, podrá resultar agradablemente sorprendido por la cantidad de gente que siempre ha tenido cerca y está en condiciones de ofrecerle un respaldo.

Además, puede acentuar su introspección y aprender nuevas técnicas merced a la lectura de libros, siguiendo cursos, asistiendo a conferencias, talleres y seminarios, escuchando grabaciones y hasta llevando un diario de su vida.

Le sugerimos esas posibilidades porque, si bien creemos con toda sinceridad que siempre ha hecho lo mejor que pudo con *su percepción, sus recursos y su respaldo emocional,* también tenemos la certeza de que al incrementarlos habrá de iniciar un mejor trabajo y de manera automática reforzará su proceso de curación.

¿Cuál es el nuevo paso atrevido que habrá que dar?

Para ayudarle a responder a esa pregunta por sí mismo, en los seis capítulos que siguen —donde se explican las seis etapas del proceso de curación— le ofrecemos pautas generales, sugerencias y el beneficio de nuestras experiencias, propias y ajenas, palabras de aliento y estrategias eficientes. La descripción de cada una de esas etapas podrá ayudarlo a que siga adelante su viaje hacia la curación por el perdón, para disfrutar así de una nueva vida.

5

NEGACIÓN

¿Se acuerda de aquella valija llena de heridas de la que hablamos en un capítulo anterior, aquella que siempre arrastrábamos en nosotros? Pues bien, ha llegado el momento de abrirla y echar un vistazo a su contenido. Sí, saldrán a relucir dolorosos recuerdos y será difícil volver a pensar en ellos. En general, los que le causaron las mayores desazones y los que más desearía empujar al fondo de la valija en cuanto le volvieran a la mente, son los que en realidad importan... y los que *tal vez haya negado durante mucho, mucho tiempo.*

Así que ha llegado el momento de que se pregunte: ¿Quién me lastimó? ¿Cuándo lo hizo? y, lo que es más importante, ¿a quiénes no he perdonado nunca? En determinados casos la respuesta a esas preguntas es obvia, pero le pediríamos que mirase debajo de la superficie e hiciera un esfuerzo para identificar a esas personas a las que mantiene prisioneras en las formas más sutiles. Observe su relación con la gente que alguna vez le hizo mal. ¿Se ha vuelto tensa, llena de discuciones, estresante y deprimente? ¿Conserva algún rencor, guarda resentimientos, los mata con el silencio? ¿Está esperando que ellos arreglen lo que hicieron para perjudicarlo, que vengan a implorar su perdón o por lo menos a pedirle disculpas, que sufran tanto como padeció usted?

Y no vaya a olvidarse de las personas que ya no forman parte de su vida, gente que ya no vive, o antiguos amantes, amigos o compañeros de quienes hace años que no sabe una palabra. Si pensar en ellos todavía le hace daño pensar en o le produce enojo o ansiedad, hay muchas posibilidades de que sean para usted una fuente de asuntos inconclusos.

Estrategia de clarificación número 2: Hacer nombres

Cuando se haya tomado su tiempo para considerar las preguntas que acabamos de plantearle, tome una hoja de papel y, esforzándose para recordar todo lo atrás que pueda, escriba una lista con los nombres de *todos* los que de una manera u otra alguna vez lo hayan lastimado. Escriba los nombres, si es que puede recordarlos, o ayúdese con notas identificatorias de aquellas personas cuyos nombres no recuerde. Incluya a los que apenas lo lastimaron superficialmente y, desde luego, no olvide a ninguno de los que le causaron heridas profundas. Ponga los nombres de quienes usted cree haber perdonado ya junto con los que tiene la plena seguridad de que no lo ha hecho. Y no vaya a olvidarse de las "instituciones" que le causaron algún dolor, como escuelas, tribunales, medios y lo que sea. La lista *no tiene* por qué ser demasiado larga, pero casi con seguridad ha de ser bastante más extensa de lo que podría creer en un principio.

Repase su lista y marque con un asterisco (*) los nombres de las personas e instituciones a las que no ha perdonado. Luego elija las tres cuyas heridas más quiera o necesite cicatrizar, incluyendo por lo menos una que represente una dolorosa experiencia del pasado que con toda valentía usted ha tratado de olvidar. Identifique los daños que recibió con una o dos frases en las que explique con exactitud en qué forma resultó lastimado. Por ejemplo, Warren, ya presentado en el capítulo 1, escribió: "Mi padre me lastimó por tratarme como al niño invisible, sin demostrarme en ningún momento que me quería o haciéndome notar algo hecho por mí, para terminar echándome sal sobre las heridas al volver a casarse, tener más hijos y ser con ellos la clase de padre que nunca fue conmigo". Y Harriet, una artista de treinta y ocho años que se halla empeñada en un combate al parecer interminable por la custodia de sus hijos, identifica a su ex marido como la fuente de todos sus dolores y ha escrito al respecto: "Larry me lastimó al mantener una relación con otra mujer, sin tener por lo menos la decencia de guardar el secreto. Me hizo parecer una estúpida al jactarse del caso frente a nuestros amigos comunes y más tarde trató de volver a los niños contra mí, sobornándolos con regalos costosos, largos viajes y achacándome la culpa de todo al decirle que con gusto volvería a nuestro lado si yo no fuera una mujer tan carente de corazón".

Cuando la ira y el resentimiento permanecen todavía frescos en nuestra memoria, hacer una descripción de cómo nos lastimaron es algo bastante fácil, aunque también causa dolor. Sin embargo, si hemos vivido años bloqueando e ignorando nuestros sentimientos dolorosos, advertiremos que el trabajo de traer el pasado a la actualidad es más difícil, porque incluso nos parecerá que estamos traicionando a alguien que amamos alguna vez a pesar de cómo o cuánto nos haya lastimado. Por cierto que así es como se sentía Marcy. Aquellas lágrimas que durante tanto tiempo se negó a dejar que corrieran, fluyeron cuando se puso a escribir: "Amo a mi madre, pero ella me lastimó. Me hizo mal por ser una alcohólica, y cuando se embriagaba, que era la mayoría de las veces, ni siquiera podía ser una madre para mí, para mis hermanos y hermanas. Yo tenía que hacerme cargo de todo, y eso no era justo".

También usted podrá encontrar que surgen muchas emociones aterradoras al tratar de completar esta estrategia de clarificación. Si le parecen demasiados arrolladoras, tómese un descanso. Aparte su lista y vuelva a considerarla otro día. Pero no deje de hacerlo.

Cuando lo nombra está atrayéndolo... y tal vez no quiera hacerlo

El reconocimiento de haber sido lastimado, la descripción del momento en que se lo hirió y referir toda la historia constituye un elemento vital en el proceso de curación. No obstante, el hecho de dar nombres y por lo tanto convocando sus dolorosas experiencias pasadas, es algo en extremo difícil. Cuando llegue a este punto de su proceso de curación, quizá no esté todavía listo para hacerlo. Desde luego que podrá tener un gran número de poderosas razones para *no* reconocer y examinar sus viejas heridas y sus asuntos inconclusos.

En primer lugar, probablemente no *quiera* creer que le pasaron ciertas cosas. Si, por ejemplo, está mirando un programa de televisión en el que alguien padece una experiencia tan humillante y horrible como la suya, con seguridad que cambiará de canal. Y cuando piensa en admitir la existencia de esos actos que le repugnan y que en realidad le sucedieron, no hace sino cambiar otro tipo de canales, da una vuelta a sus pensamientos y sentimientos acerca de aquellas dolorosas experiencias del pasado.

Está también la noción de que determinadas experiencias lo caracterizan como inadecuado, deficiente, no querible. Reconocer que alguna vez fue dañado por un maltrato, un rechazo, abandono, traición o cualquier otra experiencia dolorosa, podría hacerle pensar que todavía ahora es usted un "artículo en mal estado", que sigue siendo defectuoso en algo que puede ser fundamental. Usted no *quiere* verse a sí mismo bajo esa luz. Desesperadamente quiere creer que está bien. Y en vista de que el reconocimiento de cómo lo lastimaron y qué hizo luego por haber sido lastimado, no hace sino amenazar esa creencia, no quiere reconocerlo.

Lo que es más, otros podrían averiguar o descubrir la "horrible verdad" acerca de su persona y pensar con menos consideración respecto de usted. Lamentablemente, es posible que haya tenido ya experiencias que refuercen tal percepción. Alguna vez reveló la dolorosa situación pasada a padres o hermanos, a un amigo o un compañero de trabajo, al esposo o esposa y, en razón de que ellos se sintieron incómodos al oírlo o se consideraron impotentes para ayudarlo, tuvieron reacciones que en absoluto se aproximan a lo que se considera como un estímulo.

"¿Quieres decir que eso todavía te *molesta*?", susurrarán incrédulos. "Es algo que pasó hace años. Sencillamente, olvídalo."

"Estás haciendo una montaña de un grano de arena", insisten. "¿Hasta qué punto pudo haberte hecho mal? te rehiciste bastante bien, ¿no es así?"

"Cosas peores les han pasado a otros", le recuerdan. "¿Por qué no piensas en las cosas que te salieron bien en lugar de dolerte tanto por lo pasado?"

Lo más problable es que usted salga de esas conversaciones más decidido que nunca a mantener en secreto sus heridas del pasado, a ocultarlas no sólo a los ojos de terceros, sino a su propia conciencia. Hasta empezará a dudar de haber tenido "derecho" a sentirse como se siente.

Pero, lo peor de todo, es que podrá tener *miedo* de encarar sus pasadas experiencias dolorosas. Podrá temer que el nuevo dolor sea tan grande que no pueda soportarlo que habrá de ahogarse en sus propias lágrimas o se trastornará de tal manera que no podrá comportarse bien. Podrá tener miedo porque alguna vez admitió cómo lo lastimaron y, lo que es más, qué hizo luego de resultar dañado, en cuyo caso tendrá que cambiar. Tendrá que actuar y reaccionar de modo distinto, diferenciarse de sus actitudes anteriores, y eso es algo que no sabrá cómo hacer. En suma, usted ya no sabe si podrá sobrevivir o no si lo hace.

En caso de que al elaborar su estrategia de clarificación o cuando leía los capítulos anteriores se haya sentido tentado a ignorar, dejar de lado o de alguna manera suprimir determinadas experiencias pasadas, o si piensa que las injusticias y las heridas que recibió fueron:

- sin importancia,
- agua que ya corrió bajo el puente,
- carentes de relevancia en cuanto a su vida actual,
- no vale la pena sacarlas a relucir,
- cosa terminada,
- completamente olvidadas,

entonces querrá decir que se encuentra usted en una etapa de negociación del proceso de curación. Y aun en el caso de que no se encuentre ahora en esa etapa, lo *ha* estado en algún momento anterior. Todos, sin excepción, pasamos alguna vez por la etapa de la negociación, la elaboramos en nuestro interior en el momento en que nos hieren, volvemos de vez en cuando a ella y, en algunas oportunidades, nos quedamos pegados durante años que se hacen interminables.

En defensa propia: entrar en la negociación en el momento en que se lo hiere

> En realidad, mi padre nunca me dijo que no hablara acerca del incesto. No me dijo que revelar ese secreto destruiría a mi madre. No me amenazó abiertamente. Sin embargo, me hizo saber que podría leer mi pensamiento, que siempre sabría cuando yo estuviera pensando acerca de "eso".
>
> Con el objeto de estar a salvo de aquella telepática privación de mi intimidad, me cuidaba mucho de no pensar

acerca de lo que estaba sucediendo. Bloqueaba el incesto en mi mente, junto con muchos otros pensamientos y sentimientos, y lo hice durante casi toda mi infancia. Todo lo amontonaba y lo arrojaba bajo una misma consideración de "Cosas demasiado peligrosas para ocuparse de ellas". Si algún recuerdo doloroso o una emoción desagradable se deslizaba para introducirse en mi conciencia, sencillamente la empujaba para que se hundiera de nuevo. No quería pensar en cosas pasadas, en ninguna de ellas.

Eso me permitió convencerme de que el incesto no me había causado daño. Si bien no negaba nunca que el abuso hubiese ocurrido y podía recordarlo cuando yo misma me permitía hacerlo, negaba que pudiera haber afectado mi vida. Actuaba como si no importara, como si no fuera algo trascendente.

El viaje de curación de Suzanne se inició en el mismo momento en que resultó lastimada... y lo mismo ocurre con todos. En el momento en que a usted le hicieron mal, su máxima prioridad consistió en frenar el dolor o, por lo menos, guardarlo hasta el momento en que pudiera volver a pensar en ello con claridad. Para hacerlo, lo mismo que Suzanne, recurrió a alguna forma de *negación*, una defensa psicológica activada por su subconsciente y empleada por lo que parece una razón positiva: ayudar a enfrentar circunstancias para las que no parece preparado y protegerlo de sentimientos que teme puedan superarlo o, incluso, destruirlo.

"Casi no puedo recordar nada", dice Amy, una joven graduada de veinticuatro años. Cuando era una colegiala de diecinueve la violó una persona conocida, otro estudiante al que durante varios meses ayudó en sus tareas académicas. "Recuerdo que trabajábamos en su dormitorio en lugar de hacerlo en un salón, y que me prestaba más atención a mí que a los problemas de física", prosigue. "Pero en determinado momento le dije que la cortara, con lo que todo pareció quedar bajo control." Cuando terminó una de aquellas sesiones, a pesar de todo, en el momento en que Amy se levantaba para retirarse, el jovencito la tomó por los brazos y la arrojó sobre su cama. "Lo último que recuerdo es haber pensado 'esto no puede estar pasando'", dice estremeciéndose. "Y después me parece que debo haberme echado llave a mi cerebro o algo por el estilo, porque no tengo más que una gran laguna. Ni siquiera recuerdo cómo hice para volver a mi dormitorio." A pesar de que han transcurrido ya cinco años, Amy todavía se encuentra con un gran espacio en blanco cada vez que intenta recordar el episodio. "Una que otra vez se me presentan como relámpagos de lo que pasó", explica. "Pero en vista de que no estoy segura de que esas cosas en realidad hayan ocurrido o si se trata sólo de algo que *pudo haber* pasado, no permito que me molesten. Me limito a empujarlas para arrojarlas de mi mente."

En el momento en que lo lastimaron era usted demasiado joven, el shock fue desmedido o lo hirieron tanto como para que no pudiera enfrentar ni comprender plenamente los hechos y las emociones que experimentó. Lo que necesitaba era protegerse a sí mismo, dar un paso atrás y poner una distancia prudencial entre usted y aquella experiencia tan desastrosa. Por eso, como lo hace Amy, ha negado la realidad, creyendo de todo corazón que algo no existió cuando, en realidad, sí existió o bloquea sus experiencias desequilibrantes, empuja los pensamientos desagradables y las emociones no bienvenidas al fondo de su mente, con tanta eficiencia algunas veces que puede llegar a olvidarse de todo por completo.

"Pretendía que aquello en realidad no importaba, que se trataba de algo fortuito que no volvería a repetirse", suspira Darlene al explicar en qué forma se enfrentó con las primeras visitas fallidas de su padre, considerando cada una de las faltas como un incidente aislado, circunstancial. "No podría haberme hecho a la idea de que mi padre me dejaba de lado", siguen diciendo. "Así que cada vez que faltaba a una cita, de alguna manera yo pasaba el trapito sobre la pizarra para borrar todo, intentaba olvidar la última vez y me decía que ya no habría una próxima." Así la joven Darlene, con todos los pensamientos de desilusiones previas bien guardadas en el desván de la conciencia, ansiosa y llena de esperanzas, podía volver a su puesto en la puerta de la casa, en espera de que llegara su padre. Si él lo hacía, era prueba de que la niña tenía razón cuando "olvidaba las veces anteriores". Pero si no lo hacía, Darlene evitaba que su desaliento la superase "explicando" de inmediato el proceder de su padre, convenciéndose una vez más de que tal cosa no volvería a ocurrir.

En el momento en que lo lastimaban, usted no podía enfrentarse ni comprender plenamente el hecho de que alguien le había hecho daño, alguien amado por usted, alguien en quien confiaba o de quien dependía para satisfacer sus necesidades. La herida o la injusticia acrecentaban la posibilidad de que esa persona que lo hería pudiera no amarlo o no preocuparse por usted, y semejante idea le causaba un insoportable dolor o una confusión extrema. Lo que necesitaba era encontrar una manera de entender lo que pasaba, la forma de no ahogarse bajo una oleada de emociones. Así que reducía al mínimo el impacto y la importancia de sus experiencias y sus sentimientos; retenía sus emociones generalizando, analizando o elaborando teorías acerca de sus experiencias; o, como en el caso de Darlene, excusaba, justificaba y "explicaba" el daño o la injusticia con tal de no tener razón para sentirse destrozada por ello.

"Sencillamente cambiaba de sintonía", dice Bruce, recordando cómo se las componía para protegerse del bombardeo de críticas de sus maestros por creer que no rendía de acuerdo con su potencial, los sermones y amenazas de sus padres, seguros de que no se esforzaba en la escuela, y las burlas de los otros chicos, que lo llamaban "tonto" o "retardado".

"Tan pronto como empezaban a tomárselas conmigo, interponía el escudo", dice. "Era algo automático. Ellos podían estar diciendo lo que quisieran, porque yo me ponía a pensar en otra cosa, en la letra de una canción de moda, en el argumento de la última película que había visto o en un determinado encuentro deportivo, cualquier cosa con tal de impedir que las palabras dirigidas a mí llegaran a destino." Como recordarán, Bruce siguió manteniendo mucho tiempo después aquella costumbre desarrollada en la escuela, para descubrir, por fin, que el alcohol y las drogas eran todavía más efectivos que su imaginación para no dejar apartarlo de la amarga realidad.

En el momento en que lo lastimaron, si ya le había ocurrido algo igual o había pasado por circunstancias parecidas, comprendió que sencillamente le era imposible abrirse a otros y era vulnerable ante cualquier golpe. Tuvo necesidad de cerciorarse de que, cuando volviera a tropezar con el abuso, el desaliento, el rechazo, el ridículo o la humillación, ya no sentiría tanto dolor como la última vez. En esa forma, como Bruce, se fabricó cosas que lo distrajeran —pensando en otros asuntos o manteniéndose demasiado ocupado, muy arrogante o muy preocupado por otras cuestiones como para pensar en situaciones desagradables o sentir algo— cuando no ocultaba sus verdaderos sentimientos bajo una amabilidad o una alegría fingidas, una armadura impenetrable o una "actitud" que mantenía a distancia al resto de la gente.

En el momento en que lo lastimaron, como Amy, Darlene y Bruce, por puro instinto se defendió contra aquello que amenazaba su seguridad, su tranquilidad y su salud. Lo hizo de manera automática, inconscientemente y por razones prácticas y positivas. Es que, para decirlo con pocas palabras, no estaba equipado como para reconocer, comprender o hacer algo constructivo respecto de la experiencia dolorosa que sufría.

Mantener la negación
Empujar hacia abajo una y otra vez

Una vez encendida la negación, volver a mover la llave para apagarla resulta extremadamente difícil. Como sucede con una computadora programada para una determinada función, cuando se le introduce tal o cual información, también su subconsciente reactiva la negación cada vez que usted vuelve a experimentar algo parecido a aquello que lo hirió antes: recordándolo o sintiendo las mismas emociones asociadas con ello. Lo que es más, según va pasando el tiempo usted descubre lo que se acaba de describir, razones igualmente poderosas para *no* reconocer el dolor sufrido en el pasado.

Lo lamentable es que la negación, al cubrir automáticamente lo que en verdad se necesita ver para que cicatricen viejas heridas y se completen cuestiones sin terminar —aunque en un principio haya servido para tratar de sobrevivir y paliar circunstancias dolorosas— termina dañándolo, porque le impide hacer en verdad las paces con el pasado o esforzarse al máximo por su presente y su futuro.

En tanto la negación siga apartándolo de la realidad, en ocasiones durante décadas después de haber recibido la herida, no podrá establecer la relación que existe entre sus experiencias pasadas y sus circunstancias actuales. Considerará que aquellas heridas e injusticias fueron "historia antigua", para creer con toda sinceridad que no lo afectaron entonces ni lo dañan ahora. Podrá pensar que está viviendo sin zozobras, ignorando el hecho de hallarse en la misma e indeseable situación una y otra vez, cuando reaccione ante determinadas situaciones o personas sin saber a ciencia cierta por qué lo hace en una u otra forma. Los demás, quizás, adviertan que su vida no es el lecho de rosas que usted cree, pero usted ni siquiera les permitirá decírselo. Cuando alguien le hable así, pondrá su mejor cara de felicidad y responderá: "Todo anda bien, muy bien".

Por cierto que no estará fingiendo ante esa gente si vive sonriendo o cerrando los ojos a las desdichadas realidades de su vida. Ni siquiera se dará cuenta de que eso es precisamente lo que está haciendo. No estará fingiendo que las experiencias dolorosas pasadas no lo afectaron tanto o ya no lo afectan en absoluto. Es que creerá eso con toda sinceridad. Tampoco se obstinará en "no ver la luz" o desfigurar la realidad. Lo triste del caso es que es muy poco lo que usted podrá ver mientras siga envuelto en una nube de negación.

Me casé muy joven, y mi matrimonio comenzó a venirse abajo antes de que yo cumpliera los treinta. Me acosaban misteriosos dolores y extrañas desazones, y empezaba a dar señales de no andar bien en el trabajo. Me sentía siempre sola, diferente de cualquier otro ser humano sobre el planeta. Y no sólo me consideraba aislada, sino que, también, encaraba la vida de tal manera que siempre seguiría sintiéndome así. En ningún momento me permitía intimar demasiado con alguien por miedo a que esa persona pudiera descubrir mi secreto. Literalmente, rechazaba a todo el mundo, aunque no me daba cuenta de que lo estuviera haciendo. Me veía como un desecho lamentable, blando y dócil, pero no obstante encaraba a los demás con enojo y dispuesta a la pelea. Tal como me dijo una vez una ex compañera de trabajo: "Suzanne, saludas al mundo como si dijeras: 'No se metan conmigo, no se crucen en mi camino. Ya me pasó una vez y no quiero que vuelvan a traicionarme'". Por eso no era de extrañar que la gente guardara sus distancias y yo viviera aislada.

No me quería a mí misma. Creía que salvar a quien estuviera ahogándose era cuanto los otros podrían esperar de mí y todo lo que yo podía esperar de los demás. Y algunas veces hasta eso me parecía demasiado, e incluso, llegué a pensar en el suicidio más de una vez.

Pero no había establecido una relación entre los apuros en que me encontraba entonces y el abuso de que fuera víctima tantos años antes. Seguía negando el impacto que aquello causara en mi vida y, como siempre, lo consideraba insignificante, tanto que, cuando seguí el parecer de una amiga y consulté con un consejero, le hablé de mi matrimonio, mi trabajo, mi salud y las cosas de mi vida en general, pero en momento alguno mencioné el incesto. Y si bien pude resolver unos pocos problemas, los más inmediatos, desde luego que no curé la herida principal. Seguí ignorando aquellos daños del pasado y como siempre procedí a ejecutar los movimientos necesarios para seguir viviendo. Pero, de todos modos, era imposible que fuera muy lejos. Aunque en aquel entonces lo ignoraba, me había quedado empantanada en la etapa de negación de un proceso curativo.

Quedar detenido en la etapa de negación

La negación es algo tan confortable como un par de zapatos viejos, tan pegajoso como el papel cazamoscas, tan automático como la respiración y, además, crea hábito —por lo que, si bien en todos los casos conduce a callejones sin salida, de todos modos podemos seguir apegados a la negación años y años—.

"No era para tanto", reflexiona Marcy cuando se refiere al caos, la confusión y el desastre emocional que se producía mientras crecía en una familia completamente alterada por padres alcohólicos.

"Podría haber sido peor", insiste Sandy, al hacer notar que pudo haber vivido empujada de un hogar adoptivo a otro, o tratada sin miramientos por sus padres adoptivos en lugar de *sólo* haber sido abandonada por su madre biológica.

"Lo superé hace un rato largo", afirma Mark, a pesar de que sigue esperando lo peor de cualquier situación y vivió tan acosado por el recuerdo de tantas ocasiones especiales que su padre arruinó, que hasta llegó a considerar seriamente la posibilidad de cancelar su boda y hacer que lo casara un juez de paz.

"Eso ya no me molesta", dice Melinda, quien asegura que ni siquiera ha vuelto a pensar en Steve... salvo cuando se recuerda a sí misma que es una tonta si espera que los hombres la encuentren atractiva.

Marcy, Sandy, Mark y Melinda se encuentran pegados a

la etapa de negación en el proceso de perdonar. Al igual que Suzanne, los lastimaron hace años, quizá décadas, pero todavía no reconocen la fuerza que tuvo aquella dolorosa circunstancia y, por lo tanto, no se detienen a examinarla —mucho menos a curarla— para liberarse. Si también usted se quedó empantanado en la negación, hay muchas posibilidades de que vea sus pasadas experiencias dolorosas en alguna de las cuatro formas que vamos a describir a continuación y pueda utilizar ese punto de vista para convencerse de que en realidad *no necesita* curarse y perdonar.

Nunca pasó

El primero de los cuatro métodos que se emplean para negar dolorosas experiencias sufridas consiste en creer que —en primer lugar— nunca lo lastimaron y, por lo general, queda reservado a experiencias en extremo traumáticas: violación, incesto o maltratos físicos o incomprensibles como, por ejemplo, enterarse de que su cónyuge lo engaña o que su mejor amigo anda sembrando rumores que lo perjudican. En ocasiones, lo que le sucedió —en especial si pasó cuando era un niño pequeño— resultó ser tan doloroso o aterrador como para que le quedara sólo el camino de bloquear el hecho en su conciencia. Como resultado de ello, tiene usted lo que los psicólogos denominan memoria ocluida. Está en condiciones de recordar determinados incidentes hasta alcanzar un punto en que queda totalmente en blanco —como sucede en el caso de Amy, que fuera violada— o le quedan apenas vagos recuerdos de períodos completos. Existe algo que usted necesita olvidar con tanta desesperación que sencillamente no está en condiciones de suministrar información alguna respecto de aquel hecho o aquel momento de su vida, como podría ser no recordar "nada" de las experiencias que recogió en el jardín de infantes o al comenzar la escuela.

Mucho más común que el bloqueo absoluto de la experiencia dolorosa es enfocar la atención hacia la posibilidad, por remota que fuese de que el incidente en cuestión, después de todo, jamás haya sucedido. Por ejemplo, si oyó a una amiga contar chismes maliciosos sobre su persona, podría decirse para sus adentros que tal vez ella no estuviera diciendo en ese momento lo que usted creyó oír, que pudo haberlo interpretado erróneamente o que no alcanzó a oír la otra parte del discurso, donde certificaba que todos los rumores que corrían sobre usted eran falsos. Tal vez no haya olido aquel perfume particular en la ropa de mi marido, podrá pensar; quizá no haya sido él ese hombre al que vi por la calle con otra mujer, con alguien que parecía ser —pero que no era— su secretaria. Tal vez haya imaginado todas esas cosas hirientes que le dijo su madre, o quizás haya soñado que su padre entraba en su habitación para molestarla.

La *esperanza* se deposita en que se haya soñado o imaginado, o que no se haya visto ni oído cosas que no está en condiciones de encarar. Si bien en determinado nivel de conciencia sabe que el hecho efectivamente se produjo, se aferra a la brizna de esperanza de que no haya sido así, rechazando, negando o huyendo de su dolor, su humillación, su culpa, su tristeza o sus dudas sobre usted mismo. Esta perspectiva puede conducir a adherirse para siempre a la etapa de negación, porque a medida que pasa el tiempo y se va la vida, los recuerdos se tornan más tenues y resulta cada vez más fácil convencerse de que, a fin de cuentas, todo el incidente no fue sino un sueño.

Pasó pero no me afectó

La segunda salida para negar las experiencias sufridas implica negar, no los hechos en sí, sino el impacto que ejercieron sobre usted en el momento de producirse. Así como hizo Suzanne durante tantos años, también usted puede sostener qué heridas e injusticias que es razonable esperar que causen dolor, ansiedad, culpa, humillación o cualquier otra reacción desesperante, en el fondo no lo afectaron.

"Como sabía que era lo mejor para todos, no me molestó", dice usted, con lo que intelectualiza experiencias tales como el divorcio de sus padres o el propio, entregar un hijo en adopción o abandonar los estudios para mantener a la familia que su padre alcohólico o desocupado no está en condiciones de sostener. Son experiencias que por su verdadera naturaleza *han tenido* que ejercer un efecto sobre usted. Cuando recuerda hechos que abiertamente admite podrían lastimar a terceros, insiste en que a usted no lo lastimaron, explicando la pérdida de un ser querido ("Fue lo mejor que podía pasarle, porque al morir dejó de sufrir") o excusando un maltrato físico o emocional ("Ni siquiera se daba cuenta de lo que estaba haciendo"). Sin considerar cómo lo hace y si advierte o no que lo está haciendo, todavía sigue engañándose, sigue encontrando razones para no examinar cómo fue lastimado o qué ha hecho a raíz de haberlo sido.

Me afectó, pero no fue para tanto

Los que recurren a este medio para negar dolorosas experiencias pasadas podrán reconocer que los lastimaron, pero continuarán creyendo que no están frente a asuntos inconclusos, porque "no fue gran cosa". Podría usted enfrentar realidades desagradables diciéndose que sus experiencias no fueron tan dolorosas, como en realidad lo fueron, o son insignificantes, porque no dolieron tanto como podrían haber dolido bajo otras circunstancias.

En el caso de Marcy, por ejemplo, que creció bajo la influencia del alcoholismo de sus padres, le resultaba imposible aceptar la idea de que esos progenitores —que se suponía eran buenos y la ayudaban a crecer sana y segura— pudieran hacer cosas malas e irresponsables. Al verse imposibilitada de ajustar la conducta errática, irracional y aterradora de sus padres a la imagen que tenía de ellos, e incapaz de modificar tal imagen sin poner en peligro su sentido de la seguridad y confianza, Marcy bloqueó en su conciencia las cosas malas e irresponsables que hacían sus padres. Como resultado, hasta no hace mucho, cuando miraba hacia los años de su infancia, recordaba muy poco de ellos fuera de algunos escasos y aislados "momentos buenos" que se producían cuando la acompañaban uno o ambos padres, las contadas veces en que se hallaban sobrios. Al mantener esa negación iniciada tantos años antes, Marcy insistía en que su juventud al fin y al cabo no había sido "tan mala" y que por ello no valía la pena esforzarse de esa manera, ahora, para aclarar las cosas.

Lo que es más, por malo que haya sido su pasado, siempre podrá encontrar ejemplos de cuánto peor podría haber sido todo o recordar casos de otros que sufrieron experiencias mucho más terribles que las suyas. Así lo hizo Sandy, recordando que su vida *después* de haber sido abandonada por su madre, podría haber sido más dolorosa. No sólo negaba el dolor y la desubicación que sufría por haber sido "arrojada a un umbral", sino también los años de depresión, de alienación y de dolor que debió soportar en razón de la herida original causada a su autoestima.

Puede reducir al mínimo o aliviar su dolor tranquilizándose al decirse que si bien sus padres se divorciaron, pongamos por caso, no lucharon después por la custodia, nunca lo maltrataron, ni eran alcohólicos. Asimismo, en el caso de un cónyuge con muchas aventuras extramaritales, podrá consolarse con que no bebe, no lo golpea, ni lo abandona, ni juega todo su dinero ni lo obliga a atender lo gastos de la casa.

El considerar sus experiencias como "no tan malas" o no todo lo malas que pudieron haber sido lo inhibe de escapar de la calesita de la negación y seguir haciendo su vida.

Solía afectarme, pero ya lo he superado

Sin la menor duda, el método tan común de negar el impacto de sus experiencias dolorosas creyendo que "ya lo superó" todo y terminó con los asuntos inconclusos, no sólo le cierra los ojos ante el daño que en efecto le hicieron cuando lo lastimaron, sino que le impide reconocer cuáles son sus problemas actuales: las cosas que hizo y las que sigue haciendo debido a que alguna vez lo lastimaron.

Este método es tan atractivo porque en realidad lo que usted *quiere* creer es que ya no está afectado por sus experiencias dolorosas del pasado. Incluso, refutará cuanta prueba se le presente en contrario. Todo está "bien, bien, bien", se dice para sus adentros y lo repite a parientes y amigos. Y aunque no sea así, usted está convencido de que sus adicciones, sus relaciones fallidas, su actividad sexual indiscriminada, su incapacidad para conservar un trabajo, las depresiones, úlceras y otros problemas que está soportando hoy no tienen absolutamente nada que ver con lo que le ocurrió en el pasado.

En realidad, cada vez que piense en aquellas viejas heridas e injusticias sufridas, se sentirá tonto, hipersensible o como si estuviera haciendo una montaña de nada. Adhiriendo a la actitud que prevalece en la sociedad de que debemos resolver las cosas con rapidez, seguir adelante y no volver nunca la cabeza atrás, se dice a sí mismo: "Verdaderamente, *ya tendría* que haber superado eso", y las más de las veces se dedica a *fingir* que en efecto lo ha hecho. Se autodeclara "curado" aun en aquellos casos en que ni siquiera se haya detenido nunca a estudiar en profundidad cuáles fueron sus heridas; sin haber enfrentado, sentido y examinado su dolor; o sin haberse analizado interiormente y cambiado sus respuestas automáticas a diversas personas y situaciones. A pesar de todas sus protestas en contrario, lo cierto es que no ha terminado con sus asuntos. Todo lo que ha hecho, muy ingeniosamente, es ocultarlos detrás de ese inmenso muro de negación.

El alto precio de negar dolores del pasado

Para estas alturas tal vez esté preguntándose qué tiene verdaderamente de malo eso de negar las experiencias dolorosas que pudo haber sufrido. Si se le ocurre creer que no lo lastimaron o que ya superó los daños recibidos, ¿por qué no hacerlo? Si puede arreglárselas así, ¿por qué no seguir conservando la ilusión de que la vida es un lecho de rosas? Por la sencilla razón de que no podrá seguir así durante mucho tiempo. Tarde o temprano, lo que está negando se volverá contra usted y lo dejará varado en el fondo de un callejón sin salida.

Lo primero que nos llamó la atención en Terry, de treinta y seis años, directora de un programa para el tratamiento del alcoholismo, fue su sonrisa. Era el rasgo dominante de su rostro en forma de corazón, una sonrisa tan amplia que convertía en delgadas fisuras sus grandes ojos verde esmeralda. Esa sonrisa iluminaba todo lugar al que ella entrara, y si una sola vez, desde que la conocimos en una conferencia sobre adicciones, dejamos de advertirla. Lo cierto es que con su sonrisa permanente, su risa tan franca y la costumbre que tenía de echar hacia atrás su cabeza para apartar de la frente sus rubios cabellos, Terry se nos presentaba siempre como decididamente alegre, optimista y despreocupada.

Lo mismo que en el caso de Suzanne, también Terry había padecido abusos sexuales durante su infancia. "Pero eso es historia antigua", nos aseguró, ensanchando un poco más su eterna sonrisa, que en ningún momento de nuestra conversación se apartaría de su rostro. "Ya no afecta mi vida actual. En realidad, en más de un sentido creo que soy una persona mejor a causa de ello. Si se considera su comportamiento en general y se tiene en cuenta la confianza que trasunta al hacer esas declaraciones, tiene que ser muy fácil aceptar que Terry efectivamente superó su mala experiencia, hizo las paces con su pasado y ha perdonado a quien le hizo daño, su abuelo. Pero, ¿ha sido en realidad así?

"No había nada que perdonar", insistió cuando hablamos con ella la primera vez, mirándonos como si estuviéramos locos por considerar las cosas de manera diferente. A decir verdad, casi parecía indignada cuando nos explicó: "Yo era la princesita de mi abuelo. Me adoraba. *Nunca* me hizo nada que pudiera dañarme".

Aunque usted esté interpretando las cosas en otra forma, tal como lo hiciéramos nosotros en la ocasión, Terry creía todas y cada una de las palabras que decía. La negación había creado ese punto de vista y lo mantuvo durante más de dos décadas. La mujer —como lo pensáramos desde el primer momento— no había curado sus viejas heridas. Y, por cierto, que no podría haberlo hecho, puesto que estaba por completo convencida de que no la habían lastimado, no había pues heridas que curar, el abuso sexual de su abuelo no la había afectado negativamente en modo alguno.

Cuando era niña, Terry se quedaba sola en la casa con su abuelo los sábados por la tarde, cuando su madre y su abuela trabajaban como voluntarias en el hospital local. Todos los sábados, durante casi dos años, su abuelo estuvo aprovechándose de ella. Terry, que sólo tenía siete años cuando empezaron los vejámenes, no podía comprender plenamente qué estaba sucediendo y por qué. Como veía las cosas blancas o negras, tal como ocurre con casi todos los niños, cuando trató de comprender la situación reaccionó como podía esperarse, chocando contra una pared. Se sentía lastimada, asustada y confundida por las cosas que le hacía su abuelo —y las que le obligaba a hacer— cuando se qudaban solos. Pero, al mismo tiempo, estaba convencida de que si ese abuelo al que adoraba la quería tanto como ella pensaba, no podría estar haciéndole nada que la lastimara. Puesto que el abuelo no podía amarla y lastimarla al mismo tiempo, y en vista de que necesitaba que él la amara a fin de seguir sintiéndose bien consigo misma, concluyó que ese abuelo no debía estar lastimándola. Reinterpretó la experiencia para considerar que el abuso sexual no sólo no era un daño, sino que en realidad estaba ayudándola a sentirse segura y especial. De manera automática y muy en lo profundo de su subconsciente, aquella idea se formó y fue adoptada como verdadera. Y, durante los veintiséis años que siguieron, Terry continuó actuando como si fuera verdad, y siguió por la vida siempre sonriendo, riendo y danzando como si no tuviera la menor preocupación.

Lo lamentable fue que, convencida de que la actividad sexual con su abuelo le permitía sentirse amada como una princesita, Terry se quedó sin esos sentimientos cuando terminó el incesto, dos años después de haberse iniciado. Y al "reinventar" inconscientemente la realidad, haciendo del abuso sexual una prueba de que era valiosa y especial, Terry sin darse cuenta elaboró durante veintiséis años el escenario para que la búsqueda del sexo fuera la reafirmación de su propia valía. Aunque negaba de manera terminante el haber sido lastimada, la herida seguía allí, y todo cuanto hizo a causa de ello significó una diferencia en su vida.

Tras comenzar a ser sexualmente activa, a partir de los trece años, la primera "fase promiscua" de Terry, según sus palabras, duró otros siete años, hasta que, cuando cumplió veinte, estableció una relación "real" con uno de sus profesores de la escuela secundaria. Duró dos años, y a ella siguió un año más de frenética actividad sexual: gran cantidad de encuentros breves y relaciones de una sola noche. Hubo otra relación, que también duró un par de años, y después de ésta, otra fase promiscua.

Cuando cumplió veintiséis, Terry se sometió a terapia, pero se consideró curada en sólo tres sesiones. "Después de todo, el hecho de disfrutar del sexo y ser buena en la cama no constituye lo que podría llamarse un problema", dice, mientras acompaña sus palabras con grandes carcajadas.

De manera que Terry, muy alegremente, siguió su camino en descenso por el callejón sin salida. Dos abortos, varias infecciones venéreas, el riesgo de contraer SIDA y las amenazas contra su vida de un amante, al que no le pareció bien que ella lo dejara de un día para otro, no sirvieron para frenarla. Hasta llegó a poner en peligro su reputación profesional acostándose con pacientes que trataba en su programa contra el alcoholismo. Seguía ignorando en absoluto todos los peligros evidentes que acompañaban sus fases promiscuas. Y el dolor que experimentaba al advertir que una nueva relación fracasaba, lo reducía al mínimo, lo agregaba a su colección de "recuerdos placenteros", que venía acumulando desde que por primera vez decidió que el abuso sexual de que fuera víctima en la infancia había sido, al fin y al cabo, una experiencia positiva en lugar de algo doloroso o aterrador.

Terry estaba repitiendo su pasado —hasta el punto de mantener relaciones "fijas" que duraban exactamente lo que duró su experiencia incestuosa. Siguió negando los riesgos que corría tal como negara la idea de que su abuelo pudiera haberla dañado. Vivía con la sonrisa permanente en el rostro, pero también fumaba un par de paquetes de cigarrillos por día y tuvo una úlcera. La vida no era ese lecho de rosas que ella insistía que era. Estaba pagando el precio de negar el dolor proveniente del pasado.

Al igual que Terry, cuando reducimos al mínimo, justificamos, racionalizamos, reinterpretamos, hacemos que las experiencias dolorosas del pasado sean más potables y las negamos lisa y llanamente, la única dirección en que podemos seguir es hacia abajo. Mientras sigamos diciéndonos que no sentimos pena, ahoguemos nuestra tristeza, olvidemos nuestros miedos, enterremos nuestros sentimientos, busquemos distraernos y poner siempre cara de que "todo anda bien", las circunstancias de nuestra vida no habrán de cambiar ni mejorar. No se resolverán nuestros problemas. No podrán cicatrizarse nuestras viejas heridas.

Aunque crea que "la ignorancia es una bendición", la cuestión no es así. La negación es un anestésico general. Cuando embota una emoción, embota todas. Cuando tira sus malos pensamientos a la basura, junto con ellos se van también los buenos. Por lo tanto, resulta imposible experimentar *genuinamente* ninguna emoción positiva mientras se siga empujando hacia abajo el dolor sufrido en el pasado. El gozo perdido, la excitación y la paz espiritual son parte del precio a pagar por su boleto de ida solamente, para alejarse de las realidades desagradables.

Se paga también en energía y entusiasmo, porque la negación nos deja vacíos y exhaustos. Tómese unos segundos para recordar o imaginar cómo podría ser pasar todo un día con un dolor físico. Piense que le duele la espalda, se ha torcido un tobillo o sufre un espantoso dolor de cabeza, pero suponga que quiere hacerlos desaparecer sólo con su pensamiento. Por mucho que se esfuerce en ignorarlo, el dolor seguirá molestándolo —por decir lo menos—, le impedirá concentrarse cuando escribe o habla por teléfono, lo tornará irritable y malhumorado. Ese dolor estará pidiendo inyecciones calmantes todo el día. Ya no podrá actuar con libertad ni dedicarse a determinadas actividades, porque podría volver a lastimarse y sentir un dolor más grande. Así que no puede y, en realidad, no se siente con ganas de hacer algo que esté por encima del mínimo para seguir vivo. Y, cuando termine ese día, se hallará tan agotado que apenas si podrá hacer algo más que "evadirse" frente al televisor o arrastrarse hasta la cama para quedarse dormido. Esa existencia tan parecida a la de un zombie es casi idéntica a la que debe vivir el que se niega a sí mismo el dolor psicológico. Y, lo que es peor, cada día que pasa se torna más difícil anestesiar el dolor sólo con el arbitrio de negarlo.

Pero, a pesar de que la negación se activa con tanta facilidad y aunque cuente usted con tantas razones convincentes para mantenerla, su sistema defensivo por negación en algún momento deja de funcionar. Los sentimientos que enterró, de vez en cuando vuelven de sus tumbas. Los recuerdos de viejas heridas y pasadas injusticias retornan para acosarlo, y cuando lo hacen, sus mecanismos internos de defensa no bastan para protegerlo. Mantener la negación durante mucho tiempo exige ayuda externa, y esa ayuda la encontrará en el alcohol, las drogas, la comida excesiva, el sexo indiscriminado, las relaciones codependientes, la adicción al trabajo, el juego, las compras innecesarias, las interminables sesiones ante el televisor y cualquier otro comportamiento compulsivo o capaz de distraerlo que pueda imaginarse. Cuando la racionalización, el minimizar, el bloqueo o la intelectualización ya no pueden "cortar la corriente" a su cerebro o contener un estallido de emociones aterradoras, entonces buscará los matadolores o llenadores de vacíos que le describimos en el Capítulo 3, con lo que se cargará con nuevos problemas.

Y estos nuevos problemas se convierten en otra forma de evitar la decisión de encarar el "gran" problema. Uno le echa la culpa a la propia desdicha, al exceso de peso, al trabajo, a su desquiciado matrimonio, a dificultades financieras o a la adicción adquirida, sin mirar nunca, bajo la superficie, los asuntos sin resolver que dejó allá abajo, cuando se encontró en el callejón sin salida. Más aun, en vista de que los problemas que reconoce están protegiéndolo de aquellas experiencias dolorosas pasadas que todavía no está listo para enfrentar, las soluciones no llegarán nunca. Inicia una dieta, pero la abandona cuando todavía no ha llegado al peso buscado. Deja alguna relación que estaba dañándolo sólo para caer en otra parecida. Deja de beber, pero pasadas unas pocas semanas o a lo sumo algunos meses, cae de nuevo en el vicio, y se pesca una borracheras que dejan chiquitas a todas las anteriores.

Cuando adquiere su billete sólo de ida para alejarse del

dolor, todo lo que en realidad quiere hacer es seguir viviendo tal como en ese momento. Pero como puede ver, todo cuanto logra es quedar empantanado en la calesita de la negación.

Salir de la calesita de la negación

Cuando tenía treinta y tres años, en mi vida había muy pocas cosas que pudieran referirse al amor y la paz. No solamente me resultaba imposible elevarme por encima del torbellino, sino que me sentía atrapada en medio de él.

Para empeorar la situación, me resultaba cada vez más difícil seguir negando que el incesto había dejado su marca en mí para toda la vida. Tal como lo ha dicho John Powell, el autor de *Why Am I Afraid to Tell You Who I Am?* (¿Por qué temo decirle quién soy?): "Cuando uno entierra sus sentimientos los entierra vivos", y cada vez era más aparente que los míos se hallaban perfectamente vivos. En realidad, mientras más trataba de hundirlos, cuando más grande era mi desesperación, mis recuerdos y mis sentimientos por haber sido vejada sexualmente me llevaban hacia un punto de decisión: antes de que pudiera darme cuenta, debería escoger entre seguir viviendo con mi dolor por lo pasado o dar mi primer paso hacia la curación.

Durante aquel período de torbellino interior y de confusión, mi hermana y su familia vinieron a mi casa, y durante la visita mantuve con ella una discusión. Con toda honestidad, ni siquiera me acuerdo ahora por qué discutimos, pero con el propósito de ponernos de acuerdo salimos a dar una vuelta. Desde el primer momento no pareció aquella la más sabia de las decisiones, porque la pequeña discusión estalló hasta convertirse en una verdadera pelea. Llena de ira, la acusé de estar esperando demasiado de mí. "No puedo ser perfecta para ti", le dije. "Tengo dentro de mí otras cosas para pensar, cosas que me sucedieron y que ignoras por completo".

Súbita e inexplicablemente, se echó a llorar, con incontrolables sollozos que se parecían mucho a los míos, lloraba como yo lo hacía desde meses y años atrás.

"¿De qué estás hablando?", me preguntó: pero yo no podía responder. Insistió puntualizando: "¿Es algo que tiene que ver con papá?" Y cuando yo hice un gesto de asentimiento, mi hermana susurró apenas: "¡Por Dios, no. También te pasó a ti!"

Y así me enteré de que no era solamente yo la que había sufrido los vejámenes sexuales de nuestro padre y no era la única que venía sufriendo en silencio y guardando el secreto durante todos aquellos años. Por primera vez en mi vida tenía una aliada, contaba con alguien que pudiera comprender mis sentimientos porque también ella los había experimentado. Ella había reconocido el daño que le causara el incesto y eso sirvió para que la convirtiera en modelo. Me aconsejó que volviera a la terapia y que esta vez sí mencionara los abusos.

Si bien Suzanne alcanzó su punto de inflexión en el proceso de curación, al enterarse de que también su hermana había soportado los abusos de su padre; de todo modos, en algún momento, hubiera llegado a él. Quizá le hubiera tomado más tiempo. Tal vez podría haberla perjudicado tener a su hermana por aliada. Lo que aún restaba de su proceso curativo podría haber avanzado en otra forma, pero al fin y al cabo tendría que haber llegado igual. Lo hacemos notar para que, después de lo leído, no quede con la impresión de que tiene que producirse un hecho exterior —algo no controlado por usted— para llegar al cambio. Su proceso de curación interior puede ser influido por lo que se produce a su alrededor, pero no lo controlan fuerzas ajenas a usted. En otras palabras, puede abandonarse la etapa de negación en el momento que se prefiera.

La conversación de Suzanne con su hermana podría no haberla llevado a la decisión, si ella no hubiera elegido beneficiarse con lo que acababa de saber, si se hubiera negado a confiarle a su hermana qué la perturbaba o si le hubiera mentido cuando le preguntó si el problema involucraba a su padre. Durante esos veinte años pasados desde que terminaron las vejaciones, Suzanne tuvo muchas otras oportunidades de poner fin a su negación del dolor pasado; principalmente, cuando consultó a un consejero. Pero, como todavía no estaba lista para bajarse de la calesita de la negación, no aprovechó esas ocasiones. Pero cuando habló con su hermana sí estaba preparada. Esto hizo posible que enfrentara su dolorosa experiencia del pasado aunque no resultara por ello más fácil ni indolora.

Mi hermana me impulsó en la debida dirección, pero debo ser honesta y reconocer que di mi primer paso con reticencia, por decir lo menos. Estaba en los umbrales del cambio, pero desde mi punto de vista me parecía estar al borde de un barranco. Tenía la certeza de que bastaría moverme un centímetro en cualquier sentido para caer en un pozo de dolor infinito. Lo que en realidad quería era huir del dolor, dejar de sentirlo. Ya había sufrido demasiado, era lo que pensaba.

Hice mi entrada en el consultorio de la terapeuta y sin quitarme el tapado le pregunté: "¿Hipnotiza usted a la gente?". Ella me pidió que tomara asiento, pero me limité a repetir la pregunta. Es que, por sobre todo, lo que yo quería era que me hipnotizara, decir que las vejaciones no habían existido, quedar curada al momento y seguir mi camino. Fácil será imaginar cuánta fue mi desazón cuando la terapeuta me hizo saber que "la única manera de salir del dolor es pasando a través de sus consecuencias". Es que, definitivamente, yo no quería volver a pasar por ningún dolor.

El fondo del asunto está en que tan pronto se deja de negar, el dolor se torna más intenso y es fácil rendirse ante la tentación de seguir negándolo. Sólo podemos recordarle que el mero hecho de negar lo que se siente no basta para que le dolor desaparezca. Y es así, porque sea cual fuere el método elegido para la negación, los dolores retornan, son fuente de nuevos problemas, cada vez que se hace imprescindible empujarlos otra vez al fondo. Tal como lo expresó la terapeuta de Suzanne, "los sentimientos no se pueden barrer debajo de la alfombra. Tarde o temprano volverán a salir y además formarán arrugas que nos harán trastabillar cuando tropecemos con ellas".

No debe seguir tropezando con sus sentimientos. Puede sacarlos a la plena luz, y comprender que sentir, así sea dolor, es un paso en el camino hacia la curación.

Avanzar

Podrá usted encontrarse o no listo para enfrentar los "grandes" sucesos que lo lastimaron, aquellos que ha estado ocultándose desde la primera vez que los advirtió. De estar listo, entonces las siguientes estrategias lo ayudarán a avanzar para salir de la etapa de negación y seguir el camino a la curación.

Sin embargo, si *no* está listo para hacerlo, si todavía quedan cosas demasiado hirientes como para que se atreva a enfrentarlas, no importa. Las enfrentará cuando *esté* listo, dentro del marco que le parezca más correcto. Puede recurrir a las siguientes estrategias para obtener una introspección mayor de sus heridas y de las injusticias sufridas y así sentirse más cómodo al pensar en ellas.

Si no completó todavía la Estrategia de Clarificación que le dimos en la página 130 de este capítulo, la de Hacer Nombres, vuelva atrás. Reflexione acerca de cómo lo lastimaron, haga la lista de personas e instituciones que le causaron dolor, identifique a los que no haya perdonado y escriba con toda exactitud en qué forma lo lastimaron tres de esas personas o instituciones. Si puede haga de una de las heridas que le infligieron la "gran" herida.

Estrategia de clarificación número 3 Declaraciones que no niegan

"Me lastimaron"
"Lo que me hicieron aún me lastima"
"Esa no era forma de tratarme"
"Estaba equivocado"
"He sufrido a causa de lo que debí soportar"
"Todavía no lo he superado"
"*Fue* así de malo"

Esas son declaraciones en las que no se niega. Por el contrario, afirman que lo lastimaron y que las heridas e injusticias que pasó le causaron un gran impacto en su vida. Es posible que se le ocurran otras afirmaciones y lo instamos a que así lo haga.

Después, a razón de una por vez, lea las descripciones de cómo lo hirieron que ya compuso como parte de la estrategia de Hacer Nombres. Tan pronto termine con la descripción de cada una, lea las declaraciones en que no niega. Hágalo en voz alta. Si así lo prefiere, grite con toda la voz que tenga. Reconozca así que abuso, traición, rechazo, ridículo o humillación fueron cosas que en efecto ocurrieron y que de verdad lo hirieron, con lo que se fortalecerá su resolución de no seguir negándolas.

Estrategia de clarificación número 4: La cartas disculpas

Nos gustaría ahora que escribiera una carta, una líneas que estuvieran dirigidas a usted *de parte* de alguien que lo lastimó. Será una carta de disculpas, escrita desde el punto de vista de una persona que alguna vez le hizo mal, donde le pide disculpas por cómo él o ella lo lastimaron.

En primer lugar, identifique a la persona de cuya carta se trata. Puede ser una de las tres que le causaron la herida o le hicieron la injusticia que describió en la estrategia de Hacer Nombres. Pero también podría ser cualquier otra. Esa persona no necesariamente tiene que estar viva. No tiene ninguna importancia que pueda recibir o no alguna vez una verdadera expresión de disculpas de esa persona. Lo que sí importa es que quien lo lastimó le *debe* un pedido de disculpas, una excusa por lo menos.

Cuando haya identificado quién será el remitente de la carta en cuestión, escríbala poniéndose en el lugar de esa persona. Escriba las disculpas que usted sabe ahora que merece, esa carta tanto tiempo esperada, que nunca se escribió, aquellas palabras que *usted* necesita oír. Las cartas que siguen corresponden a algunas de las personas que asistieron a nuestros seminarios de perdón y podrían darles algunas ideas para la suya.

Querido Vincent:

Quiero decirte cuánto siento no haber llegado a conocerte, haberte dejado ir.

Estuviste conmigo nueve meses, y qué maravilloso período fue aquél. No puedo esperar que entiendas que no pude retenerte por la vergüenza que me causaba ser una madre soltera. No puedo esperar que entiendas eso, ni la vergüenza que causaba a mis padres, como ciudadanos prominentes de la comunidad. No puedo esperar que entiendas que no podía tenerte, estar ligada a ti, que lo mejor fue que la enfermera te llevara inmediatamente. No, eso nunca se podrá entender.

Desearía verte, desearía abrazarte por lo menos una vez. Desearía que hubiéramos crecido juntos. Te ruego sepas que te amo y te extraño. Por favor, debes saber que nunca quise lastimarte. Estoy bien, soy feliz y la vida me ha tratado bien. Confío en que seas feliz y sigas creciendo y amando. Me encanta haberte escrito, me encanta haber compartido al fin mi amor contigo.

Madre

Querido Jeffrey:

Esta es una carta para explicar, en parte, por qué te rechacé como hijo.

Parece que tu madre estaba chocha contigo —eras su orgullo y su alegría— y en realidad viniste a interponerte entre ella y yo. Por cierto que estaba orgulloso de ti como hijo, pero siempre te buscaba faltas e intentaba criticarte. ¡Te lastimaba! Ella te prefería a ti antes que a mí.

Debí haber comprendido que eras sólo un niño, que resultabas ser brillante, así que me burlaba de lo que hacías en la escuela. Debí haberte ayudado en los deportes, pero no me necesitabas tanto como yo esperaba. Diría que estabas dotado por la naturaleza —así que lo que hacía era ignorarte tanto a ti como a tus hazañas—. ¡Estaba celoso!

Desearía poder volver atrás y en verdad apreciar qué gran hijo tuve; pero en su momento te lastimé demasiado. Lamento haberlo hecho.

Cariños, Papá

Querida Laura:

Jamás supe que estaba lastimándote en la forma en que lo hacía. Siempre quise lo mejor para ti, y pensé que estaba protegiéndote de la vida al hacerte temer a todo y a todos. También creí que decirte que todo lo que hacías podría haber sido mejor era la forma de impulsarte hacia arriba. Me parece que deseaba para ti todo lo que jamás logré yo.

Nunca tuve la intención de hablar de ti como si no estuvieras presente y nunca quise ser tan egoísta, pero es difícil ser padre y no quería cometer errores por eso en ningún momento pude decirte que lo lamentaba cuando me equivocaba. En cambio me enojaba contigo como si cada error que cometí como madre fuera tu culpa.

Creo que todavía lo hago y que eso no sería agradable para ti. Quizá sea demasiado vieja para cambiar. Pero en realidad me gustaría intentarlo.

Te amo,
Mami

Escribir la carta de disculpas es una forma segura de romper el muro de negación que levantó alrededor de aquella particular experiencia dolorosa. El mero reconocimiento de que una carta así podría haberse escrito, le hará reconocer automáticamente que la herida o la injusticia en efecto ocurrieron. Pero, además, merced al hecho de escribirla da un paso hacia adelante. Su carta de disculpas confirma —por escrito— que lo lastimaron y que usted tiene conciencia del hecho. Ya ha dejado de negarlo.

Así pasen días o décadas, tarde o temprano saldrá de la etapa de negación en el proceso de perdón. Habrá de llegar el día en que usted reconozca que:

- lo hirieron;
- todavía siente el dolor;
- puede hablar de sus experiencias sin autodestruirse;
- no tiene necesidad de acallar sus sentimientos;

empujar los pensamientos desagradables al fondo de su mente, ignorar, minimizar o descartar la conexión entre sus actuales circunstancias y sus dolorosas experiencias pasadas.

Podría volver una que otra vez a esta etapa, en especial cuando se sienta abrumado por nuevos acontecimientos o viejas emociones, cuando las exigencias de la vida diaria tomen precedencia sobre la consideración de determinadas cuestiones y en diversos puntos de su proceso de curación.

De todos modos, cuando se sienta incapaz de moverse de esa etapa durante períodos prolongados, tendrá que preguntarse: "¿Qué es lo que está pasándome en *este momento*?"

Es muy posible que esté experimentando otras tensiones y que por pura intuición se dé cuenta de que *este momento no* es la ocasión para encarar y tratar esta otra "gran herida". Es posible que se encuentre atravesando las vicisitudes de un divorcio, esté en camino de cambiar de trabajo, de mudarse de casa o que uno de sus hijos esté gravemente enfermo. Todas esas situaciones pueden aumentar su vulnerabilidad y restarle energías para manejar los asuntos del pasado. Así que podría tener sentido que mantuviera sus defensas acerca del pasado y se pusiera con alma y vida a tratar de resolver todo lo que esté pasando en este momento, en su vida presente.

Por otra parte, ahora que ya está enterado de lo que significa la negación y qué es lo que se dice y hace durante esa etapa, son menores las probabilidades de que permanezca estancado allí durante lapsos extensos. Porque ahora sabe que la negación, en última instancia lo llevará al extremo de otro callejón sin salida, usted puede elegir volver al camino principal lo antes posible.

Cuando haya salido de la etapa de negación ingresará en una de estas otras tres: autoculpa, víctima o indignación. Mientras vaya aproximándose a la curación y el perdón, podrá esperar permanecer durante cierto tiempo en estas tres etapas. Aunque no necesariamente usted entre primero en ella empezaremos por describir la de autoculpa.

6

AUTOCULPA

"Esto no puede pasarme a mí", fue la reflexión de Harriet cuando se enteró de que Larry, su esposo, le era infiel. Pero no estuvo mucho tiempo negando la situación. En realidad, dolor y confusión no estuvieron enterrados más que unas pocas horas por vez, y pronto se vio menos interesada en negar lo pasado que en imaginar *por qué* había sucedido. Se formuló esa pregunta que le llegaba tan al fondo del alma, en términos que son harto familiares a quienquiera que alguna vez haya sido lastimado. Una y otra vez, siguió preguntándose: "¿Cómo puedo haber merecido esto?"

En vista de que su matrimonio se tambaleaba desde el mismo momento en que ella dejara un trabajo de pocas horas diarias para abrir su propio negocio de decoración de interiores, Harriet estaba en condiciones de dar gran cantidad de respuestas a esa pregunta. Y cuando por fin se enfrentó con Larry, las acusaciones de éste confirmaron sus conclusiones.

Es posible que por aquello tan sabido de que no hay mejor defensa que un buen ataque, Larry puso bien en claro que consideraba su infidelidad apenas comparable con los errores vitales de Harriet. Según dijo, ella se mostraba más interesada en su profesión que en el matrimonio. "Y saltaba a la vista que eso era lo que él pensaba", explica Harriet. "Yo *había* estado gastando muchísimo tiempo y esfuerzos en sacar a mi negocio del pozo. Y pensaba que lo que hacía fuera de casa era muchísimo más interesante que limpiar y cocinar, llevar al colegio a chicos propios y ajenos y acicalarme para presentarme ante sus colegas en las reuniones de la empresa. En realidad, había estado descuidándolo."

Lo que es más, como la carrera bancaria de Larry en cierto modo se encontraba frenada, él acusaba a su mujer de "estar superándolo" con sus triunfos. Vistas las cosas desde la perspectiva del marido, el entusiasmo que ella dedicaba a su trabajo y el reconocimiento que estaba recibiendo por lo bien que lo hacía, eran otros ataques a su masculinidad. Además, como ella casi siempre estaba demasiado cansada o preocupada como para demostrar interés en la cama, su vida sexual "era un asco", opinaba Larry. Tal vez no hubiera estado bien al buscarse algo fuera de casa, admitía, pero en buena medida ella lo había empujado a hacerlo.

Aunque el hecho de oír al cónyuge infiel echarle al otro la culpa de sus infidelidades pueda irritar, Harriet no tomó muy a pecho las críticas de Larry y, como había algunos elementos de verdad en ellas, asumió toda la responsabilidad por las faltas del marido. Cuando terminó aquella desgarradora conversación, Larry le prometió que terminaría con su relación extramatrimonial y Harriet, a su vez, se comprometió a cambiar sus hábitos para ser mejor esposa y amante.

Durante meses ella vivió esforzándose al máximo, luchó cuanto pudo por ser la pareja perfecta sin abandonar un trabajo que le exigía tanta dedicación. Llegó a cancelar planes a fin de asistir a reuniones de negocios con Larry y sostuvo un ritmo frenético en la oficina para no tener que llevar trabajo a casa y terminarlo por la noche. Preparó románticas cenas a la luz de las velas, se mostró ante su marido luciendo la lencería más sexy y dispuesta a hacer el amor cada vez que Larry demostraba deseos de hacerlo, aunque no pasara lo mismo con ella.

"Literalmente, me enloquecía tratando de ser como él había dicho que me quería", suspira Harriet. "Me hice pedazos tratando de reparar el hecho de no haber sido una buena esposa en el pasado. Me parece que ya era demasiado tarde para reparar el daño cometido o quizá fuera que ya no se podía. Lo cierto es que, al fin y al cabo, fracasé."

Harriet llegó a esa conclusión cuando se enteró de que Larry había vuelto a las andadas. "Entonces cometí el error más grande de mi vida." Se estremece al recordar cómo metió todas las pertenencias de Larry en un par de bolsas de las que se usan para los desperdicios, fue al banco, irrumpió en la oficina de la amante y le tiró las cosas de Larry sobre el escritorio.

"Le dije: 'Si lo quieres, ahí lo tienes, quédate con él'", continúa Harriet. "Después apareció Larry y me puse a gritarle en tal forma que hice un verdadero escándalo, una escena que ni un solo ocupante del edificio pudo dejar de advertir."

Cuando empiezan a brotarle las lágrimas, prosigue Harriet: "Así que, según podrá ver, todo este maldito asunto se produjo por mi culpa. En primer lugar, de haber sido una buena esposa, él jamás habría buscado una aventura. De haberme interesado menos en mi negocio para dedicarle más atención a él, podría haberlo recuperado. Y por fin, nunca tendría que haber hecho aquella escena".

"A causa de mi estupidez, cuando se produzca la audiencia para la custodia de los chicos, él llenará el juzgado con testigos dispuestos a jurar que yo estoy loca y, por lo tanto, soy incompetente para educar a mis hijos. Y tal vez tenga razón. Es posible que yo sea tan fría y egoísta como él dice que soy. A decir verdad, ya no sé que pensar."

Al desplazarse del período de negación muy poco después de haber sido herida, Harriet avanzó directamente a la *etapa de autoculpa* en el proceso de perdón. Dirigir su atención a lo que *ella* podría haber hecho para causar el problema, la ayudó a explicar *por qué* fue herida y le mostró lo que podría hacer para remediarlo y evitar que la volvieran a lastimar. Sin embargo, como pasa siempre cuando nos echamos la culpa de maldades o injusticias perpetradas por otros, las conclusiones a que llegó Harriet no fueron las correctas y por lo tanto las decisiones que adoptó no fueron efectivas. Volvió a ser herida, y otra vez se atribuyó la culpa y el autocastigo. De hecho quedó encerrada en un círculo vicioso en el que se culpaba y se castigaba una y otra vez, así que ahora está pasando casi todo el tiempo pensando en el doloroso e inesperado vuelco en su vida y reprendiéndose a sí misma por lo que cree que hizo para llegar a tal estado de confusión y dolor.

Autoculpa

Cuando salimos de la etapa de negación, damos un paso gigantesco en el camino que conduce a la curación y el perdón, pero también nos vemos cara a cara con realidades que no sólo son dolorosas, sino que no alcanzamos a comprender. En realidad, nuestras pasadas experiencias dolorosas pueden estar amenazando algunas de nuestras creencias fundamentales respecto de cómo nosotros, los demás y nuestras mismas vidas se supone que deben ser.

"Ni en la peor de mis pesadillas llegué a imaginar que algo así pudiera pasarme justo a mí", dice Harriet. "Es posible que los maridos desde hace siglos vengan engañando a sus mujeres, pero nunca pude creer que el mío llegara a hacerlo. Puede ser que dos de cada tres matrimonios terminen en divorcio, pero se suponía que el mío iba a durar para siempre. ¿Y luchar por la custodia, tratar de competir con Larry por el amor de nuestros hijos? Una locura. No tiene sentido."

En efecto, no tiene sentido. Nunca lo tiene cuando la

gente que uno quiere, en la que confía o de la que depende, traiciona esa confianza, nos hiere o abandona. En realidad, el estado de confusión en que uno se encuentra después de haber sido lastimado es tan difícil de manejar como el dolor mismo. Por eso es que, durante la etapa de autoculpa del proceso de curación, se intenta comprender lo incomprensible y encontrarle razones a lo irrazonable, asumiendo la plena responsabilidad de las cosas hirientes que otros nos hicieron.

¿Por qué tiene que pasarme a mí?

Mientras se encuentre en la etapa de autoculpa, usted llegará a la decisión de que esas cosas malas le ocurrieron porque:

- hizo algo para que sucedieran;
- usted no ha sido suficientemente bueno, de algún modo;
- no hizo lo que tendría que haber hecho para evitar que tales cosas pasaran;
- se expuso usted mismo a que lo hirieran, por esperar demasiado o por ignorar las señales del desastre inminente.

Se responsabiliza de los actos de otras personas, las absuelve de toda responsabilidad por asuntos extramaritales, abuso sexual o físico, ridículo, mentiras o, en el caso de los padres de Marcy, por emborracharse.

De acuerdo con Marcy, cuando sus padres estaban sobrios se convertían en "los padres más normales del mundo, y todo era bárbaro". No obstante, con la influencia del alcohol, nada de lo que hacían los padres de Marcy tenía algún sentido. "Se reían de cosas que no eran nada divertidas", recuerda Marcy. "Como cuando se quemó una comida hasta hacerse carbón, cuando chocaron con el coche o uno de ellos cayó por las escaleras. Otras veces, de buenas a primeras perdían los estribos, gritaban, maldecían y se tiraban cosas por la cabeza, entre ellos y a nosotros. Solían 'olvidarse' de pasar a recogernos por la escuela o de ir a comprar algo al almacén, o sencillamente olvidaban volver a casa. Se presentaban borrachos en las fiestas escolares, perdían el conocimiento en el baño o nos dejaban durante horas en el coche mientras ellos se detenían en un bar 'para echar un trago'."

Para cuando tuvo diez años, Marcy ya había pasado por infinita cantidad de esas transiciones de Jekyll a Hyde. Había visto cómo su madre corría en busca de la botella cada vez que algo le salía mal o tan pronto se sentía molesta por lo que fuere. La había oído lanzar a su padre interminables discursos acerca de las "terribles" circunstancias que lo empujaran a beber. Había comprendido que no se podía confiar en que sus padres actuaran como padres normales cuando bebían y que siempre bebían cuando se sentían mal. Por lo tanto, concluía: "Si me aseguro de que nada pueda perturbarlos, entonces mis padres no beberán, y todos podremos hacer una vida normal".

Además de responsabilizarse de los actos de otros, cuando considera viejas heridas y pasadas injusticias desde un punto de vista de autoculpa, usted dirige su atención exclusivamente a lo que *usted* hizo para merecerlo o a lo que no hizo para prevenirlo. E incluso, cuando no le es posible encontrar algo específico que haya dicho o hecho para mover a la persona que lo lastimó a proceder como lo hizo, seguirá creyendo que usted estaba en falta. Se convencerá de que algo en usted atrajo aquella dolorosa experiencia, como le pasaba a Suzanne.

> Durante aquellos seis años en los que mi padre abusó de mí, nunca pensé que yo hubiera hecho algo como para que tal cosa se produjera. Pero sí creía que había algo en

mí que atraía aquella atención de mi padre, indeseada por cierto, hacia mi persona.

Cuando tenía seis años, todo cuanto en realidad sabía acerca de mí era lo que mis padres y otros adultos me decían, y lo único que les oía decir cuando se referían a mí era: "Oh, qué linda nena eres". Nadie mencionó nunca que también podría ser inteligente, o buena, o creativa o cualquier otra cosa, salvo linda, así que terminé convencida de que el incesto era algo que les sucedía a las chicas lindas como yo. "Si por lo menos no fuera linda", pensaba, "mi padre no se fijaría en mí y no abusaría de mí."

Como será muy fácil entender, pasé buena parte de mi infancia deseando parecer distinta, despertar una mañana cualquiera y haber dejado de ser linda. Cuando los vejámenes terminaron, también yo dejé de preocuparme por mi aspecto. Durante muchos años seguí convencida de que algo inherentemente malo había en mí, me creía la proverbial "mala semilla" de la historia y estaba segura de que por siempre jamás seguiría viéndome en dificultades. Cada vez que algo inesperado o desagradable me sucedía, pensaba que una vez más estaba atrayendo las cosas malas, que en virtud de vaya a saber qué defecto, de una falla que no me atrevía a mencionar, merecía que otra vez terminara lastimada, desengañada o traicionada.

Al no estar en condiciones de creer, entre otras cosas, que alguna vez lo malo puede sucederle a gente buena, *nos acusamos a nosotros* —y sólo a nosotros— de ser culpables de lo sucedido, incluso cuando de ningún modo podamos haberlo causado.

"Esto no habría sucedido si ..."

La fuerza que nos mueve a culparnos de haber resultado heridos es tan poderosa que hasta víctimas de crímenes violentos —elegidas al azar por delincuentes con el fin de violar, robar o rapiñar lo que se les pusiera por delante—, con frecuencia, se sienten responsables de haber soportado el ultraje o el asalto. "Si por lo menos no me hubiera metido en aquella callejuela, eso no habría pasado", dicen. "Habría bastado con salir un momento antes de la oficina o haber estacionado en otro lugar o haber andado con otra ropa. Si por lo menos hubiera luchado o gritado, o no hubiera tratado de luchar o gritar, y me hubiera quedado callado..." Desde luego que no son sólo las víctimas de crímenes violentos los que emplean este tipo de lógica.

Atrapado por un embarazo indeseado, exigido por los estudios, puesto en la necesidad de ser sostenido por sus padres y suegros, y aun así en la imposibilidad de llegar a fin de mes, el padre de Warren no se sentía para nada a gusto con la vida, y no lo ocultaba. Warren lo veía. Era testigo de que su padre era un hombre frío y distante, que criticaba a todo el mundo y discutía a menudo con su madre, que rara vez estaba en casa y que, cuando estaba, le prestaba muy poca atención a su hijo. Warren podía ver todo eso y llegó a la conclusión de que estaba en falta. "Si yo no hubiera nacido", pensaba, "entonces mami y papi serían felices". Lo que es más, cuando su padre lo trataba como al "niño invisible" o "lo apartaba como a un mosquito", Warren resultaba lastimado y se convencía de que era merecedor de eso. "Si por lo menos fuera mejor hijo", pensaba, "entonces mi padre me querría".

"Si no hubiera llegado a hacer aquella escena", decía Harriet, "entonces Larry no estaría tratando de poner a los niños contra mí".

"Si le hubiese dicho todo a mi madre", manifestó Suzanne muchos años después de que pasara su triste experiencia, "entonces ella habría hecho algo para que mi padre dejara de molestarme".

"Si yo hubiera sido mejor", pensaba Marcy, "mis padres podrían haber dejado de beber".

Según habrá podido ver después de estos ejemplos "si

sólo", "si por lo menos" o simplemente "si..." son nada más que las tarjetas de visita de la etapa de autoculpa.

Si sólo hubiera usted...

dicho no;
mantenido la boca cerrada;
confiado en sus instintos;
sido mejor hijo, hija, esposa, amante, padre o persona.

Si sólo *no* hubiera usted...

esperado demasiado;
sido tan ingenuo o confiado, o tan necesitado;
mantenido la boca cerrada;
casado tan joven;
sido tan gordo, flaco, pobre, tonto, linda o sensible.

Entonces esas cosas malas no le hubieran ocurrido a *usted.*

Todas estas expresiones —y con seguridad usted podría pensar en muchas otras más— representan lo que usted cree que *podría* haber hecho para evitar ser lastimado. Algunas de ellas contienen una cierta dosis de verdad. En el caso de Suzanne, por ejemplo, desde luego que podría haberle contado a su madre lo que estaba pasando con su padre, así como Harriet podría haber decidido no hacer aquella escena en el banco donde trabajaba su marido o usted podría haber dicho "no" cuando las circunstancias lo merecieran. Otras de esas expresiones de "si sólo" tienen muy poco de verdad. Nada que hubiera hecho Marcy podría haber controlado el vicio de sus padres bebedores, y el hecho de ser pobre o linda, o casarse joven, para nada pueden vincularse con la circunstancia dolorosa.

Lo que es más, sólo con mirada retrospectiva se puede ver lo que podría haberse hecho. Aunque muchas veces pueda desear haber sabido entonces lo que ahora sabe, lo cierto es que no lo sabía. Sabía lo que sabía, e hizo lo que hizo. Pero tal idea no podrá servirle de consuelo mientras se encuentre en esta etapa del proceso de curación. La autoculpa no sólo lo convence de que *podría* haberse manejado de otra manera, sino de que *debería* haberlo hecho.

"Tendría que haberlo visto venir"

La autoculpa es casi tan automática como la negación, porque nos han programado desde la más tierna infancia para anticipar el peligro y hacer un rodeo para evitarlo. Con su mejor intención, los adultos nos han brindado siempre el beneficio de sus experiencias. Nos han dicho: "No toques eso, porque podrías quemarte", "no trepes a ese árbol, que podrías caer y romperte un brazo", "no corras dentro de la casa porque puedes tropezar y hacerte daño". Al tratar de protegernos del daño, los adultos que han intervenido en nuestras vidas siempre parecieron estar dos pasos más adelante, listos para advertirnos de todos los peligros del camino y dejaron en nosotros la indeleble impresión de que si vigilamos y actuamos de determinada forma, estaremos en condiciones de controlar los hechos ajenos a nosotros, desde quemarnos hasta pescarnos un resfrío.

Y cuando los adultos decían cosas como "no hagas ruido, que puedes molestar a tu papá", "no te pongas esas ropas, que creerán que eres un pordiosero" o "no abras tan fácilmente tu corazón, porque los demás se aprovecharán", nos convencieron de que estábamos en condiciones de anticipar y controlar las reacciones de los demás con respecto a nosotros.

"Cada vez que algo le salía bien a mi padre", recuerda Mark, "me sentía como si me arrojaran agua helada. Todo sería excelente. Nos entenderíamos, tendríamos muchos regalos o estaríamos listos para ir a cualquiera de esos sitios que ansiábamos visitar desde hacía semanas, y de pronto...

¡bum! todo al diablo". El padre de Mark volvería a perder su trabajo, volvería a lanzar aquellos discursos contra el tío Dan o encontraría cualquier otra razón de que todo anduviera mal en su familia y sus niños seguirían sufriendo por esa causa.

"Siempre sentía que podía ver lo que seguiría", recuerda Mark. "Que yo tendría que saber que mi padre terminaría por encontrar la forma de volver a arruinarlo todo. Por más vueltas que le daba a la cosa, siempre llegaba a la conclusión de que él no tenía la culpa de ser como era, sino que era *mi culpa* por esperar que las cosas salieran de otra manera."

Como resultado de su programación, cuando lo lastiman —sin tener en cuenta cómo ni quién lo hace— como en el caso de Mark, automáticamente se dice para sus adentros que *tendría que haber visto cómo venían las cosas y hacer algo para evitarlas.*

Cómo aprovechar la autoculpa

Cuando uno observa las experiencias dolorosas pasadas desde la posición ventajosa de la etapa de autoculpa, saltan a la vista las cosas que debieron haberse hecho (pero no se hicieron), en tanto otros aspectos de la experiencia se esfuman en el fondo. En realidad, en esta etapa todo cuanto puede ver es que usted fue demasiado tonto, demasiado estúpido, demasiado ingenuo o demasiado confiado para evitar ser lastimado o que algo "malo" en usted provocara los malos tratos o la atención indeseada que recibió.

Aunque sin la menor duda éste es un punto de vista doloroso, en su momento le sirvió. Le dio algo que necesitaba: una explicación de lo que le había pasado. Si bien tal explicación fue, a lo sumo, inadecuada y en muchas casos ni más ni menos que inexacta, era de todos modos *menos* amenazadora y *menos* dolorosa que otras explicaciones que usted pudo haber considerado.

"No pudo haber sido culpa de ellos"

Atribuirse la culpa alguna vez le sirvió porque era *más seguro y más cómodo* creer que usted hizo que el dolor recayera sobre su persona antes que considerar responsable a la persona que le hizo daño, sobre todo si usted amaba a la persona que lo lastimó y era joven o dependía de ella en la época en que le hicieron mal.

Marcy, por ejemplo, hizo un valiente esfuerzo para evitar que sus padres asistieran a una feria de ciencias del condado en la que había presentado un proyecto científico cuando estaba sólo en cuarto grado, pero su madre insistió en hallarse presente cuando "ese genio que tengo por hija reciba el primer premio". Tan ebria estaba la madre de Marcy ese día que se tambaleaba al caminar, pero de todos modos condujo en el auto a su hija a la reunión, se detuvo en el bar donde su marido estaba emborrachándose para llevarlo a él también y luego interrumpió la presentación de Marcy ante los jueces. En su intento por convencer a los presentes como si estuviera vendiendo algo a gritos, la madre parloteó de manera incoherente hasta que se derrumbó sobre la mesa donde estaba el proyecto de su hija y lo destrozó. Frente a su proyecto —y su orgullo— convertido en un lastimoso revoltijo, la niña sólo atinó a correr al baño más próximo para echarse a llorar sin consuelo, hasta agotar las lágrimas.

Dadas las circunstancias, cualquiera podría pensar que la ira de Marcy se dirigía a su madre, pero no era así. Para indignarse con su madre, lo primero que debía hacer era responsabilizarla de sus actos, y la niña no podía hacerlo, pues entonces tendría que reconocer que su madre era una borracha consuetudinaria en quien no podía confiar para que le diera la protección, la seguridad y el amor que necesitaba, que todos los niños necesitan y esperan de sus padres.

Por esa razón Marcy se decía que su madre había estado orgullosa de su hija, que sólo había tratado de ayudarla. Su mamá la quería, se decía Mercy, y nunca podría haber hecho a sabiendas algo capaz de lastimarla, lo que significaba que su madre no era culpable de la bochornosa escena de la distribución de premios.

"Me eché la culpa", explica Marcy. "Tendría que haber manejado todo aquello en otra forma desde el principio. Debería haber comprendido que mi intento por alejarla de la reunión terminaría por molestarla. Si no hubiera sido tan egoísta con ella, tan empeñada en ganar aquel estúpido premio, sencillamente no me habría presentado a competir y no tendría por qué haberle pedido que no fuera. En esa forma mi madre no se habría sentido molesta ni hubiera tenido que buscar refugio en la bebida."

Con una lógica que sin la menor discusión resulta sumamente retorcida, Marcy encuentra la forma de echarse la culpa de cuanto sucedió aquella tarde y al hacerlo conserva la ilusión de que su madre era fiable, digna de todo su cariño y "normal". La imagen que ella tiene de una persona amada se mantiene intacta y todo en su mundo fue como era de esperar, salvo para la propia Marcy. Pero todo estuvo bien. Marcy creía que si lo intentaba con la energía suficiente, también ella podría "ajustarse" y una vez que lo hiciera, todo volvería a andar "muy bien".

Aunque usted pueda no haber llegado a los extremos a que llegó Marcy, también hay grandes posibilidades de que la autoculpa pueda haberle servido como a ella.

"No volverá a suceder"

La autoculpa le puede haber servido también para restablecer su sentido del control y demostrarle que está en condiciones de escabullirse de penas y dolores adicionales.

Mark todavía hoy tiembla al recordar aquella vez, cuando tenía ocho años, en que cometió el error de "gritarle" a su papá. Aquella vez en que el padre montó en cólera, le dio una bofetada y después lo arrojó, de mala manera, de la casa. "Si tanto lo quieres al tío Dan, entonces vete a vivir con él, porque yo no quiero tener desagradecidos en mi familia", le gritó el padre antes de dar un portazo y cerrar con llave.

Mark recuerda cómo estuvo golpeando aquella puerta, implorando que lo dejaran entrar; también recuerda a sus hermanitas observándolo desde la ventana de su dormitorio hasta que las manazas del padre las sacaron de allí; cómo estuvo sentado en la escalera de la entrada todo el tiempo que pudo y luego se escabulló dentro del automóvil hasta que, al anochecer, vino su madre a buscarlo.

"Durante todo ese tiempo", dice, "estuve rezando. Rogué a Dios para que mi padre viniera a buscarme. Le prometí que sería bueno, que jamás volvería a decirle cosas desagradables. Juré que nunca más iba a ser desagradecido, que aprendería a dar las gracias por todo cuanto recibiera y nunca me sentiría desilusionado. Si alguien hubiera venido a buscarme para que entrara otra vez en la casa, hubiera jurado que nunca más volvería a hacer algo como lo que acababa de hacer".

Aunque en el momento en que lo lastimaron su máxima prioridad fuera frenar el dolor, apenas un segundo después apareció el deseo de que no volvieran a herirlo en la misma forma. Como Mark, usted llegó a un acuerdo con Dios o se comprometió a que en lo sucesivo haría cuanto fuera necesario para evitar que las cosas malas volvieran a sucederle. Y una vez hecho eso, recuperó algo que todos perdemos cuando nos agobian heridas e injusticias que no alcanzamos a comprender: nuestro sentido del control.

Cuando lo lastimaron y durante algunos años después, pocos o muchos, usted creyó que cargar parte de la culpa en el lugar debido —sobre la persona que lo lastimó— significaba estar a merced de esa persona. El o ella podrían volver a lastimarlo, y tampoco esa segunda vez podría usted hacer nada al respecto. Por otra parte, si *usted* fuera el culpable, también tendría el control. Podría también controlar con más facilidad sus pensamientos, sentimientos y comportamiento; *sus* expectativas y *su* buen o mal genio; o el número y la calidad de la información que *usted* revelara con ello estaría controlando la munición que los otros podrían usar contra usted.

Además, la idea de que, de algún modo, usted provocó la experiencia dolorosa contraataca la impotencia que usted experimentó en el momento en que lo lastimaban. Puesto que usted era joven o lo tomaron con la guardia baja, ya que quien lo hirió era físicamente más fuerte o tenía alguna ventaja psicológica sobre usted, o sencillamente le hizo algo que no esperaba que él o ella le hiciera, sin duda que estaba usted en una situación de impotencia para impedir que el dolor se presentara. Y el sentimiento de impotencia es aterrador. En realidad, más de una vez constituye la parte más terrible de toda la experiencia dolorosa. Si permite que exista esa idea de su propia impotencia, sin duda alguna que pasará toda la vida en un constante estado de terror, aguardando con ansiedad que vuelvan a hacerlo víctima una y otra vez. Por otra parte, cuando se llega a la conclusión de que "yo hice que pasara" y se cree que "puedo evitar que vuelva a pasar", habrá frenado la sensación de ser una víctima desvalida de las circunstancias, por lo menos durante un tiempo.

El meollo de la cuestión es que la autoculpa *es* apenas una medida temporaria, un subterfugio momentáneo para vérselas con el dolor y la confusión. Debe usted superar ese momento a fin de curar verdaderamente sus heridas y seguir con su vida. Lo lamentable es que, para muchos de ustedes, esto es algo más fácil de decir que de hacer. Como Harriet, debido a las opciones que eligió y las opiniones de sí mismo que desarrolló, podrá encontrarse atrapado en un círculo vicioso de culpa, vergüenza y autocastigo.

Quedar detenido en la autoculpa

Piense en las cosas malas que le sucedieron, en las viejas heridas que desearía cicatrizar y los asuntos sin terminar que desearía completar. ¿Qué cree *usted* haber hecho para merecer esas heridas y tales injusticias? ¿Qué le parece que pudo haber hecho para evitarlo? ¿Qué cree que debería haber sabido cuando lo lastimaron?

Estrategia de clarificación número: 5
Despegarse

Después de haber considerado las preguntas del párrafo anterior, tómese unos minutos para hacer una lista de las explicaciones que solía utilizar o que aún hoy sigue usando para culparse por lo que pasó, explicaciones que empiezan con:

Si sólo hubiera...
Si sólo no hubiera...
Tendría que haber...

Aunque usted crea de todo corazón en la verdad de tales explicaciones y aun en el caso de que pudieran haberle servido durante un tiempo, *nunca* fueron las verdaderas razones de sus dolorosas experiencias pasadas. Las cosas que hizo sobre la base de tales creencias, lo que hizo para evitar que volvieran a lastimarlo, rara vez —si es que alguna, por casualidad— funciona bien. Tanto si eligió usted cambiar algún aspecto personal, si intentó controlar todo elemento imaginable de su ambiente o negó sus propias necesidades y eligió convertirse en mártir, sus esfuerzos para evitar que las cosas malas volvieran a suceder siempre estuvieron condenados al fracaso. Cada vez que lo hacían, cada vez que volvían a herirlo, perdía el control nuevamente, o de nuevo se sentía impotente, tenía una oportunidad para explicar de otro modo sus circunstancias, de reconocer que no era el único responsable de lo que estaba sucediéndole.

Si no procedía así, si en cambio se convencía todavía más de sus propias deficiencias e intentaba con más fuerza ser "lo suficientemente bueno", entonces sí que debía considerarse pegado en la etapa de la autoculpa.

La visión de túnel

Los que se quedan empantanados en la etapa de la autoculpa desarrollan la visión de túnel. Persiguen, en ocasiones de manera obsesiva, un solo objetivo: arreglar el desperfecto que originalmente creyeron que era causa de su desdicha. Por ejemplo, Patricia, además de adoptar su distorsionada versión de la Regla de Oro, le echó la culpa de su infancia poco feliz al hecho de pesar algo más de lo debido. Desde luego que se trataba de una conclusión lógica, puesto que nadie podría llamarla "Gordita" si no lo fuera. Sin embargo, su obsesión por perder peso, que comenzó en su adolescencia, terminó superando su deseo de estar segura de que no volverían a ponerla en ridículo. En la actualidad está pesando por lo menos cinco kilos *menos* de lo debido, pero sigue diciéndose que podrá encontrar al hombre de su vida, que la tomarán más en serio en su trabajo, que tendrá más energía para hacer las cosas y remediará todos sus males si puede rebajar otros dos o tres kilos. Por haber desarrollado una bulimia en sus años de colegiala, Patricia todavía devora la comida y luego se purga, toma laxantes o vomita varias veces al día. También tiene una especie de compulsión por el ejercicio. Está, en suma, pegada en la etapa de autoculpa.

También usted podría estarlo, si todavía sigue tratando de "arreglar" aquella porción de usted que considera que le provoca el dolor; diciéndose que podría ser feliz si sólo fuera más delgado, más fuerte, más simpático, más tranquilo o tuviera más dinero en el banco; pensando en todas esas fallas varias veces por día y cada vez que se siente tenso; o si se esfuerza por sobresalir en aquellos terrenos que interfieren con otros aspectos de su vida.

Perfeccionismo

Los que se aferran a la idea de que podrían haber prevenido las heridas o injusticias de que fueron víctimas y, por lo tanto, podrían haber hecho algo para evitarlo, con frecuencia se convierten en perfeccionistas. Por ejemplo Marcy, que ya no vive con la influencia del alcoholismo de sus padres, sigue procediendo a partir de la creencia de que nada malo podrá pasarle mientras haga todo correctamente y mientras todo cuanto exista en el mundo se adecue a sus expectativas. Lo que es más, cuando las cosas no salen de acuerdo con sus planes o cuando comete el menor error, Marcy vuelve a sentirse culpable, avergonzada y como si ella y el resto del mundo estuvieran completamente fuera de control. En algunas ocasiones se siente tan molesta consigo misma que desearía "encerrarse en una pieza oscura y no salir nunca de allí". Sigue pegada a la etapa de autoculpa.

Usted también podría estar allí si:

- sintiera pánico o una ansiedad extrema en respuesta a situaciones que escapan a su control o no se relacionan con sus errores;
- repitiera en su mente una y mil veces determinadas es-

cenas para intentar descubrir en esa forma en qué estuvo mal;
- cae con frecuencia en depresiones, se recuerda a sí mismo fracasos anteriores y llega a la conclusión de que no puede concentrarse en nada que no sea lo que hizo mal; o
- lo domina el estrés y padece jaquecas, úlceras, colitis o cualquier otro malestar o enfermedad que se relacione en forma directa con la extrema tensión.

Sentirse responsable por todo y por todos

Con frecuencia las personas que quedan pegadas a la autoculpa van desde culparse de una situación en particular hasta culparse de todo de creer que podrían haber evitado su propio dolor hasta creer que deberían evitar que nadie lo sufriera.

Está el caso de Alison, hija única de padres en extremo cariñosos, que cuando era muy pequeña llegó a creerse responsable de la felicidad de sus progenitores. "Yo era el centro del universo de esas personas", recuerda. "No perdían ocasión de repetirme: 'Eres lo más maravilloso del mundo. Me haces muy feliz. Nada puede darme tanta felicidad como mi ángel querido'." Salta a la vista que no puede haber causado ningun daño a la niña oír semejantes cosas, y sin embargo eso preparó el escenario para que reaccionara como lo hizo el día en que la lastimaron.

El padre de Alison, un músico dotado de extraordinario talento, era un maníaco depresivo y cuando se deprimía la niña sufría junto con él, pues por mucho que se esforzara, ella no podía devolverle la felicidad. Como consecuencia, cuando el padre se suicidó, Alison —que tenía entonces doce años— creyó que el hombre se había quitado la vida porque ella le había fallado.

"Mi madre hizo todo lo debido", explica Alison. "Hasta

me llevó a un terapeuta. Pero yo nunca le dije a esa persona ni a nadie que me sentía responsable. Estaba demasiado avergonzada como para decir tal cosa."

Como resultado, Alison permaneció empantanada en la etapa de autoculpa. Por creer que su padre se suicidó debido a que ella no le había permitido ser feliz, Alison hasta hoy se torna extremadamente ansiosa cada vez que conoce gente que no es feliz o se entera de circunstancias que podrían hacer desdichado a alguien. En el trabajo, en su casa o en su vida social, no puede sentirse bien y cómoda hasta estar absolutamente segura de que todos los que se encuentran a su alrededor están cómodos y satisfechos. Sufre horrores cuando sus compañeros de trabajo discuten o cuando su marido tiene uno de sus días malos. Ni siquiera puede disfrutar de una buena comida a menos que todos los que estén sentados a la misma mesa también la disfruten.

Así como Alison, usted podría estar igualmente pegado a la autoculpa, en especial si se siente responsable de todo y de todos; si se siente desdichado cuando su cónyuge, sus padres o sus hijos no son felices; cuando se siente impulsado a hacer algo para llevarles felicidad; está constantemente tratando de "arreglar" entuertos, echar un manto sobre las realidades desagradables o pedir disculpas por cosas que quizás usted no provocó ni causó, como el tiempo, las caídas de tensión eléctrica, el virus de la gripe y, desde luego, lo que hagan o digan los demás.

Martirio

El día comienza para Caroline a las 5 de la mañana, cuando ayuda a su hijo a preparar el itinerario que habrá de cubrir como viajante y sigue ayudando a todos el resto del día. Ayuda a su hija y sus cuatro hijos adoptivos cuando se aprestan a ir a la escuela. Ayuda a que su marido se relaje cuando vuelve de cumplir su turno de la noche en una fábrica cercana. Ayuda a otros padres adoptivos con sus problemas, a sus hermanos y vecinos, prestándose a cuidarles los chicos cada vez que hace falta. Usa su automóvil para llevar niños propios y ajenos a la escuela, le arregla la casa a su madre anciana y desde que amanece hasta que es noche cerrada está siempre ocupándose de todos y de cada uno... salvo de ella. Cose lindísima ropa para los chicos, pero ella anda siempre con un viejo batón que está pidiendo a gritos que lo jubilen. Tiene siempre tiempo para escuchar las cuitas de todos, pero le falta para ir al médico y hacerse ver de la artritis. Es que sencillamente no cree merecer ninguna atención ni tener dereho a contar con nada para ella sola.

¿Por qué se aviene Caroline con tanta facilidad a resolver las necesidades de todos mientras niega y descuida las propias? Porque sigue expiando todavía un pecado que cree haber cometido hace casi treinta años, cuando llamó a la policía porque su padre estaba dándole una paliza a su madre. El padre empacó sus cosas y se mandó a mudar al día siguiente. No volvieron a verlo ni la esposa ni los cinco hijos del matrimonio. A partir de ese momento, Caroline se siente responsable de cualquier tropiezo que pueda registrarse en la familia, por todo lo que sufrieron después del abandono y está segura de que le toca a ella hacer por su madre y hermanos todo cuanto perdieron cuando el padre se fue; en resumen, se ha convertido en el pegamento capaz de mantener unida a la familia. No hubo nada que no estuviera dispuesta a hacer, nada por lo que no se sacrificara y así han seguido las cosas hasta ahora. Pegada a la autoculpa, Caroline se convirtió en mártir.

También puede sucederle a usted si deja de prestarse los debidos cuidados, si efectúa incontables sacrificios y antepone las necesidades de todos a las propias; si se convierte en la madre de todo el mundo, en la caja de resonancia del sufrimiento ajeno o en la supermujer o el superhombre que trata de hacerlo todo; o si siempre dice "sí" a cuanto le piden, sin tener en cuenta para nada los inconvenientes que pueda tener que afrontar.

Opresión internalizada

Warren, convencido de que su padre lo querría y que ambos progenitores dejarían de discutir si él fuera un buen hijo, se dedicó a hacer que su padre se enorgulleciera de él. Estudió sin desmayos y obtuvo grandes éxitos académicos, se dedicó a los deportes, participó en torneos colegiales, ganó premios y regaló a su padre maravillas hechas con sus manos, sin lograr que el hombre se interesara por él. Y como resultado Warren nunca encontró satisfacción ni orgullo en nada que hiciera. En realidad, todos aquellos logros que no merecieron ni siquiera la atención de su padre, realizaciones capaces de elevarle la autoestima a cualquiera, a él se la disminuyeron. Todo cuanto podía ver era que —una vez más— no llegaba a ser lo suficientemente bueno.

Si bien Warren hace años que dejó la etapa de la autoculpa, aquella etiqueta de "no bastante bueno" le quedó pegada para el resto de su vida, tal como las opiniones negativas que pueda usted abrigar respecto de sí mismo lo harán a menos que sepa desprenderse de ellas.

La autoculpa destruye la autoestima. Cada día que transcurre echándose la culpa por una contrariedad del pasado es un día que se gasta en menospreciarse y en recordarse que uno, desde luego, no crece. Uno está imposibilitado de apreciar su propia singularidad. Y en realidad, como Sandy, que se veía a sí misma como un ser despreciable porque su madre la había abandonado al nacer, podrá usted desear ser alguien completamente distinto o poder tener la vida de otro. No se atreve a arriesgarse en nada, por estar convencido de que no haría sino fracasar o terminaría desilusionado. Muy rara vez, por no decir nunca, experimenta el sentimiento del triunfo. Se aísla espontáneamente y se subestima, por lo que termina descuidándose. Todo ese conjunto de circunstancias no hace sino disminuir más el sentimiento de su autovalía, con lo que está perpetuando el dolor que soportó la primera vez que alguien lo lastimó y quedó convencido de que todo se debía a su propia falta.

Aquella persona que una vez lo lastimó ya no ha vuelto a hacerlo. El o ella podrán no formar ya parte de su vida y tal vez ni siquiera pertenezcan todavía a este mundo. Pero la herida sí permanece muy viva, porque *usted* la conserva así y se sigue hiriendo con lo que se dice acerca de su propia persona. Se dice que es gordo, tonto, feo, haragán, incompetente, despreciable, indigno de que lo quieran y muchas cosas más. Se castiga repitiéndose los mensajes que la persona que lo lastimó le hizo llegar a través de su acto y sus palabras. Lo que ha hecho es internalizar esos mensajes e incorporarlos a su identidad. Tal como lo expresa Ann Neitlich en su libro, *Building Bridges: Women and Men's Liberation* (Construir puentes: la liberación de mujeres y hombres), pasa usted a ser su propio opresor.

En consecuencia, Marcy no necesita de sus padres para crear una escena caótica o humillante a fin de sentirse presa del pánico y fuera de control. Ella misma elabora su dolor y su ansiedad cada vez que comete un error y se dice para sus adentros: "Eres incapaz de hacer algo bien" o tropieza con dilaciones o interrupciones inesperadas y se dice: "La hiciste buena. Tendrías que haber sabido que esto iba a pasar".

Y tampoco Mark necesita que su padre le "arruine las cosas". Se las arruina él cada vez que se dice: "Mejor no te hagas ilusiones. Lo único que ganarás será otro desengaño".

Y Alison no tiene que ver a su padre víctima de la depresión para considerarse un fracaso en la vida. Se lo recuerda a sí misma toda vez que encuentra personas desdichadas o insatisfechas.

Si se quedó frenado donde el que lo lastimó salió de su vida, también usted seguirá luciendo siempre la etiqueta de "no bastante bueno", se hará daño y perpetuará su dolor hasta el momento en que pueda arrancarse de la etapa de autoculpa.

Salir de la autoculpa

Para aproximarse más a la curación y el perdón, todo cuanto deberá hacer será dejar de culparse —y de castigarse— por las cosas dañinas que otros le hicieron. Desde luego, esto no significa que deba negar cualquier responsabilidad que *sí tenga*. Si hizo su parte —al no comunicar a nadie que lo vejaban, por ejemplo, o mintió a su cónyuge que llegó a descubrir algo y lo dejó, o si nunca dijo una palabra de aliento a su hijo, que como adulto se niega a hablar con usted—, entonces puede sentir remordimiento por *esa parte* si así lo desea. Pero antes de que pierda un solo segundo más de su vida arrepintiéndose de algo, tendrá que salir de la etapa de autoculpa. Sí, podrá ser que encuentre algo de verdad allí, pero muy rara vez será usted tan culpable como cree que es.

Estrategia de clarificación número 6: Salir

Busque ahora la lista de "si sólo" y "yo tendría que" que ya elaboró en la estrategia para despegarse de la página 178 y revise objetivamente esos puntos. En realidad trate de desprenderse por completo. De hecho tendrá que imaginar que la persona lastimada fue otra y que esa "otra" persona está contándole la experiencia sufrida y utilizando esas expresiones de autoculpa.

Situado en ese punto de vista objetivo, pregúntese: "¿Qué declaraciones sencillamente *no son* ciertas? Por ejemplo, la creencia de Suzanne, "si por lo menos yo no hubiera sido una chica tan linda, mi padre no me habría molestado", es una declaración que corresponde a esa categoría. Su padre la vejaba sin ninguna razón. No porque fuera una linda nena y tampoco porque hubiera en ella algo que atrajera las cosas malas, según también temía. Los actos que cometía su padre, lisa y llanamente, no eran achacables a la niña. *Tache de su lista las manifestaciones que son, sin duda, carentes de verdad.*

Después pregúntese: "¿Qué manifestaciones revelan que he asumido la responsabilidad de actos pertenecientes a otros, actos que en realidad escapaban a mi control?" Marcy, pongamos por caso, se sentía responsable de las borracheras de sus padres, algo de la absoluta responsabilidad de ellos y no de la niña. Y Caroline se sentía responsable de que su padre hubiese abandonado a la familia, lo que tampoco era cierto, puesto que el hombre era adulto y *decidió* irse de la casa. Ella no lo *hizo* elegir esa salida. Del mismo modo, puede uno no ser el culpable de que su padre haya golpeado a su madre, ni ser responsable del divorcio en que terminaron sus peleas, ni le metió fármacos por las fuerza en la boca a su hijo para convertirlo en un adicto. *Tache también esas manifestaciones de su lista.*

"¿En qué manifestaciones se reflejan circunstancias o aspectos de mi persona que yo no pude haber modificado o influenciado, sobre todo en el momento en que fui lastimado?" Tache cualquier declaración que se refiera a temas como pobreza, raza, religión, sexo o estatura cuando lo lastimaron, desconfianza, no enamorarse, ser más viejo cuando se casó, etcétera. Todas eran condiciones existentes que usted no creó.

Es probable que haya algo de verdad en algunos de los ítem que quedaron en su lista. De todos modos, tendrá que volver a revisarlos a fondo. "¿Qué cosas? *distorsionó* al atribuirse un papel más trascendente que el realmente desempeñado por usted? ¿Qué cosas convirtió en *acusaciones gene-*

ralizadas contra usted, como sería considerar 'hice algo que ahora advierto que fue estúpido' para luego convertirlo en una convicción absoluta: 'soy un estúpido'? ¿Cuáles son *razonables hoy,* como algo que tiene sentido al mirar hacia el pasado, pero que requería de una perspicacia que usted no tenía —y que casi con seguridad no podía haber tenido— en la época en que lo lastimaron?"

Con el propósito de dar respuesta a esta pregunta, Suzanne visitó no hace mucho la ciudad donde creció.

> Supongo que deseaba ver, con ojos de adulto, el lugar en que *aquello* sucedió. Llamé a la puerta de mi casa de entonces, les expliqué a los nuevos propietarios que en otros tiempos había vivido allí y me dejaron que lo observara todo.
>
> Después crucé la calle para visitar a Estelle que sigue viviendo en la misma casa de cuando era niña. A pesar de que deseaba decirle por qué la visitaba y qué me había pasado hacía tantos años, no lo hice. Pero de pronto comprendí que, por haber sido ella durante toda su vida defensora de menores, tendría que haber tenido conciencia de vejámenes a los niños mucho antes de que los publicitaran los medios de información, tendría que saber comprender lo que sucedía mientras sucedía. También comprendí que, de habérselo dicho, ella podría haberme ayudado y yo me habría evitado décadas de sentimiento culpable, de vergüenza y de dolores de cabeza.
>
> Pero no se lo dije, y cuando nos alejábamos de su casa no pude evitar el decirme a mí misma qué podría haber hecho pero no hice. Se me llenaron los ojos de lágrimas y una vez más me sentí avergonzada y estúpida.

Suzanne acababa de regresar temporariamente a la etapa de autoculpa. Pero no se mantuvo en ella, no quedó pegada, porque ya había aprendido que *de nada vale culparse ahora por lo que se ha hecho o se cree haber hecho en el pasado.* Y también a usted le conviene aprenderlo, para así aceptar al fin y al cabo que, en el momento actual, ya nada puede hacer al respecto —salvo aprovechar aquello— para dejar de repetir el pasado. Puede usted cambiar de actitudes y comportamientos que en realidad contribuyeron al problema, y dejar de guardar secretos o conversar una y otra vez acerca de sus sentimientos, en lugar de embotellarlos en su fuero interno, o no tratar con todas sus fuerzas de que otros hagan las cosas a su modo. Lo que es todavía más importante, puede llegar a adquirir conciencia de la forma en que la autoculpa obra sobre usted en este momento de su vida, de qué manera las viejas culpas y las pasadas vergüenzas terminan inundando el presente, y qué es lo que usted hace o no hace a causa de ello.

Piense ahora acerca de eso. ¿Qué ha hecho y qué sigue haciendo con el fin de cambiar o controlar aspectos propios a los que atribuye heridas o injusticias del pasado? ¿En qué circunstancias y de qué manera asume usted la responsabilidad de actos ajenos y trata de controlarlos? ¿Qué está sacrificando en este momento por creer que no es usted tan bueno como para merecer más? ¿Qué se dice a sí mismo respecto de la clase de persona que es y de qué manera se castiga?

¿Sigue sirviéndole de algo todo esto? ¿Verdaderamente, alguna de esas cosas están ayudándolo? Sospechamos que no. Sospechamos que al acusarse, disminuirse y regañarse no está haciendo más que perpetuar su dolor. Por fortuna, todo cuanto haya hecho a causa de la autoculpa puede suspenderlo desde ahora. Si prefiere, puede tomarse cierto tiempo y esforzarse por *perdonarse* los errores cometidos y su humanidad. Puede dicirle adiós a la etapa de autoculpa más o menos como hizo para salir de la etapa de negación: con una carta. Atravesar esta etapa constituye todo un proceso, así como es parte de éste salir de la etapa de negación. Tal vez con esa carta lo acelere, concediéndose una introspección que le permita descubrir en qué forma se ha estado culpando.

Estrategia de clarificación número 7: La carta de autoculpa

Tome una hoja de papel, escriba la fecha como lo haría al empezar una carta y comiéncela con esta línea de salutación:

Querida parte de mí que se autoculpa:

Después, dirigiéndose a su voz interior que está regañándolo y criticándolo, pida brevemente disculpas por cosas que hizo o dejó de hacer que, en verdad, fueron faltas atribuibles a usted, cosas que, al hacerlas o no hacerlas, pudieron haber modificado las circunstancias que lo lastimaron provocándole dolor. Haga referencia nada más que a las explicaciones de "si sólo" o "si en cambio hubiera" que *no* eliminó cuando completó la estrategia anterior. No pida disculpas por nada que en realidad —y en primer lugar— no sea una falta cometida por usted.

Después, con mayúsculas, escriba: PERO ME HE CASTIGADO BASTANTE, tras lo cual, volviendo a las minúsculas, enumerará todo lo hecho para castigarse o para expiar sus "pecados". Si le parece bien, puede redactar esa parte de su carta con oraciones que empiecen siempre con "he gastado demasiado tiempo en..."

Una vez dicho todo lo que quiere decir, ponga fin a su carta con una o varias de estas afirmaciones:

- Solía creer que merecía ser lastimado, pero ahora me consta que no.
- Solía creer que yo había hecho que sucediera lo que me hirió, pero ahora sé que no todo fue mi culpa, que no soy responsable de parte de lo que me pasó.
- Solía creer que debería soportar esta carga de culpa y

> vergüenza por el resto de mi vida, pero ahora estoy seguro de que ya me he castigado bastante y estoy en condiciones de salir de la etapa de autoculpa.

Si bien esta carta, así como los esfuerzos que ha hecho para decidir entre lo que fue su responsabilidad y lo que no fue, están acercándolo a la puerta de salida de la etapa de autoculpa, queda todavía un paso por dar. Tiene que empezar a tratarse de otra manera, distinta de cuando se castigaba por el dolor que le produjeron otros.

Cuidar al niño interior

> *(La gente tiene) que aprender a curarse, a encargarse de ese pequeño ser lastimado que vive en su interior y mejorarlo. Casi todo el mundo deambula con un niño herido en su interior. Algunas veces, cuando mi marido y yo tenemos una discusión, veo como en un relámpago el aspecto que él presentaba a los cinco años; puedo ver que no es por lo que está pasando en ese momento. Es la grabación de algún viejo recuerdo que él lleva en la mente, donde intervienen su madre, su padre, sus hermanas. Mucha gente pasa por la vida castigándose tal como antes se los castigó.*
>
> —actriz/productora Marlo Thomas

Aquel chiquillo vulnerable, asustado, que usted era (o se sentía tal) cuando lo castigaban, sigue viviendo en su interior. El representa tanto al chico que solía ser como a la parte de usted que todavía puede ser juguetón, obstinado, tonto e increíblemente juicioso. Su niño interior sabe lo que usted necesita para sentirse a salvo, seguro y amado. Sabe y padece cuando aquellas necesidades no se satisfacen. Si presta atención a lo que dice su niño interior, puede saber en qué momento ha de cuidar de sí mismo en lugar de sacrificarse por cuidar de los demás; cuándo necesita disminuir el ritmo en lugar de andar corriendo en círculos como una gallina decapitada; cuándo necesita llorar, recibir consuelo o soltarse un poco para permitirse alguna diversión.

Pero ocurre que mientras se halle en la etapa de autoculpa no prestará atención a lo que diga el niño que hay en usted. Por el contrario, se apartará de su camino para *no* oír lo que él tenga que decirle. Niega a ese niño interior tal como lo negaron a usted, cuando era niño o cuando, ya adulto, lo lastimaron. Tal como lo expresa Marlo Thomas, se castiga tal como lo castigaron. Lo mismo que esos padres que responden a los chicos llorones dándoles un golpe mientras les dicen: "ahora ya tienen algo por qué llorar", lo que usted da a ese niño interior es culpa, vergüenza y castigo, mientras que él necesita amor, atención y cuidados.

Mientras elabora su salida de la etapa de autoculpa, tiene que comenzar a ocuparse de su niño interior en lugar de descuidarlo o maltratarlo. Tiene que escuchar esa parte de usted que está diciéndole que se siente triste, atemorizado o abandonado y consolar a ese pequeño vulnerable que lleva en su interior.

¿Cómo hacerlo? Pues bien, ¿cómo llevaría consuelo a un niño de verdad que se sintiera herido? Para empezar, debe escucharlo y prestar atención a cuanto tenga que decirle, tratando de comprender qué sentía y por qué. Luego tendrá usted que

- dirigirle expresiones maternales, alentadoras, como: "Está bien. Todo andará bien. Te voy a ayudar",
- darle un regalito;
- llevarlo a un sitio que le guste, divertido, apacible, de distensión;
- darle tiempo para sí mismo;
- dejarlo llorar;
- dejar que esperen las ocupaciones de la casa mientras duerma una pequeña siesta o salga a dar una vuelta, o dibuje;

- darle seguridades de que lo quiere y recordarle las cualidades que lo hacen tan especial, amable, capaz y valioso ser humano;
- cerciorarse de que él tiene conciencia de que eso hiriente que le ocurrió no fue "exclusivamente" su culpa.

Para desprenderse al fin "del gancho" y dejar de eternizar su dolor, tiene que realizar todas esas cosas *por usted*, permitiéndose ya el gozo, la diversión y la espontaneidad que perdió en aquellos años en que era de verdad un niño. Abandonará por fin su autoculpa haciéndose cargo de ese niño interior lastimado y vulnerable, al que viene castigando desde hace tanto tiempo.

Tal como hizo cuando salió de la etapa de negación, cuando abandone la de autoculpa se habrá aproximado un paso más a la curación y el perdón. Ha efectuado progresos porque ya no:

- se echa la culpa de lo que le sucedió;
- se responsabiliza de los actos de otros ni de las circunstancias que estuvieron o siguen estando fuera de su control;
- se regaña a sí mismo por lo que hizo mal o por aquello en que falló;
- se castiga a sí mismo por no ser suficientemente bueno.

Según lo ha expresado Virginia Satir, uno se da cuenta de que "no es responsable de que esté lloviendo, pero sólo la forma como reacciona ante ello" y esa reacción ya no necesita ser de autocastigo.

Sin embargo, cuando se ha salido de la etapa de autoculpa, se renuncia también a la ilusión de poder y control que ella le daba. Durante años y años, la autoculpa estuvo disfrazando sus sentimientos y su desamparo. Tan pronto se quita esa máscara uno empieza a reconocer que, haya debido o no estar en condiciones de hacer algo, usted *no era* capaz de prevenir que se produjera la herida. Era impotente para impedirla y estaba a merced de quienes lo lastimaron. El reconocimiento de esto, invariablemente, ayuda a catapultarse a la siguiente etapa, desde luego nada cómoda y muchas veces autodestructiva, que es la etapa de víctima.

7

LA ETAPA DE VICTIMA

Alcancé un punto en el que ya no creía que el hecho de ser bonita o cualquier otra cosa pudiera haber sido la razón de mis dolorosas experiencias del pasado. Nada que yo hubiera hecho fue causa de que mi padre me vejara. El no debió haber hecho lo que hizo. Pero lo hizo, y por su causa mi vida fue un lío terrible. Era tan impotente para cambiar mi vida, como lo fuera antes para evitar el maltrato, pensaba ahora. Era una situación sin esperanzas, creía. Yo no era la responsable de lo que él hizo, ni de cualquier otra cosa. Yo había sido una víctima, y en ello había razón suficiente como para no hacer otra cosa que seguir.

Suzanne había dejado la etapa de autoculpa y estaba en la *etapa de víctima*, en el proceso de perdón. Llegó a ella después que su consejero la convenciera de que sólo podría liberarse del dolor a través de la etapa de víctima, después de que se hubiera sentado para comenzar el trabajo más dificultoso, pero, en última instancia, el más recompensador de cuantos hiciera hasta ese momento, y después de haber ingresado en un grupo de personas que hubiesen sobrevivido al incesto. Aunque se instaló, al principio, con la boca cerrada y estuvo recibiendo ayuda por ósmosis, pronto comenzó a participar en forma activa y hasta llegó a ser capaz de admitir ante los otros que también ella sobrevivía al incesto. Sí,

Suzanne había empezado a curarse. Pero, tal como lo hace todo el mundo, cuando Suzanne estuvo en la etapa de víctima con frecuencia le pareció que se alejaba cada vez más de su paz interior, en lugar de acercarse a ella:

> Cuando por fin me puse en contacto con mi dolor, me revolqué en él, al sentirme más justificada que nunca por haber hecho lo mínimo necesario para existir. ¿Quién podría acusarme por no haber tenido éxito o no hallarme al tope de cualquier situación, o por volver a casa para desplomarme en un sillón y quedarme dormida frente al televisor? Después de haber pasado una infancia tan terrible, era todo un milagro que pudiera tener un trabajo y mantener la cabeza sobre el agua, pensaba yo.
>
> Pasé de una constante negación de mi experiencia a prestarle atención las veinticuatro horas del día, y de guardarme los pensamientos y embotellarlos bien dentro de mí a hablar de lo mismo una y mil veces con quien quisiera oírme. El incesto pasó a convertirse en mi identidad. El aspecto más importante de mi autoimagen era aquello que me había ocurrido entre los cinco y los doce años. Para mí, eso era todo. Si intentaba tomar conocimiento de alguna otra faceta de mí, entonces me recordaba que no era bastante buena como madre, maestra o amiga. ¿Y cómo podría serlo? Me habían marcado y dañado. Nadie podría esperar mucho de mí, creía, y a decir verdad era muy poco lo que yo misma esperaba. Al vivir en un estado casi permanente de desaliento y depresión, estaba convencidísima de que en la vida me había tocado la parte del miserable.

La etapa de víctima

Así como lo fue para Suzanne, el tiempo transcurrido en la etapa de víctima casi con seguridad habrá de ser el más doloroso y autodestructivo de todo su viaje hacia la curación y el perdón. Desde cualquier punto que se lo mire, no tiene ningún aspecto agradable y menos aun bonito. Y mientras permanezca en esa etapa se *sentirá* de manera definitiva pegado, frustrado, atrapado, como si nada fuera a mejorar nunca para usted ni para su vida.

Lo mismo que Harriet, Craig fue lastimado por las infidelidades de su esposa. Cuando todavía no llevaban ocho años de casados, la mujer de Craig ni siquiera se preocupaba por ocultar sus engaños. "Tenía relaciones con tipos a los que consideraba mis amigos", explica él. "Tipos con los que hacía negocios, que concurrían al mismo club de salud. Durante un tiempo, me parecía que donde yo fuera tenía que tropezarme con alguien que se había acostado con mi mujer." La pareja se separó y reconcilió varias veces antes de que Craig por fin descubriera a su mujer en la cama matrimonial haciendo el amor con otro, y decidió abandonarla para siempre.

Pasados varios días de "intenso dolor", Craig entró en la etapa de negación. Pensaba que todo cuanto debía hacer con su pasado era dejarlo atrás y "aguantarme", y por eso introdujo en su vida diversos cambios a cual más drástico y todos al mismo tiempo: abandonó un trabajo lucrativo, se mudó de la ciudad del Medio Oeste donde vivía a Nueva York, donde compartió un departamento con otros cuatro hombres y se anotó en Derecho. "Me parece que entonces creía que si cambiaba todo acerca de mí e iniciaba la vida de un nuevo hombre tendría que olvidar mi matrimonio y también me aseguraría de no volver a caer en lo mismo", manifiesta Craig.

Tal como podría esperarse, aquellos drásticos cambios que Craig introdujo en su vida no le curaron las heridas. Cuando estaba a mediados de su primer semestre en Derecho, cayó en la etapa de víctima. "No podía dejar de pensar en todo lo que me había hecho mi mujer y en qué forma se me complicaban las cosas por culpa de ella", recuerda. "No podía dejar de pensar en lo enmarañado que se me ponía todo, punto. Tenía treinta y dos años y en lo financiero estaba peor que nunca. Asistía a clase todos los días, y allí me trataban como a un taradito de dieciocho, volvía a mi piecita en un departamento recargado de gente, estudiaba hasta que no podía seguir y después bebía hasta sedarme lo suficiente como para irme a dormir. Mientras bebía, todas aquellas cosas me volvían a la cabeza una y otra vez, y cada día sucedía algo para recordarme lo mal que me iba. Estaba varado en el estudio, con un compromiso de seis años en la marina, sin amante y sin esperanza. No tenía salida".

Lo mismo que en el caso de Suzanne, también Craig vivía castigado por dos de los más devastadores sentimientos —el desamparo y la desesperanza— y en determinado momento de su proceso de curación, probablemente también le toque a usted. Todo cuanto querrá hacer entonces será lamerse las heridas y sentir lástima de sí mismo. Se apartará del mundo y de lo que demanda el diario vivir, se entregará, se abandonará y se atracará de recuerdos dolorosos. La etapa de víctima en el proceso de perdón se registra cuando usted hace eso. Todo el mundo, sin excepción, pasa por esta etapa por lo menos una vez, porque los que en alguna ocasión han sido lastimados, *se convirtieron en víctimas.*

De ser víctima a adquirir "condición de víctima"

El hecho de haber sido víctima está referido a lo que *le* sucedió. Un determinado suceso o una serie de ellos —hechos que escapaban a su control en el momento de producirse— pueden haberlo lastimado, aterrado o tal vez le hayan arrebatado algo que usted necesitaba. Tanto si cuando era niño lo vejó sexualmente una *baby-sitter,* como si lo descuidaron o humillaron sus padres alcohólicos, si un amigo le mintió o lo traicionó, o cualquiera que haya sido la forma en que lo hirieron, puesto que sufrió y, en el momento, era impotente para evitar su padecimiento, por definición lo hicieron víctima.

Desde el momento en que nos han hecho víctimas, ya nunca lo olvidaremos. El sentimiento de desamparo y desesperanza que experimentamos en aquella oportunidad queda archivado en nuestro subconsciente. Como resultado de ello, tenemos grandes posibilidades de *sentirnos* víctimas cada vez que tropecemos con situaciones que parecen imponérsenos o se requiera de nosotros hacer algo que no queremos —aunque dichas situaciones puedan tener poca o ninguna semejanza con las que nos produjeron por primera vez ese sentimiento—. Cuando nos encontramos frente a situaciones que advertimos fuera de nuestro control, la parte de víctima que hay en nosotros aflora y entonces hacemos una visita a la etapa de víctima.

Es probable que alguna vez haya actuado como una víctima sin saber que eso era justamente lo que estaba haciendo. Sin embargo, una vez que las conoce, las señales no pueden dejar de advertirse. Durante la etapa de víctima, casi todo cuanto *diga* podrá ser negativo o derrotista. Se *sentirá* aislado, triste, cansado, atrapado, cargado de culpas, impotente, fuera de control, suspicaz, pisoteado. Podrá usted *pensar* que es un ser débil, desamparado, necesitado y asustado, a quien posiblemente nadie pueda amar o apreciar; podrá *creer* que la gente persigue motivos ulteriores y lo lastimará tan pronto lo encuentre con la guardia baja; podrá *esperar* muy poco de usted mismo; o podrá vivir *rumiando* en qué forma lo lastimaron en el pasado y cómo son los problemas que tiene en el presente.

Sus actos podrán reflejar sus puntos de vista como víctima. Podrá quejarse de la situación, pero sin hacer nada para modificarla; no se hará valer; se convertirá en indiferente, hipersensible o beligerante, castigando o tratando mal a todos y a todo, *menos* a la verdadera fuente de su ira. Podrá llegar a convertirse en campeón en el arte de inventar excusas, para justificar su inacción y sus empeños autodestructivos. Incluso tratará de achicarse, de pasar inadvertido dentro del montón con la cabeza gacha y los hombros caídos.

La mayoría de las veces, quiere que las situaciones en que se siente impotente le resulten más potables o lo compensen, en alguna forma, participando de las innumerables formas de consuelo que la sociedad moderna ofrece a los que se sienten víctimas. Podrá correr al estante de las bebidas, al refrigerador o al bar. Podrá detenerse ante el cajero automático, obtener algún dinero y correr a la casa de juego más cercana para hacer sus apuestas. Podrá acurrucarse frente al televisor con una caja de chocolates al alcance de la mano o correr al club nocturno que tenga más a mano para allí buscar alguna persona que lo acompañe unas horas. Desde la fabricación de drogas hasta la última forma de alcanzar la iluminación instantánea o la paz interior pueden producir enormes beneficios a los que están dispuestos a atender al que se siente víctima, y por cuanto podemos saber, nadie que provea de bienes y servicios a las personas en etapa de víctima se verán forzados a desaparecer del mercado en breve tiempo.

Sentir y proceder como víctima constituye una respuesta automática y puede convertirse en hábito —por cierto muy peligroso, ya que su parte de víctima se refuerza cuando se le sueltan las riendas. De modo que antes de que pueda darse cuenta estará atrapado en una espiral descendente llena de desamparo y desesperanza, de donde el hecho de *haber sido víctima* se convertirá en creencia de que *es una víctima*, ni más ni menos.

"Me parecía que la letra *I*, inicial de incesto, estaba grabada a fuego en mi pecho", dice Suzanne. "No me hallaba en contacto con ningún otro aspecto de mí misma", explica. Y podría ocurrir que tampoco usted lo esté. Podría haberse marcado a sí mismo con cualquier inicial, como *V* por vejamen, *A* por abuso o *D* por divorcio, o identificarse usted interiormente como un adulto hijo de padres alcohólicos o como alguien entregado en adopción. Aparte de la etiqueta específica que pudiera lucir, lo más probable es que se viera por sobre todas las cosas como una víctima y así viviera toda su vida de acuerdo con esa convicción. Cuando tal cosa se produce, ha alcanzado ya la "condición de víctima" —diría que lo ha logrado—, si tal cosa pudiera considerarse un logro.

La condición de víctima no es sino una actitud, una postura, una forma de relacionarse con el mundo, y un reflejo de los sentimientos previos que seguimos albergando respecto de nosotros mismos. La parte de víctima que tenemos dentro se convierte en la porción más grande e importante de nuestra identidad, y "víctima" pasa a ser una etiqueta que no sólo describe lo que nos sucedió, sino *quién consideramos que somos.* Sobre la base de esta creencia, elaboramos el argumento para la obra teatral barata de nuestra vida, nos asignamos el papel de la víctima y nos pasamos todo el tiempo representándolo.

Tres libretos de víctima

Hay tres papeles básicos que la gente interpreta para demostrar al mundo su condición de víctima. Si bien cada uno puede representar cualquiera de los tres papeles protagónicos y, en realidad, cambiar alternativamente de uno a otro cuantas veces quiera, por lo general se prefiere uno y se lo reconoce sin lugar a dudas: el que se revuelca en sus penas, el que se autodisculpa y el protestador.

El que se revuelca

Durante uno de nuestros últimos seminarios de perdón, un participante escribió una carta a la "Querida parte de víctima que hay en mí", donde decía: "He asistido a innumerables reuniones donde nos consolamos los unos a los otros, donde se pasan viejas fotografías, discos y grabaciones con la voz del que nos lastimó e incluso vídeos que no hacen otra cosa que darnos más lástima de nosotros mismos. Así era, sentía lástima por mí, sentía lástima por mí y sentía lástima por mí. Hasta quedar completamente vacía, con lo que sólo conseguía que el viejo dolor pasara a ocupar los resquicios que quedaban libres".

Cuando se sigue el libreto del que se revuelca en sus penas, lo más probable es que haya tenido alguno de "esos banquetes de autocompasión" por su cuenta, que haya pasado horas, días, semanas o más tiempo aun, no abusando de la comida o la bebida, sino de la autocompasión. Los que se revuelcan probablemente disponen de un millón de formas distintas para decir "¡Pobre de mí!" y han venido exprimiendo su pena hasta el límite. Sentirán lástima de sí mismos y estarán proclamando en voz alta que han sido o son víctimas gimoteando, quejándose y rechazando cualquier sugerencia que pudiera ayudarlos a sentirse mejor. Casi con seguridad no estarán nunca en los primeros puestos de una lista de "esos con los que da gusto estar" y de hecho vivirán la mayor parte del tiempo solos y abandonados.

"La parte de víctima que hay en mí aleja a los demás", escribió otro de los participantes en nuestros talleres. "Trato de hacerlo todo con mis propias manos, no porque pueda sino porque comprendo que no puedo contar con la ayuda de otros cuando la necesite. Si se me ocurriera pedirla, tarde o temprano me abandonarían, y eso sería todavía peor que haber contado con ellos alguna vez."

Los que se revuelcan en el fango casi con seguridad son depresivos, pasivos o se dejan manipular con facilidad. "Bueno, estaré bien. Sigan sin mí", se lamenta el que se revuelca, cuya representación de un mártir que viene sufriendo desde siempre bien podría merecer un Oscar de la Academia de Hollywood. Está en un pozo, y su escasa energía, sus pocas aspiraciones y menores logros, como la falta de relaciones con otros seres, de seguro que no habrán de sacarlo de allí.

El que se autodisculpa

Otro de esos días insoportables, va pensando Darlene a las 2 de la mañana mientras se levanta de la cama y se dirige a la cocina. Su secretaria no envió una pila de memos, inmediatamente después de habérselo pedido, así que Darlene los despachó. Como estaba segura de que su marido no se acordaría de pasar por la tintorería, tal como se lo había pedido oportunamente, hizo cinco kilómetros, fuera de su camino obligado, para recoger la ropa, sólo para descubrir que él sí lo *había* recordado y la ropa ya no estaba allí.

"Tendrías que haberme llamado para decirme que lo harías", le gritó al marido tan pronto estuvo en casa.

"Pero si te dije que lo haría en el momento en que me lo pediste", protestó él, y así volvieron a iniciar otra discución acerca de lo irresponsable que era él y de cómo ella lo enloquecía pidiéndole hacer cosas que siempre iría a hacer ella antes.

Como resultado de todos esos antecedentes, Darlene ya se sentía malhumorada cuando llegó el momento de hornear los bollitos destinados a la fiesta de cumpleaños de su hija. En realidad, se suponía que su labor se limitaría a supervisar la tarea de la niña cuando horneara los bollitos, pero le pareció más sencillo hacerlo ella misma. "En realidad no alcanzo a entender por qué se molestó tanto", suspira Darlene mientras hurga en el refigerador. "Y desde luego que no tenía derecho a enojarse porque hiciera fondant rosa para adornarlos, aunque ella *me hubiera* pedido que fuera azul. ¿Acaso el rosa no es el color de la nenas? ¿Cómo es posible que esa chica no comprenda que estoy tratando de ayudarla?

Ahora Darlene se encuentra ante la mesada de su cocina,

probando los bollitos en cuestión. "¿Qué habré hecho para merecer una niña tan desagradecida?", se pregunta, mientras da un mordisco a otro bollito. "Hago lo imposible por facilitar las cosas a todos, me ocupo de todos los detalles para que los demás no se molesten. ¿Y acaso lo aprecian? ¿Me demuestran la más pequeña gratitud? Claro que no".

Duda un breve instante pero termina estirando la mano en busca de otro bollito. Si sigue comiendo así, ya no quedarán para la fiestita. Pero Darlene decide que su hija no se preocupará por eso. Después de todo, pensándolo bien, ella ha dicho que no le gustan, piensa Darlene. "Y en primer lugar, yo cociné los malditos bollos, y puedo comer cuantos quiera", mientras sigue engulléndolos, uno tras otro. Camino de regreso a la cama, Darlene advierte que alguna explicación tendrá que dar cuando la pesen en el club donde asiste a sesiones de adelgazamiento. "Bah, ¿a quién le puede importar?", se pregunta mientras se desliza entre las sábanas. "Ayer tuve un día podrido de verdad. Así que bien puedo permitirme romper la estúpida dieta aunque sea por hoy."

Esa visita de Darlene a la cocina en horas de la madrugada, para devorar los bollitos supuestamente destinados a la fiesta de cumpleaños de su hija, es el libreto típico de la víctima que siempre se disculpa a sí misma. Si también usted desempeña ese papel, lo más probable es que esté viviendo sus días de acuerdo con un credo que no puede ser más sencillo: "Me lastimaron, así que me he ganado el derecho a hacer lo que se me antoje, sin preocuparme por las consecuencias para mí o los demás".

Esas personas hacen la representación del que ha sido víctima en todas sus formas obvias: bebiendo, drogándose, exagerando la comida, jugando a las cartas, dados o caballos, llevando una actividad sexual indiscriminada o saliendo a comprar cualquier cosa que se ponga a tiro. Tal como lo dijera uno de los participantes en el seminario de perdón, "el papel de víctima me permite ganar cosas, muchas cosas.

Cosas que ni siquiera podría permitirme. Esas cosas me hacen sentir mejor, pienso que al hacerme obsequios a mí mismo estoy recuperando todo lo perdido. Si tengo el ropero lleno de trajes, no me sentiré tan vacío. Pero lo cierto es que el sistema no funciona, porque de todos modos siempre sigo sintiéndome vacío".

Lo lamentable es que, como el que escribió esta carta, representando el papel uno apenas se disculpa a sí mismo y no tarda en volver a sentirse vacío. "Me lastimaron", se recuerda para sus adentros. "Esto me lo gané. He pagado por todo esto con el dolor que padecí... nadie me entiende."

En vista de que recurre a su dolor, su desamparo y su desesperanza para justificar cualquier cosa que decida hacer o no hacer, lo que estará logrando es autodisculparse de acuerdo con normas más sutiles, por ejemplo, por lo que sigue:

- manejando el automóvil de la familia, pero sin ocuparse jamás por revisar si tiene combustible;
- gastando todo el agua caliente de que se dispone, sin pensar siquiera en que hay otros esperando para darse una ducha;
- bebiendo cuanto quedaba de leche sin salir a comprar más ni indicar su falta en la lista de compras inmediatas;
- metiéndose en la cola de la caja rápida en el supermercado con más de diez artículos en el carrito;
- usando el teléfono largo rato a sabiendas de que alguien está esperando una llamada importante;
- adornando los bollitos con fondant rosado auque se le haya pedido azul.

De modo que, en resumen, estará actuando usted con absoluto desprecio por la forma en que sus actos puedan afectar a los demás, y en caso de que alguien pudiera reprochárselo diciendo que emplea modales irresponsables o se permite un comportamiento digno de un niño, casi con seguridad terminará enojándose. "No le debo nada a nadie", piensa. "Los que me lastimaron no pensaron dos veces en qué medida *su* comportamiento *me* afectaba, ¿por qué voy a tener ahora que tomar en cuenta los sentimientos de los demás?" Y lo más probable es que no lo haga. En realidad, casi seguramente seguirá disculpándose todo a pesar de los riesgos que eso pueda representar para su salud, su felicidad, sus relaciones y la paz de su espíritu.

El protestador

Los que representan el tercero de los papeles a que hemos hecho referencia, *no parecen* víctimas cuando se los observa de manera superficial. No tienen para nada aspecto de deprimidos ni escarnecidos y, todo lo contrario, casi siempre serán los primeros en buscar pelea en lugar de llorar o arrinconarse. Esos son los protestadores, las víctimas beligerantes e intolerantes de rápidas y ruidosas reacciones. Se los puede observar en todo su esplendor refunfuñando en voz bien alta cuando la fila de clientes se mueve son lentitud en la ventanilla del banco, clavando los dedos una y otra vez en el botón del ascensor que tarda en llegar, a bocinazo limpio cuando la luz del semáforo pasa a verde y el coche que está adelante tarda en arrancar. En este último caso, cuanto consiguen es poner nervioso al otro conductor y hacer que no acierte hundir el pie en el acelerador para alejarse más rápidamente.

Los protestadores resultan en general rechazados, se los conoce (y en consecuencia se los evita), en todas partes, por sus comentarios punzantes, por el sarcasmo de que hacen gala y su gusto por dejar a los otros en ridículo. Son extremadamente críticos, y nada les parecerá nunca bastante bueno y adecuado para ellos, desde la butaca que les tocó en el cine hasta la comida del restaurante. El padre de Mark, con su carácter suspicaz y pendenciero, era un protestador. Lo son asimismo muchos racistas, homofóbicos, discriminadores sexuales, abusadores de niños y maridos golpeadores. Es que son ni más ni menos que víctimas cuyo dolor se transforma en una ira colateral que, por lo general, se dirige hacia objetivos indefensos, que merced al recurso de la protesta descargada sobre terceros, se convierten en nuevos miembros de la floreciente raza de los lastimados.

La permanencia de Craig en la etapa de víctima lo muestra como otro protestador. Indignado con su mujer y consigo mismo pero tadavía mal preparado para dirigir su ira hacia la verdadera fuente de sus penas, Craig castigaba a diestra y siniestra. Como en un murmullo, pero bastante alto como para hacerse oír, lanzaba agudos comentarios respecto de sus profesores. Los obligaba a meterse en discuciones a las que él denominaba "debates" y que no eran sino otras tantas salidas para su infinita furia. A sus condiscípulas desdeñosamente las calificaba de "cerebros de mosquito" y se divertía con toda perversidad abordando temas que, le constaba, dolerían a algunas de ellas. Era casi común que terminara obligando a llorar a las mujeres que servían en una cafetería o un restaurante, apabullándolas con sus críticas acerca de cómo servían. Y fue necesario que terminaran arrestándolo por iniciar una pelea a puño limpio en la puerta de un bar, para que hiciera por fin un alto y se preguntara: "¿Qué demonios estoy haciendo?"

Lo lamentable del caso es que la mayoría de los protestadores, y para el caso la mayoría de las víctimas, en general, no hagan nunca un alto para formularse esa pregunta. Siguen, en cambio, repitiendo la misma conducta, cada vez más convencidos de que son víctimas sin esperanza alguna del dolor, del pasado y de las presentes circunstancias.

Desde luego, si es usted uno de esos protestadores, no *quiere* sentir y pensar, y menos aun proceder como lo hace durante la etapa de víctima. No se despierta por la mañana para decirse: "Hoy me parece que voy a sentirme como el más infeliz de los miserables, me explicaré cuanto haga con el fin de disculparme ante mí y voy a protestar por todo". No, lo que sí hace es representar el libreto de víctima, porque eso es *todo lo que puede hacer* desde que el hecho de haber sido víctima de algo lo domina —y eso es lo que siempre hace. Le guste o no, la etapa de víctima es parte del proceso. Y créase o no, al igual que las otras etapas, también ésta le sirve.

Cómo le sirve la etapa de víctima para afrontar el dolor

Por dolorosa, emocionante, agotadora y físicamente debilitante que pueda ser la etapa de víctima, *usted se está curando*. En realidad, a lo largo de esta etapa se capacita usted para vérselas con algunas necesidades importantes que antes descuidó.

En primer lugar, *necesita echarle a alguien la culpa de las cosas malas que alguna vez pudieron sucederle,* y durante la etapa de víctima goza de una perspectiva más realista respecto de quién fue responsable de las heridas e injusticias padecidas, desde luego mejor que en las etapas de negación y autoculpabilidad. Lo que se hace durante esta etapa es echarle la culpa al que la tiene, a la persona que lo lastimó.

"Lo cierto es que mi padre me atosigaba", dijo Mark, con lo que modificó su anterior creencia en el sentido de que su padre era el desencantado por haber esperado siempre demasiado de él, preparándolo así para futuras desazones. Durante la etapa de víctima, Mark por fin aceptó que cuanto hiciera su padre: fallar en el cumplimiento de promesas, echándose atrás a última hora, quitándoles a sus hijos cosas que les había regalado poco antes y dejándolos mal frente a terceros, además de exigirles una lealtad absoluta y un acuerdo completo con sus opiniones paranoides, llegando castigos como el de dejar a su hijo durante horas fuera de la casa para hacerle pasar frío, no eran precisamente los métodos más apropiados para tratarlo cuando era niño.

"Lo odio por lo que me hizo", aseveró Terry tan pronto dejó de negar que las experiencias pasadas pudieron haberle causado cualquier cosa, menos mejorarla como persona. durante la etapa de víctima podía ver con claridad que las vejaciones sexuales de su abuelo habían sido cosas reprochables y no inducidas por ella, que él se había aprovechado obligándola a hacer cosa que por su escasa edad no podía entender y que, en suma, el abuelo le había dejado una herencia de confusión y dolor.

"Les interesaban más sus borracheras que mi persona", admite ahora Marcy con los ojos llenos de lágrimas... "Mis padres y sus actos destruyeron mi infancia y me dejaron viviendo en la confusión."

"No tenía que haber hecho lo que hizo", se lamenta Harriet. "Es posible que no haya sido la mejor esposa del mundo, tal vez estuve más dedicada a mi profesión que al matrimonio. Pero eso no le daba derecho a andar con otra. Y nada justifica que esté tratando de quitarme la tenencia de los chicos. No sé por qué está haciéndome estas cosas, pero las hace y eso no está bien."

En cualquier forma que lo diga, durante la etapa de víctima lo que está haciendo usted es quitarse de encima una buena parte de su carga de culpa para depositarla en los hombros de los otros, que son en realidad, de los que le hicieron mal. Esto le sirve porque a fin de alejarse del dolor pasado y perdonar a la gente que le hizo daño, primero tendrá que reconocer el hecho de que esos otros le hicieron daño y fueron responsables de los actos que le dolieron. Como consecuencia, durante la etapa de víctima lo que está haciendo usted es preparar el camino para proseguir la marcha que, elaborando aquellas dolorosas experiencias, lo conduzca hacia adelante en el proceso de curación.

Uno necesita saber y decir que es víctima de algo. "Solía pensar que estaba loca", dice Marcy. "Por mis reacciones frente a lo que fuera y por pensar que de verdad me sucederían cosas terribles si llegaba a equivocarme en algo. Por la manera de tratar de ejercer algún control sobre cosas incontrolables, sin poder descansar ni divertirme nunca porque siempre estaba observando a los demás para que no me dañaran, tratando en todo momento de anticiparme a cualquier cosa que pudiera andar mal. Ahora ya sé que muchos adultos que han sido hijos de alcohólicos actúan así. Desde luego no puedo decir que, por saberlo, me sienta mejor. A decir verdad, enterarme de que tengo tantos líos dentro de mi cabeza a causa de cómo eran mis padres y advertir todo lo que todavía debo hacer para reacomodar mi vida, me deprime y agota. Pero, por lo menos, todo tiene ahora algún sentido para mí".

Cuando uno convierte su aserto de "si sólo", de "si por lo menos hubiese procedido de otro modo, no me habrían lastimado", en "si por lo menos (él o ella) no me hubiese hecho mal, mi sufrimiento no habría durado tanto tiempo", se ha alcanzado por fin una explicación razonable para sus reacciones frente a diversas situaciones y para algunos de los problemas que lo han hostigado tanto tiempo. Desde luego que no es una explicación perfecta. No restablece el sentido del propio poder ni lo motiva para cambiar. Lo cierto es que durante la etapa de víctima se tiende a utilizarla para justificar su inacción y absolverse de la responsabilidad de mejorar las circunstancias presentes. Pero, por lo menos, uno se siente reconfortado, como lo fue Marcy, por la convicción de que no está loco, de que, en cambio, ha sido víctima de algo, y que quienquiera que haya atravesado por cuanto usted debió pasar no habrá tenido motivos para esperar que su vida fuera perfecta.

· *Usted necesita lamentarse por lo que perdió en razón de haber sido lastimado.* Si bien la cosa no es tan evidente como cuando se nos muere un ser querido, nos divorciamos o despiden del trabajo, ni tan obvia como todas las razones que por tradición se asocian con el proceso de lamentarse, todos perdemos algo cuando se nos lastima. Uno puede haber perdido su inocencia, la confianza, la seguridad que necesitaba cuando niño, el amor y la aceptación que esperaba recibir de sus padres, amigos, cónyuges o niños, o el aliento y el apoyo indispensables para considerarse valioso. Usted necesita elaborar su luto por esas pérdidas que fueron reales y dolorosas y de las que no puede lamentarse mientras siga negando su dolor o castigándose por lo que le pasó.

Durante la etapa de víctima, usted por fin se toma el tiempo necesario para lamentarse por lo que quiso tener y no logró, para sentir dolor por dentro y derramar océanos de lágrimas, para reconocer lo mal que se sintió y lo injusto que fue ser lastimado por alguien de quien esperaba amor, aceptación y aliento. Necesita hacer esto. Al igual que un viudo o viuda, necesita elaborar su duelo antes de seguir adelante.

También necesita concederse la atención y el consuelo que no recibió cuando lo lastimaron, tal como Suzanne aprendió a hacer.

> No había nadie a mi lado cuando se producian los vejámenes. Nadie que prestara atención al dolor por el que estaba pasando en ese momento. Nadie podía consolarme, porque nadie sabía lo que sucedía. No podían ver que estaba sufriendo y, a decir verdad, me parecía que ni siquiera podían verme. me sentia invisible.
>
> Cuando llegué a la etapa de víctima, me juré que tanto yo como mi dolor dejaríamos de ser invisibles. Tendríamos la atención que habíamos merecido siempre. Concedí la totalidad de mi atención a mí misma y al dolor sufrido. Pensaba constantemente en el incesto. Derramaba mis lágrimas por eso. En realidad, salvo cuando me levantaba y salía a trabajar, pasaba mis días sin pensar en otra cosa. Y, cada vez que se me presentaba la oportunidad, atraía la atención de otra gente, también refiriéndoles mi historia de dolor y llorando sobre su hombro. Ahora sé que necesitaba hacerlo, aunque no en la medida y durante el tiempo que lo hice.

Cuando dirige la atención hacia su dolor, rumia sobre el pasado y las circunstancias del presente, lo que hace es concederse la atención que alguna vez necesitó sin encontrar a nadie que se la prestara. Uno se encuentra sí en condiciones de consolar y reconfortar al niño asustado y dolido que lleva dentro. Y por lo menos hasta que los demás se cansan de oír nuestros llantos, lamentaciones y quejas, se cuenta también con la simpatía y la atención de los otros. "¡Oh, pobrecito!", será el comentario. "¡Qué experiencia más dolorosa! Tienes que haber sufrido muchísimo." Más vale tarde que nunca, piensa usted, y así se consuela con esas palabras gentiles y reconfortables que tanto necesitó haber oído cuando lo lastimaron.

Como le será fácil advertir, la etapa de víctima no tiene nada de lindo, pero es útil, durante un tiempo. Lo lamentable es que reconocer las propias necesidades durante la etapa de víctima es una peligrosa arma de doble filo. Echar la culpa de los problemas propios a los que lo dañaron, identificarse como víctima, llorar las pérdidas sufridas y prestar atención al propio dolor puede servirle sólo en pequeñas dosis, durante breves lapsos.

Y lo malo del asunto es que la mayoría de nosotros nos administramos una sobredosis de autocompasión mientras estamos en esta etapa. Cruzamos la línea entre llorar lo que perdimos y encontrar excusas para incurrir en excesos y francachelas sin modificar las cosas que podemos cambiar.

Pagar precio por representar el papel de víctima

Sin tomar en cuenta el libreto que haya elegido para representar el papel de víctima, dar ese paso siempre se cobra lo suyo tanto de usted como de quienes lo rodean.

Una autoestima baja, bajísima

La etapa de víctima causa a la estima propia un daño

aun mayor que el producido por la etapa de culpa. Es que uno ya no se siente tan bueno como pensaba —en más de un sentido—, sino que se llega a creer que no hay absolutamente nada que pueda hacerse para cambiar las cosas. Es el momento en que se convence de que las dolorosas experiencias sufridas en el pasado, permanente e irreversiblemente lo dañaron, con lo que muy bien podría llegar a considerarse tan débil, desvalido y condenado como para no merecer ser más ni mejor de lo que es. Como resultado de todo eso, su autoestima se reduce un poco más, por su incapacidad o su negativa, por su resistencia a intentar nada bueno, porque teme que sólo conseguirá perder lo poco que tiene. Se produce un miedo paralizante. Incluso, más que su desesperanza, ese miedo hace que rechace a quienes podrían ayudarlo, desoiga cualquier consejo que podría hacerlo salir de la etapa de víctima y, en resumidas cuentas, corte todos sus vínculos con el resto del mundo. Todo esto, de más está decirlo, hace que el ciclo se mantenga.

Suicidio sistemático

El que no gusta de sí mismo, deja de cuidar la propia persona. Si llega a creer que pena, desazón y muy poco más es cuanto puede esperar de la vida, no estará particularmente interesado en prolongar su vida. Durante su etapa de víctima, no hace nada que pueda mejorar su calidad de vida y, de hecho, empeora las cosas. Lo que hace en tales circunstancias —desde el abuso de sustancias y el exceso de comidas para alejar a quienes podrían ayudarlo— y lo que no hace —desde abandonar el ejercicio hasta olvidar las regulares visitas al médico—, sencillamente acortan su vida. Uno va matándose un poco cada día, cometiendo lo que se denomina suicidio sistemático.

Con frecuencia hemos oído decir a los especialistas en prevención del suicidio, que éste es "una solución permanente para un problema temporario" y en esa definición encaja a la perfección el suicidio sistemático. El daño que causamos a nuestra salud, tanto física como emocional, puede durar hasta mucho después de haber salido de la etapa de víctima. Y, lo peor es que, puesto que tanto lo que hagamos como lo que dejemos de hacer mantiene bajo nuestro nivel de energía, tenemos sentimientos de vergüenza o de culpa el día siguiente, o nos cargamos con problemas nuevos y, al parecer, insuperables; nos sentimos más desamparados y sin esperanzas —y quedamos estancados en la etapa de víctima—.

Lograr exactamente lo que trata de evitar

Harriet se sintió deprimida en extremo, cuando alcanzó la etapa de víctima. Se sintió triste, con poca energía, y usó la que tenía para evitar que su ocupación corriera la misma suerte que su matrimonio. "Me quedé completamente sin ganas", dice. "Nada me motivaba. Rechacé invitaciones, me negué a salir y me costaba dejar mi casa como no fuera para ir a mi trabajo. Por la noche lloraba hasta quedarme dormida, si es que conseguía conciliar el sueño."

La relación de Harriet con sus hijos pasó momentos difíciles durante esa etapa. No podía estar junto a ellos para apoyarlos. No tenía nada para darles, ni en lo físico ni en lo emocional, y eso afectaba a los pequeños. Como ella misma lo recuerda, "le decían que ya no los entretenía", y asevera: "¿Cómo podrían esperar que fuera divertida. Su padre me había destrozado. Hecho añicos mi vida. Y ésas no son cosas como para reírse y cantar". Los chicos querían —y necesitaban— que la madre cumpliera su papel de tal con ellos, no estaban pidiéndole risas ni canciones, sino que demostrara interés en ellos, que les diera aliento y los valorara, que les fijara límites y los ayudara a entender y enfrentar el divorcio y la batalla por la custodia que los estaba lastimando también a ellos. En realidad, era responsabilidad de Harriet como mamá satisfacer o, al menos, intentar satisfacer dichas necesidades, pero le era imposible hacerlo en el estado de depresión y desaliento en que se encontraba.

Una noche, durante la cena, cuando —como de costumbre— la mente de Harriet estaba enderezada hacia sus problemas, no veía los intentos de su hija para transmitirle algo importante, y ésta se enojó tanto que le dijo: "Tal vez *tendríamos* que irnos a vivir con papi. Por lo menos, él nos presta atención". Y la situación de definió.

"Comprendí de pronto que estaba a punto de ser causa de lo que más temía", recuerda ahora Harriet. "Temía muchísimo quedarme sin los niños, pero por el hecho de sentir lástima de mí misma y estar demasiado implicada en mis propios problemas, estaba convirtiéndome en esa madre despreciable que —según decía mi ex marido— era yo, en esa clase de progenitor que en realidad no merece que sus chicos lo quieran y le sean leales. *Yo era la que estaba haciendo que ocurrieran las cosas que no quería que pasaran."*

Y, precisamente, eso es lo que uno hace cuando queda atrapado en la etapa de víctima. Sus temores más grandes se cumplen tanto si le tiene miedo al rechazo como al abandono, al engaño, a la crítica o al abuso. Las consecuencias negativas que uno esperaba soslayar se tornan nuevas realidades que han de enfrentarse, *además* de enfrentar las viejas heridas y los asuntos inconclusos del pasado.

Las víctimas engendran víctimas

El aspecto más desastrozo de la etapa de víctima y la razón de que sea absolutamente esencial que nos arranquemos de ella con todas nuestras fuerzas es que las víctimas no hacen sino engendrar víctimas. Nunca es nuestra intención perpetuar el ciclo de dolor y miseria, pero eso es lo que *siempre* sucede cuando quedamos empantanados en la etapa de víctima.

Aunque ello no justificara su comportamiento ni cambiara el hecho de que yo hubiera sido lastimado por lo que me hiciera en el pasado, no mucho antes de la muerte de mi padre me enteré de que también él había sido sometido a abuso sexual cuando niño. Eso no le daba derecho a abusar de sus hijos, desde luego, pero arrojaba alguna luz sobre las razones de que el incesto se produjera en nuestra familia.

Las víctimas engendran más víctimas, y por cierto que mi padre era una víctima. Lo lastimaron cuando niño y lo despojaron de su dignidad de adulto cuando se hirió en la espalda y ya no pudo trabajar para sostener a la familia. Carecía de la lucidez, el apoyo o los recursos necesarios para elaborar ese dolor, y en lugar de hacerlo lo pasó a sus hijos, obligándonos a que nos entendiéramos con él durante décadas.

Si bien yo no abusé física ni sexualmente de nadie, durante cierto tiempo estuve perpetuando el ciclo. Mientras vivía obsesionada con mi proceso de curación y mi propio dolor, al igual que Harriet, fui incapaz de cumplir con mis responsabilidades como madre. Sufrieron mi hija y nuestras relaciones porque yo estaba demasiado ocupada en seguir siendo víctima como para convertirme en mamá. Felizmente, ya hemos reparado la mayor parte del daño y reconstruido nuestra relación, pero lograrlo demandó años de trabajo duro y mucho dolor que pudieron haberse evitado.

Tanto cuando usted se revuelca en el dolor y descuida a los que ama, cuando se autodisculpa y, como resultado, lastima a otros, como cuando con su enojo injustificado inflige heridas a terceros, no hace sino perpetuar el ciclo de la victimización. Cada día que se permanece en la etapa de víctima es un día en el que puede lastimar a alguien, y además de causar ese daño, usted vuelve a lastimarse a sí mismo —acumulando vergüenza y culpa que no harán sino bloquear el propio proceso de curación y los propios esfuerzos para perdonar a los que alguna vez lo convirtieron en víctima.

Romper el ciclo: Salir de la etapa víctima

Lo hicieron víctima. Es un hecho. En aquel momento era usted un ser indefenso y no estaba en condiciones de controlar a las personas o los hechos que lo lastimaban. Esto también es un hecho. En este momento, su vida es menos de lo que podría ser como resultado de haber sido lastimado, y a raíz de lo que hizo en razón de ello. Sí, también esto es un hecho. Sin embargo, todo lo demás es *opción*. El hecho de continuar revolcándose en el propio barro, autodisculpándose y convirtiéndose en un protestón. Hacer muy poco y esperar todavía menos es su propia elección. Repetir viejas pautas y engendrar nuevas víctimas son consecuencias de su opción de permanecer en la etapa de víctima. Pero ha llegado el momento de elegir otras cosas, tomar decisiones inteligentes que restablezcan su fuerza y su esperanza —sin herirse usted ni nadie más—.

Esto no será fácil. Salir de la etapa de víctima es algo que se parece mucho a tratar de mover una gran roca que ha caído en medio del camino. Es un trabajo imposible de cumplir sólo con sus manos, algo que no se puede hacer sólo empujando con todas sus fuerzas. Es algo que ya sabe, porque alguna vez intentó arrancarse el dolor y la miseria y fracasó. Le ofrecemos una alternativa.

Volvamos un instante al ejemplo de la roca. Para poder desplazarla, lo mejor que puede usar es una palanca, introducir una gruesa varilla de hierro o un bastón de madera dura debajo de la piedra, poner una más pequeña entre usted y la roca como punto de apoyo, y aplicar su fuerza en ese punto para levantar la roca en el otro extremo.

El mismo principio —al que denominamos la "teoría del punto de apoyo"— puede aplicarse para desplazarlo a usted de la etapa de víctima. Al adoptar actitudes y perseguir actividades incompatibles con la condición de víctima y al evitar seguir sintiéndose una víctima, dejará de verse como tal y en consecuencia ya no actuará siguiendo aquel viejo libreto del desamparado. Puede empezar por prestar más atención a esos aspectos de su vida y de sí mismo que no sean los dolorosos, tristes y miserables.

Quitarse sus anteojeras de víctima

Mientras siga dedicando su energía y su atención a lo que está perdiendo de su vida, la propia vida pasa de largo junto a usted. Mientras siga atrapado en la etapa de víctima, la única ocasión en que deja de observar el daño causado por sus pasadas experiencias dolorosas es cuando se lanza con frenesí a buscar una gratificación en las sustancias o las actividades que, según anhela, le devolverán su integridad. Mientras tanto, lo que hará ha de ser olvidar por completo que hay en la vida algo más que sufrimientos y dolores, que también hay diversión, risas, amor, productividad y aventura. Con las anteojeras de la etapa de víctima puestas, sencillamente no podrá ver ese anillo de oro que podría alcanzar con sólo extender la mano, y por lo tanto no la extiende. Y aquí tiene una opción.

"Puede optarse entre ser agradecido o desagradecido, positivo o negativo, entre perdonar y no perdonar", afirma Philip H. Friedman, director ejecutivo de la Fundación para el Bienestar, citado por el columnista Darrell Sifford, en el número del 9 de enero de 1989, del *Philadelphia Inquirer*. "Puede incluso agradecerse a la adversidad, porque la adversidad, en más de un sentido, obliga a crecer."

"Usted elige creencias y actitudes", prosigue Friedman. "Cuando opta por ser positivo, las cosas positivas empiezan a suceder. Aquello hacia lo cual dirija su atención, expandirá su vida. Atraerá según lo que irradie."

A pesar de que este concepto a primera vista pueda parecer simplista o mágico, para advertir su validez le bastará con considerar qué estuvo haciendo mientras vivió como una víctima. Estuvo irradiando dolor y miseria, con lo que obtuvo más de lo mismo. Desempeñó el papel de víctima de acuerdo con un libreto que siempre terminaba de la misma manera y así habrá de seguir terminando. Por lo tanto, ¿por qué no intentar algo diferente y nuevo? No tiene nada que perder, como no sea su dolor.

Hacer espacio a una perspectiva positiva: un ejercicio de visualización

Antes de adoptar una perspectiva más positiva, tiene que hacerle lugar a una entrada positiva. Sus circuitos se encuentran sobrecargados de negatividad y tienen que limpiarse, por lo menos, temporariamente, para que puedan entrar los mensajes de gratitud, optimismo y aliento. La siguiente visualización, recomendada por Philip H. Friedman, es de rigor para aquellos que se encuentren todavía en la etapa de víctima y también resulta beneficiosa para quienquiera que se encuentre en cualquier otro punto del proceso de curación.

> Relájese, cierre los ojos e imagine que está viendo un globo del que no pende la barquilla de costumbre, sino un cajón de basura. En ese momento, el globo está amarrado en tierra. Véase caminando hacia el lugar, destapando el cajón de basura y arrojando en su interior toda su propia basura emocional. Llene el recipiente de viejas injusticias sufridas y antiguas heridas soportadas, de resentimientos y declaraciones de autorreprobación, sus sentimientos desesperanzados, sus desventuras. Haga trizas la etiqueta de víctima que lleva pegada y arrójela también allí. Y, de paso, ya que está, quítese las anteojeras, rómpalas y métalas con lo demás.

Después vuelva a tapar el cajón, suelte el globo y válo ascender lentamente, flotando en el espacio, llevándose sus pensamientos de víctima, sus sentimientos dolorosos y sus comportamientos pasados. Siga mirándolo hasta que ya no sea más que un puntito en el cielo, en tanto recita para sus adentros: "He soltado mis heridas".

Mientras siga elaborando su salida de la etapa de víctima, trate de recurrir a esta visualización todos los días. Podrá seguir utilizándola cuantas veces la necesite en su proceso de curación, siempre que advierta que vuelve a sentirse víctima.

Desde luego que eso de imaginar todos sus desperdicios emocionales alejándose en un cajón de basura colgado de un globo no habrá de curar todas sus heridas. Pero sí le permitirá apartarse de la pena aunque sea unos minutos, cuando no horas y hasta días, con lo que habrá de quedar en libertad para intentar un avance. De la misma manera, dejará en usted terreno libre para que desarrolle lo que quienes siguen los programas de recuperación en doce pasos denominan "una actitud de agradecimiento".

El ejercicio de gratitud

Mientras se mantenga atrincherado en su propia condición de víctima, claro que le será difícil sentir gratitud por lo que sea. En realidad, si lleva puestas las anteojeras de víctima, ni siquiera advertirá algo que merezca un sentimiento de gratitud. Estará viendo sólo aquello que *no* tiene y advertirá que ese poquito que tiene no le hace demasiado bien. Como consecuencia, podrá resistirse a hacer el siguiente ejercicio, pero lo instamos a que, de todos modos, por lo menos, pruebe. No le va a quitar nada, y sí podría darle una visión más optimista de la que ha tenido desde hace mucho, mucho tiempo.

A partir de los dedos de sus pies y desde allí en más,

diga que está agradecido por todas y cada una de las partes de su cuerpo. Repítase "Doy gracias por los dedos de mis pies. Doy gracias por mis pies. Estoy agradecido por mis tobillos (piernas, rodillas, muslos, etc.)". Por cierto que no está obligado a *sentirse* agradecido todavía. Al decir que lo está, meramente está reconociendo la posibilidad que un día eso se convierta en realidad. Exprese su agradecimiento por cada parte de su cuerpo a pesar de sus imperfecciones. Porque su cuerpo no tiene por qué ser perfecto para que lo aprecie. Puede odiar sus muslos o desear una nariz distinta, pero piense: ¿cómo sería si no los tuviera de ninguna manera?

Pase luego a las *cosas* que tiene o posee y, como en el caso anterior, no se preocupe por su calidad. Diga que está agradecido por su coche y su departamento, aunque no se trate del mejor auto del mundo y su departamento no sea totalmente de su agrado. Refiérase en la misma forma al mayor número de cosas en que pueda pensar: sus muebles, su trabajo, sus zapatos. Si tiene todo eso, reconózcalo.

Haga después lo mismo con la gente de su vida, por muchos defectos que esas personas pudieran tener. Por último, exprese su gratitud por *todo* cuanto haya logrado realizar en las últimas veinticuatro horas, empezando por el hecho de haberse levantado de la cama esa mañana bien hasta haber dormido por la noche.

Repase esa lista de gratitudes —de ser posible— todos los días; pero, por lo menos, hágalo tres veces por semana. El tiempo que pase haciendo eso será un tiempo que *no* desperdiciará pensando en las cosas de las que carece. Pero, lo que es más importante, ese ejercicio le ayudará a reconocer que su vida, aunque no sea necesariamente tal como le gustaría que fuese, cuenta con más aspectos valiosos de los que pensaba.

Cuando se haya habituado a pasar lista a todo lo que puede agradecer, empezará a buscar cosas nuevas para seguir dando gracias. Cada vez que repita el ejercicio, intente reparar en tres personas, hechos o interacciones positivas en que no haya reparado antes y que después de todo no le parezcan tan despreciables como pensaba. Desde luego que tales cosas no tendrán que ser necesariamente descomunales ni estremecedoras. Le bastará, por ejemplo, con agradecer el no haber tenido que sufrir ese día un embotellamiento de tránsito, pensar con agradecimiento en ese mozo del café que vino a traerle una jarra de agua sin que lo pidiera, un empleado que lo atendió con amabilidad, ese dibujito que su hijo le trajo del jardín de infantes especialmente para usted, o sólo haber disfrutado de un día de buen tiempo. Créanos: tan pronto comience a buscar cosas positivas, habrá de *encontrarlas*. Habrán estado allí siempre.

Comportamientos de no víctima

Mientras siga pegado a la etapa de víctima, habrá de desarrollar una considerable habilidad y mucha experiencia en comportamientos de víctima, desde revolcarse en su autocompasión hasta gustar de una jeringa con drogas. Dejará atrás la condición de víctima, cuando aplique la misma diligencia a los comportamientos constructivos, autoimpulsores de no víctima.

Son actividades de no víctima aquellas que subrayan la autoestima, expanden sus horizontes, mejoran sus condiciones físicas o el estado emocional, y le impiden seguir sintiéndose víctima, por lo menos, mientras está desarrollándolas. Incluyen las "adicciones positivas" y los esfuerzos progresivos por mejorar el propio bienestar en general, como el ejercicio metódico, la dieta sana, los hobbies, la jardinería, el aprendizaje de un oficio, los cursos de educación para adultos, la participación en grupos de apoyo, donde incluso podría actuarse como consejero, momentos de tranquilidad para distenderse o meditar, y tantas otras cosas. Podrían figurar también entre dichas actividades esas pequeñas cosas que se hacen periódicamente por breves lapsos, como caminatas en el bosque, los baños de burbujas, jugar con sus niños, la concurrencia a conciertos o museos, una cena romántica a la luz de las velas con su esposo/a o cualquier otra cosa que pueda hacerlo sentir bien y, aunque sea por unos minutos, obligue a su mente a apartarse de los problemas.

Si bien cuando lleguemos al último capítulo habremos de detallar más ese tipo de estrategias para el bienestar, le aconsejamos que desde ya empiece a tomarse su tiempo para elaborar una lista con diez o doce comportamientos de no víctima que ahora mismo podría aplicar a su vida diaria. Cuando tenga la lista, ejecútelos, a pesar de los pretextos de su parte de víctima. Cada minuto que pase ocupándose de esos comportamientos o actitudes, será un minuto que dedicará a no sentirse víctima.

Satisfacer las necesidades en forma constructiva

Tal como hemos dicho ya, muchas de sus heridas sin cicatrizar y gran parte de sus asuntos inconclusos pueden rastrearse hasta llegar a necesidades insatisfechas en el pasado, cosas que quiso y no logró cuando lo lastimaron o después de esto. Cuando las cosas se observan desde la posición de víctima, es posible creer que, en vista de que no obtuvo esas cosas en su momento, deberá vivir sin ellas por siempre jamás. Pero esa conclusión no es cierta. *Puede* satisfacer sus necesidades, cualesquiera que sean, tan pronto abandone el mito de que Papito, Mamita o que quienquiera que lo haya lastimado es la única persona que puede hacerlo cuando deje intentos fútiles para satisfacerlas personalmente con comportamientos de víctima.

Primero, deberá identificar sus necesidades insatisfechas. Así que pregúntese: "¿Qué necesidades estoy tratando de satisfacer con mis comportamientos de víctima? ¿Estoy buscando amor, aceptación, pertenencia, poder cuidar o ser cuidado, intimidad, seguridad, aliento, una identidad o alguna otra cosa?".

Estrategia de clarificación número 8: Identificación de necesidades

Sobre el margen izquierdo de una hoja de papel haga una lista de todas aquellas necesidades que estuvo tratando de satisfacer, de una u otra manera, desde el momento en que lo lastimaron. En esa lista, deje un buen espacio entre cada necesidad.

Desde luego que, para muchos, el verdadero problema nunca fue la necesidad insatisfecha en sí misma, sino más bien *quién* esperaba que la satisficiera. Casi todo su dolor y, por cierto, su imposibilidad de perdonar se relaciona con el hecho de que la persona que lo hirió retuvo algo que usted deseaba desesperadamente de ella. Así que formúlese esta pregunta: "¿Quién dejó de satisfacer esa necesidad, cuando y en la forma en que yo esperaba (o ansiaba) que ellos lo hicieran?".

Al lado de cada una de las necesidades de esa lista ponga el nombre, las iniciales o una descripción de la o las personas que no satisficieron aquellas expectativas cuando podían o debían hacerlo.

Divida el resto de la página en otras tres columnas. Titule la primera de ellas "Cosas que hice", y piense en sus actitudes de revolcarse en el fango, autoindulgencia o cosas intolerantes que pudo haber realizado. ¿Qué estaba tratando de lograr a través de tales conductas? Compare sus actos con sus necesidades, tome nota de todas aquellas formas con las que intentó satisfacer cada una de las necesidades de su lista.

Por ejemplo, con la esperanza de satisfacer su necesidad de amor, es posible que haya buscado la simpatía de otros, contándoles una y mil veces su historia de dolores, angustias, quejas, haciéndose el mártir y todo lo demás. O con el propósito de *compensar* alguna necesidad no satisfecha, quizás haya buscado consuelo en la comida, el alcohol, el juego, las drogas, el sexo o haya preferido descuidarse o *no* limpiar la casa. Es conveniente poner mucha atención en esta parte del ejercicio, porque puede proporcionarle una visión enorme de cómo y por qué procedió como una víctima en el pasado y sigue haciéndolo en la actualidad.

Siempre en la misma columna, dibuje un círculo en torno de cada comportamiento que sigue conservando. Marque con un asterisco (*) cada uno de los comportamientos que de verdad pudieron satisfacer su necesidad *sin* dañarlo ni perjudicar a terceros. Podríamos apostar a que son muy escasas las posibilidades de que pueda poner muchos asteriscos.

El título de la segunda columna será "Qué puede hacer en cambio", y trate de recordar por lo menos una alternativa *constructiva* para resolver cada una de sus necesidades. Por ejemplo, si necesitaba reconocimiento, podría haber efectuado trabajos voluntarios, unirse a un grupo teatral comunitario, presidir o intervenir en un comité, organizar ventas de beneficencia para escuelas u hospitales, entrenar a grupos deportivos infantiles o, en suma, mostrarse más activo y estar más presente en otras formas en el trabajo o en su comunidad.

Si necesita guía, apoyo o aliento, podría obtener consejo, unirse a un grupo de apoyo, involucrarse en un programa de recuperación en doce etapas o prestar atención a las sugerencias que personas conocidas por usted pueden ofrecerle. Por favor, no salga en busca de la alternativa "perfecta". Eso es algo que no existe, y vivir a la espera de que se presente es una de las razones de que se haya quedado empantanado.

Finalmente, rotule la tercera columna: "¿Hacia quién dirigirme?". Pues bien, por lo menos por ahora, reconozca sencillamente que sus necesidades no habrán de ser satisfechas hoy por quienes no lo hicieron antes. Así que deberá buscar otros horizontes, y preguntarse: "¿Quiénes son las personas relacionadas con mi vida en este momento que podrían darme, por lo menos, algo de lo que necesito? ¿Quién más (un terapeuta, miembros de grupos de apoyo, nuevos amigos, viejos amigos con las que ha perdido contacto, etcétera) podría llenar alguna de esas necesidades de las que he tratado de ocuparme yo solo? Cruce cada necesidad con los nombres, iniciales o títulos que describan a esas personas que podrían ayudarlo a llenar hoy esa necesidad. No es realista ni saludable esperar que una sola persona pueda satisfacer todas sus necesidades ni siquiera plenamente una sola de ellas, de modo que no trate de nombrar a alguien como su salvador. Establezca, en cambio, una *red* de apoyo potencial, con varias personas en condiciones de contribuir a que usted logre algo de todo lo que necesita.

Cuando tenga las respuestas a esta estrategia úsela como cimiento, sobre esa base podrá de inmediato dar los pasos necesarios para obtener un consuelo *real* a través de la amistad, la asesoría, los grupos de apoyo, el compromiso comunitario, la redacción de un diario de su vida, logros diversos, etcétera.

El punto de partida

La autoestima constituye la base inicial en el proceso de curación y perdón. Sin ella, lo más probable es que uno siga lastimándose a sí mismo, que espere poco de su propia persona y hasta se convenza de que no es merecedor de nada mejor. Es que su autoestima ha estado soportando gran parte del daño y durante muchos años. Se dañó cuando lo hirieron por primera vez y volvió a lastimarse una y mil veces cuando la negación lo mandó a callejones sin salida, cada vez que intentaba algo. El sentimiento de autoculpa no hizo sino diezmarla y cayó cada vez más bajo, como resultado del desamparo y la desesperanza que sintió en la etapa de víctima.

Por fortuna, la autoestima puede repararse y restablecerse. Así como ha aprendido a *no* gustar de sí, puede aprender lo contrario. Desde luego que será necesario trabajar en ello. Habrá que correr riesgos, ser productivo y elegir como modelo la conducta de aquellas personas que han demostrado poseer una autoestima muy superior a la de uno. Tendrá que descubrir sus diferencias con respecto a otros, como un reflejo de su condición de ser único en lugar de considerarlo como prueba de que usted no es lo suficientemente bueno. Tendrá que ejercitar su poder personal, realizando elecciones en lugar de limitarse a reaccionar frente a las circunstancias, y tendrá que conectarse con personas que lo apoyen.

Cada uno de esos bloques para la construcción de la autoestima se explorará con más detalle en lo que falta de este libro, pero eso no quiere decir que deba esperar más de un segundo para poner manos a la obra y empezar ahora mismo a reconstruir su autoestima. Al dar un paso —por pequeño que sea— para salir de la etapa de víctima, automáticamente estará sintiéndose mejor. Cualquier cosa, y estamos queriendo decir lo que sea, vale más que sentirse víctima.

Claro que la parte de víctima que llevamos dentro nunca habrá de retirarse del todo, y así como ello fue verdad para las otras etapas del proceso de perdón, siempre tendrá que esperar una recaída, de vez en cuando, en la etapa de víctima.

Pero, por lo menos, ahora ya sabe que sentirse víctima es una opción: la *suya*. Puede elegir lo que mejor le parezca, dejar de considerar al que se revuelca, se disculpa o protesta que todavía vive en su fuero interno, y salir otra vez a la luz cuando lo desee.

No se puede discutir que la forma más rápida de salir de la etapa de víctima consiste en indignarse con lo que le sucedió. Esa indignación provee toda la energía de la que careció durante la etapa de víctima y un poco más. También lo manda de la freidora al fuego en el momento en que ingresa en la etapa de indignación del proceso de curación, lo que habremos de tratar en el capítulo siguiente.

8

La etapa de indignación

"En verdad, mi padre la tenía conmigo", declara Mark, pronunciando las mismas palabras una y otra vez a lo largo de toda su etapa de víctima. Pero ahora esos mismos términos suenan diferente. Mark ya no aparece quejoso o lloriqueante, ni se lo ve agotado o exhausto cuando repite lo mismo. Manifiesta, en cambio, con toda firmeza, cuál es su caso y lo hace con autoridad y enfáticamente, sobre todo cuando agrega: *"Y no le asistía ningún derecho para proceder así"*.

"Mis padres fueron un par de borrachos que me arruinaron la infancia", afirma Marcy. Ahora ya no hay lágrimas en sus ojos. Ya no se advierte el viejo temblor en su labio inferior. No sigue mirando al suelo. No, ahora Marcy mira directo a los ojos. En realidad, ahora resplandece. Pero de indignación, de furia, con ira. "Se suponía que eran responsables de nosotros, y lo echaron todo a perder. Ahora mi papá ha muerto y mi madre se ha vuelto abstemia, y se supone que así todo habrá de andar bien. Pues bien, no es así. Estoy enojada, y no voy a fingir que no lo estoy. *¡Ya he pasado demasiado tiempo simulando!"*

Mark y Marcy han llegado a la *etapa de indignación* en el proceso de perdón. Esta etapa, al igual que las anteriores, tiene sus recaídas, pero es innegable que *indignarse es muchísimo mejor que considerarse víctima.*

Tan pronto alcanzamos la etapa de indignación, dejamos de sentirnos desesperados y desamparados. Tal vez no sepamos *cómo* mejorar nuestra vida, pero volvemos a creer que es posible hacerlo. Llegamos a comprender por fin que *merecemos* liberarnos de dolores y miserias, desprendernos del exceso de equipaje y seguir adelante más aliviados.

Durante la etapa de indignación experimentamos asimismo un resurgir de la vieja ira que puede llegar a hacernos sentir como una bomba de tiempo a punto de estallar. Y a veces estallamos. En razón de que tal vez no hayamos aprendido a utilizar y manifestar la ira de manera sana y constructiva, corremos el riesgo de hacer y decir cosas que no serán motivo de orgullo para nosotros y que, en realidad, quizá causen más mal que bien.

Se habrá dado cuenta ya de que, lo mismo que pasaba con las precedentes etapas, ésta de la indignación es un arma de doble filo. Las mismas cosas que pueden impulsarlo hacia una dirección positiva también lo pueden dejar pegado. No obstante, si *puede* evitar las diversas asechanzas de la etapa de indignación, se habrá acercado más a la curación y el perdón que en ninguno de los momentos anteriores y por eso abrigamos la esperanza de que este capítulo habrá de serle muy útil.

Lo bueno, lo malo y lo feo de la etapa de indignación

"Me niego a permitir que esto siga afectando mi vida", nos asegura Terry. Y a pesar de que está charlando con nosotros por teléfono, casi podemos verla apretando los labios y pisando fuerte mientras declara su independencia de las heridas sin cicatrizar y los asuntos sin terminar que fueron regla de su vida desde la primera vez en que su abuelo abusó de ella. Podrá recordar el lector que mientras pasó por la etapa de negación, Terry insistía en negarse (y en negar a los demás) que la hubiera afectado el incesto. Pero ahora, impulsada por una ira justificada y correcta, un enojo apropiado a la luz de las cosas por las que pasó, y con su dolor dirigido a la fuente en lugar de hacerlo contra el blanco más cercano, Terry saca al aire libre sus resentimientos y sus rencores en lugar de seguir cavando ese gran pozo para enterrarlos. Y también usted habrá de hacer lo mismo.

Llegado a esta etapa, uno por fin se pone de pie sin ayuda de nadie y con toda claridad y enfáticamente manifiesta lo que le parece aceptable y lo que no considera como tal. Lo mismo que pasa con Terry, durante la etapa de indignación se llega a comprender que no se quiere ni se tiene por qué seguir siendo víctima, ni por un minuto más, a causa del daño que otros le infligieron.

Su indignación cuenta con todo el potencial necesario para constituirse en *la fuerza de motivación que lo empuje a cambiar para mejor.* Cuando por fin consigue decir "esto no me gusta y no lo aceptaré más", también habrá encontrado la fuerza interior necesaria para agregar: "Esto lo voy a cambiar", y estará hablando en serio.

"Descubrí al fin lo que estaba haciéndome a mí misma cuando Steve volvió a entrar en mi vida", explica Melinda. "Tropecé con él durante un seminario ofrecido por una organización de profesionales a la que pertenezco, y después salimos juntos a tomar algo."

Allí fue cuando Melinda supo que Steve se había casado con aquella chica con la que estaba saliendo cuando terminó su relación con ella. "Me dijo que su matrimonio había sido un error", sigue diciendo Melinda. "Que supongo era exactamente lo que yo quería oír. Me manifestó que se sentía muy mal y yo, desde luego, para entonces me había convertido en toda una experta en eso de hacerme cargo de los que se sienten mal. Tal vez vi entonces mi oportunidad de 'estar allí' para él, en la forma en que, según sus palabras, yo no había estado la última vez. Eso no lo sé. Pero terminamos teniendo algo entre los dos".

El asunto que iniciaron esa vez duró cerca de un año, hasta que Melinda advirtió la presencia de la mujer de Steve en un centro comercial. "Estaba embarazada en un grado muy avanzado", recuerda Melinda. "Y me llamó mucho la atención el hecho de que Steve nunca me hubiese dicho una palabra al respecto. Me sentí muy avergonzada de mí misma durante un instante, y después monté en cólera. Saltaba a la vista que el matrimonio de Steve no era tan desdichado como decía y resultaba tan claro como el cristal para mí que, llegado el momento de elegir, él se quedaría nuevamente con ella. En ese momento podría haberlo estrangulado. Ya me había destrozado una vez, y rechacé de plano que volviera a hacerlo".

Melinda puso punto final a su amorío y pasó muy poco tiempo lamentándose por lo perdido. "Después de todo, ya lo había hecho antes", dice. "Durante años había llorado aquella pérdida". Así que en lugar de seguir doliéndose se observó con mirada fría, desapasionada y honda, y recapacitó sobre la vida que estaba llevando. Por fin llegó a la conclusión de que no le gustaban las clases de relaciones que venía sosteniendo desde que Steve la rechazara la primera vez.

"Ya no me volverá a suceder", proclama Melinda. "Basta de hombres que otras están rebotando. Basta de pajaritos heridos que vienen a que los cuide para que puedan alzar de nuevo el vuelo. Basta de hacer castillos en el aire con hombres a los que apenas conozco, castillos que se desploman tan pronto el tipo no está de acuerdo con mis fantasías, para después salir en busca de un poco de sexo con el primero que me mira dos veces. Estoy enferma y cansada de tanto rechazo, inseguridad y dolor. Steve lo empezó, pero *voy a liberarme de eso de una vez y para siempre.*

Si bien gran parte de la indignación y la furia de Melinda se dirige ahora a lo que ella misma hizo por haber sido lastimada, lo cierto es que ya no se desprecia ni se castiga como lo hacía en la etapa de autoculpa. Su ira apunta ahora hacia afuera y le permite *establecer límites acerca de cómo quiere que la traten en el futuro.*

Con esa furia, en lugar de sentir vergüenza o autocompasión, mientras esté en la etapa de indignación, también usted declare que está cansado, enfermo, por sentir, pensar y actuar con la influencia de su dolorosa experiencia pasada. "Nunca más", exclame en voz bien alta y con toda claridad, con lo que está fijando su propia línea de partida al referirse al tratamiento que sencillamente ya no habrá de aceptar. Si emplea su indignación de manera constructiva, en realidad estará en condiciones de aferrarse a esa línea y dejar de insistir en las viejas pautas de comportamiento autodestructivo. Podrá comenzar, en cambio, una venganza que limpie su camino de una serie de obstáculos.

A impulsos de esa energía provista por la ira, muchos de ustedes harán cambios dramáticos al pasar por esta etapa. Abandonarán las cuestiones sin salida, se alejarán de toda relación insatisfactoria o abusiva, se embarcarán en programas deportivos y dietéticos, volverán al estudio, terminarán tantos proyectos iniciados hace años, o por fin saldrán en busca de ayuda profesional para terminar con lo que haya quedado inconcluso.

Sin embargo, habrá algunos que *no* usarán la indignación de manera constructiva. En lugar de eso, gastarán buena cantidad de tiempo y energía deseando —y algunas veces intentando— castigar a quienes los lastimaron, deseando que el mismo daño caiga sobre ellos, esperando que los otros sufran tanto como ustedes sufrieron, y recordándose a sí mismos que les deben una disculpa o tendrían que pagarles en alguna forma por lo que les hicieron. La indignación, si bien es sana y necesaria en sí, con mucha frecuencia se *expresa* en forma nada saludable como en los interminables juegos para consolar hombres rechazados en que incurría Harriet. "Algo saltó ante mis ojos", nos dijo, cuando su hija la comparó con su ex marido, sugiriendo que sería más feliz con un padre que le prestara atención que con una madre que estaba todo el día deprimida o pensando en otra cosa. Durante meses, después de aquella confrontación en la mesa de la cena, Harriet estuvo tan indignada como antes había estado deprimida.

"Quería saber cómo conseguía él terminar siendo el bueno", dice Harriet, pasando revista a todo lo que pensaba en ese tiempo. "Me había traicionado, engañado, trampeado, y terminaba echándome toda la culpa encima. Me sentía tan humillada como agotada al ver que él sencillamente seguía con lo suyo. El había empezado la batalla por la custodia, que estaba secándome tanto en lo financiero como en lo emocional, puesto que vivía con el constante temor de perder a mis chicos."

"Estaba absolutamente furiosa. No quería que él volviera a disfrutar de un solo momento más de paz o felicidad en toda su vida."

Movida por su ira y con un deseo poco menos que insaciable de venganza, Harriet pasó de inmediato a los hechos. Con todo éxito logró establecer límites a las visitas de Larry aduciendo que él las aprovechaba para ganarse el cariño de sus hijos, que algunas veces incluso llegaba a dejarlos ir a la cama más tarde que de costumbre en días de clase y solía hacerlos faltar a la escuela para llevarlos de vacaciones algún fin de semana largo. Con eso, según era de esperar, se tornó más encarnizada la batalla por la custodia. Y después, como estaba decidida a ganar esa guerra, Harriet terminó por hacer exactamente lo que hiciera Larry, accediendo a todos los caprichos de sus chicos, tratando de comprar su amor y su lealtad por medio de costosos regalos que más de una vez, al contrario de lo que sucedía con su ex marido, ella no podía pagar.

Harriet ya no pudo encontrarse en la misma habitación con su ex marido ni hablar con él por teléfono sin desbocarse. Y si bien no lo criticaba o disminuía cuando hablaba con sus hijos, por cierto que hablaba mal de Larry a sus amistades y parientes, a sabiendas de que los chicos andaban cerca y no podían dejar de oír sus palabras. Algunas veces hasta llegó a llamar por teléfono a su marido en horas de la madrugada para colgar cuando él respondía.

Harriet no se sentía orgullosa de su comportamiento durante este período del proceso de curación. En realidad, más de una vez llegó a odiarse a sí misma por lo que sentía y hacía. Decididamente no podía describir su estado de ánimo como de paz interior; el dolor pasado seguía dictándole su forma de vida. En vista de que una nueva ira se sobrepuso a la antigua, Harriet llegó a correr el riesgo de quedarse empantanada en su indignación y seguir con el dolor que la alimentaba, y ése es precisamente el peligro siempre presente en la etapa de indignación.

"Pero yo no causo la ira"

Para muchos de nosotros, la etapa de indignación puede ser la más difícil de todas, porque nos obliga a *entrar en contacto con la ira* que generó nuestra dolorosa experiencia pasada, ira que hemos trabajado para mantener enterrada desde que nos lastimaron. Al experimentar ahora esa ira, al llegar a entender al otro, muchas veces con emociones más amenazantes ocultas detrás de ella y al expresarla finalmente de una manera *saludable,* limpiamos el camino que nos conducirá a resolver los problemas que enterramos con ella.

Entrar en contacto y trabajar con la ira constituye un paso desde todo punto de vista esencial en el proceso de curación. Pero es también algo que atemoriza y confunde mucho, puesto que provee un nuevo campo para alimentar el conflicto interno y el torbellino emocional. Puede, a decir verdad, ser tan amenazante para su ya sacudido concepto de sí mismo, que hasta podría usted llegar a evitar esta etapa en el proceso de curación, como nos cuenta Suzanne.

Llegó un momento —en realidad fueron muchos— en los que mi consejero me sugirió que tal vez yo me había consentido vivir mi parte de víctima demasiado tiempo, que quizás hubiera llegado la hora de ponerme en contacto con mi ira. La mayoría de las veces ignoré su consejo. Porque me parecía que yo no tenía ninguna ira con la que entrar en contacto. Yo no expresaba ira. No la reconocía cuando la sentía, y estaba bastante segura de que no la había sentido nunca. Prefería permanecer sentada en mi grupo de sobrevivientes del incesto y escuchar a otros hablar de cómo y cuánto se enojaban, pero con toda sinceridad no alcanzaba a entender hacia dónde iban. Esto es algo que no tiene nada que ver conmigo, pensaba. Nunca siento ira.

La realidad del asunto era que me sentía demasiado aterrorizada por la ira como para enojarme. Porque mi padre fue un hombre colérico que, a menudo, se dejaba llevar por la ira más violenta, yo misma fui testigo de primera mano de los destrozos que la ira puede causar. Más de una vez había sido víctima de esa ira. Podía recordar muy vívidamente un incidente en especial, traer a la memoria con terribles detalles un momento de mi vida, cuando tendría ocho o nueve años y estaba jugando en casa, un día lluvioso. Con mucho ingenio —o por lo menos así creímos mi hermana y yo en aquel momento—, habíamos tendido una cuerda entre las puertas de muestro dormitorio para hacernos una hamaca, y como ella era más chica y liviana que yo la probó primero. La cuerda se cortó. Mi hermanita cayó al suelo, se golpeó la cabeza contra la pared y empezó a sangrar profusamente.

Mi padre acudió al oír el llanto de mi hermana, la encontró tirada en el suelo y sangrando, lo que bastó para que se la tomara conmigo, furioso. Me zarandeó de un brazo y me arrojó contra una pared. Cuando me vio caída, me levantó para volver a sacudirme y tirarme otra vez. Y siguió así durante un tiempo que se me antojó una eternidad, y hasta el día de hoy sigo pensando que, de no habérsele ocurrido que mi hermanita necesitaba atención médica, hubiera terminado matándome. Así es que, en mi mente, ira y muerte se mantuvieron confundidas siempre en una sola idea, tanto que en lo más hondo de mi corazón creía que, en caso de montar en cólera, también yo podría ser capaz de matar, de lastimar a otro tanto como mi padre lo hiciera conmigo. En consecuencia, no me permití enojarme hasta ese extremo de experimentar ira. No lo hice nunca. Jamás.

Aquella actitud adoptada por Suzanne —la ira no era y de hecho no debía ser parte de su repertorio emocional— es muy común y puede parecerse mucho a su punto de vista. Al igual que Suzanne, tal vez se resista usted a enojarse tanto por miedo al poder de la ira y a los daños que podría hacer si la ira se desatara en usted, o porque:

- Sigue considerándose una víctima desamparada o está todavía pegado a la autoculpa y cree que no tiene *derecho* a experimentar ira por cosas que son lo que le tocó en suerte en la vida o fueron su culpa, en primer lugar.
- Sus modelos de conducta durante la infancia expresaban la ira de manera pasiva o manipuladora, casi nunca afirmativamente, o creció en una familia de alcohólicos o disfuncional por alguna otra razón, donde exponer sentimientos negativos de cualquier índole estaba "contra las reglas de la casa".
- El hecho de experimentar ira contra determinadas personas produce en usted sentimientos de culpa y vergüenza.

Por alguna de estas razones, llegó a considerar que la ira era sencillamente demasiado peligrosa como para vérselas con ella. Así que para evitar la pérdida del control por su causa o para no sufrir sus consecuencias, dejó de "causar" ira y, como Suzanne, con frecuencia dejó de reconocer incluso cuándo *la sentía.*

> Pero luego aprendí que uno termina por quedar atascado en aquello que no hace. Si bien pensaba, con toda sinceridad, que nunca me sentía dominada por la ira, en el fondo estaba equivocada. Cavé un profundo pozo y allí enterré mi ira, la suprimí incluso antes de llegar a reconocer que la sentía. Pero lo cierto es que se resistió a permanecer bajo tierra. Lo que hizo fue empezar a revolverse en mi interior, se presentó en forma a veces sutiles y a veces no tanto, fue desprendiéndose como un gas tóxico, con lo que fue envenando todo mi ser mientras evitaba que dejara salir definitivamente mis dolores del pasado.

Suprimir su ira

Porque usted o las personas que lo lastimaban, actuaban con maldad cuando experimentaban ira, o reaccionaban malamente cuando usted expresaba su propia ira usted habría rotulado a la ira "como un mal, sentimiento" y aprendió a evitarlo. Sin embargo, aunque es peligroso y destructivo desahogar la ira en forma indiscriminada, sin pensar, abusivamente y sin límite el sentimiento de ira no es bueno ni malo, sino más bien una *reacción natural* que se presenta cada vez que se lastima o se amenaza nuestro orgullo o nuestra autoestima.

Con frecuencia la ira, acompañada de reacciones físicas como tensiones musculares o estallidos de energía debidos a descargas de adrenalina, es algo automático, instintivo, necesario. Es la señal de que algo está mal, de que usted está en peligro físico, o de que determinada necesidad psicológica de carácter vital está insatisfecha. La ira suministra la energía que usted necesita para protegerse de tales amenazas o para rehuirlas. Cuando se la emplea de manera constructiva, lo apresta a la acción inmediata para detener o contraatacar lo que lo esté dañando.

En cambio, cuando no puede "causar" ira en absoluto, o cuando enfrenta situaciones en que resulta inadecuado o imposible expresar su ira, lo que ocurría con frecuencia cuando los herían en el pasado, lo que hace es enterrarla. Reprima su sentimiento de ira, incluso antes de tomar conciencia de que está experimentándola. No obstante, como la energía generada por la ira es muy difícil de contener, esa ira reprimida clama constamente por salir en libertad y de hecho se libera y aflora de muchas maneras destructivas.

Elise, por ejemplo, había estado enojada con su hermana Megan desde el día en que ésta vino al mundo. "Pero enojarme con la queridita de Papi y Mami, o incluso quejarme de ella, era algo completamente fuera de la cuestión", insiste Elise. Si llegaba a manifestar su ira, los padres se enojaban con ella, y hasta le prestaban menos atención porque estaban demasiado ocupados en consolar a "la parte lastimada"; Megan. Como resultado de esa situación, Elise aprendió a enterrar su ultraje e indignación pero no olvidó. Lo que en realidad hizo fue llevar una detallada cuenta de todas las injusticias y daños soportados a causa de su hermanita, y luego expresó de mil maneras ese resentimiento. Cuando niña, Elise ignoró y excluyó a Megan cuantas veces pudo, y cuando la pequeña la seguía "pisándole los talones" a todas partes, Elise nunca reprochó a sus amigas que se burlaran de la pequeña. En realidad, con mucha sutileza, las alentó. Ya adulta, Elise con toda intención escogió regalos inservibles o baratos para darle a su hermana en Navidad y para el cumpleaños casi siempre le compraba ropa no sólo feísima sino varios talles más grande. Luego Elise diría a su hermana muy consciente de su apariencia: "¡Oh, cuánto lo siento! Pero te aseguro que me parecía que habías aumentado bastante de peso".

Claro que reprimir su ira perjudicó a Elise más que a nadie. Con tanto resentimiento corriendo por sus venas, Elise se ponía en tal estado en cada reunión familiar que siempre terminaba con grandes jaquecas y debía pasar las siguientes veinticuatro horas en cama. A veces bastaba que alguien mencionara el nombre de Megan para que se le echara a perder el día. Les gritaría a sus hijos, dicutiría con su marido, se pondría de mal humor y se entregaría al papel de víctima —que había elegido— tomando varios Valium y apoltronándose frente al televisor para ver las telenovelas románticas.

Su ira reprimida, al igual que en el caso de Elise, puede convertirse en un reseentimiento que se revuelva en su interior. Allí está la explicación de sus rencores, tensiones o muestras de irritabilidad en determinadas situaciones o en presencia de ciertas personas. Lo que es todavía peor, la ira reprimida se autoalimenta hasta que estalla.

"Mi primera relación de verdad fue con uno de mis profesores del colegio", recuerda Terry. "Pero él prefirió convertirse en un nuevo profesor Higgins (como en *Pigmalión)* y, en lugar de limitarse a tener una joven alumna como amante, trató de convertir a la Eliza Doolittle que era yo, en la dama perfecta." De todos modos, el amante de Terry se pasó de revoluciones, vivía criticándole cuanto pudiera decir o hacer. La llamaba estúpida e infantil, tosca y poco sofisticada. Le indicaba qué debía ponerse y cómo tenía que actuar. En caso de que Terry no "representara" de acuerdo con las pautas que él dictaba, la insultaba y denigraba sin piedad. Como no tenía un concepto muy elevado de sí misma y era una experta en negar sus verdaderos sentimientos, Terry recibió con estoicismo todos aquellos vejámenes verbales hasta que él cruzó su línea básica. "Ni siquiera recuerdo ahora qué hizo él, pero lo cierto es que monté en cólera", dice. "Le grité muchas cosas y le propiné una serie de golpes en el pecho y sólo conseguí que se riera de mí." En ese momento toda la ira contenida que seguía revolviéndose dentro de Terry estalló en un terrible arranque de odio. Tomó una botella vacía de champaña y con ella golpeó a su amante en la cabeza, causándole una herida que requirió una sutura de seis puntos. Como se podía esperar Terry se aseguró muy bien de no "causar" ira nunca más.

Cuando la ira reprimida estalla, su mero poder suele ser suficiente como para aterrorizarlo, y como en el caso de Terry, usted habrá de esforzarse al máximo para mantenerla bien enterrada. Incluso podría terminar dirigiéndola contra sí mismo, con lo que viviría constantemente roído por la culpa o deprimido en forma crónica. Además, su ira embotellada puede conducirlo a rebajar su autoestima, a apartarse y aislarse, a tener dificultad en conservar las relaciones, a pensar en el suicidio, fallar sexualmente, a sufrir dolores de cabeza, colitis, úlceras, alta tensión arterial y caer en abuso de drogas.

Pero lo que es todavía más importante, debido a que las otras emociones que necesita manejar parecen quedar ocultas detrás del rencor, la indignación y la ira, *usted no puede curarse.* Ya no puede abandonar el dolor a menos que deje escapar la ira. Y tal como acaba de ver, no podrá liberarse de ella cavando un pozo y enterrándola en él.

Hacer daño mediante la ira

Tan pronto se llega a la etapa de indignación y se entra en contacto con la propia ira, hay que expresarla. Lo lamentable es que gran parte de lo que hace para descargar la ira y "limpiar el aire" no funciona para su beneficio. Pero lo reconocerá. Después de todo, durante su vida ha visto la ira expresada en diversas formas destructivas.

Cuando niños, observaron a los modelos ofrecidos por los adultos, incluyendo a sus propios padres, expresar su enojo a los gritos, de manera explosiva, violenta e impredecible. Quizás haya sido agredido verbal o físicamente por adultos coléricos que no le dejaron expresar su propia ira ante su comportamiento. Es probable que alguna vez haya visto a su mamá terminando una conversación telefónica con su madre y encontrar de inmediato alguna razón para gritarle; observado a papá volver a casa indignado por algo sucedido en el trabajo y gritarle a su mamá; o haber estado cerca de otros adultos que desahogaban su enojo gritando a los empleados del banco o de la tienda, e incluso a más de un "automovilista dominguero" que no había hecho nada para merecer el trato que recibía.

¿Qué pudo haber aprendido de todo eso? Pues bien, en primer lugar tiene que haber dejado en usted la impresión de que la ira puede dominarlo en cualquier momento e impulsarlo a realizar cosas que jamás haría normalmente. Después del hecho, podría sentirse mal a causa de su comportamiento, pero en vista de que lo dominaba la ira, en realidad no pudo evitarlo y por lo tanto no debería hacérselo responsable de sus acciones. A través de los modelos adultos que tuvo, aprendió a infligir dolor a terceros cuando usted se enojaba, en especial a los más pequeños y más débiles que usted y que no estaban en condiciones de defenderse. Y por fin aprendió que estaba bien enojarse con una persona para descargar en ella la ira que nos causaba algún otro o alguna otra cosa.

Son todas impresiones generales que se ven reforzadas por los medios de comunicación, a través de los cuales nos enteramos de violentos crímenes pasionales o actos de venganza que los diarios destacan con amplios titulares. Las películas de John Wayne, la serie de Rambo, y hasta más de una historieta semanal no hacen sino cimentar la noción de que cuando alguien nos lastima, hay que "hacérselo pagar". Las malas acciones siempre terminan con el condigno castigo, tanto en películas como en novelas, un castigo que casi siempre incluye el castigo del "malo" lastimándolo por lo menos en la misma medida en que él lastimó, y de ser posible con algo más.

Por si faltara algo, en los últimos años más de un libro de psicología "pop" y diversos seminarios "para tomar conciencia de inmediato", han glorificado la expulsión de la ira fuera del propio ser, cualquier modo, incluso desahogando su indignación cada vez que la sienta. No dudamos de que este consejo sea bien intencionado, y desde luego que no tratamos de decirle que *no* debería expresar su ira. Sin embargo, el hecho de "soltar el vapor" y airadamente volcar una extensa lista de rencores sobre un tercero —en especial cuando empieza a "ver rojo" y la adrenalina circula a través de su cuerpo— es algo que invariablemente hiere o aterroriza al que está recibiendo su descarga, e incluso a quien quiera que pueda encontrarse cerca. Tal vez piense que está limpiando el ambiente y evitando las úlceras, la alta tensión arterial o un ataque cardíaco, pero en realidad está revolviendo nuevos conflictos y más hostilidad, al tiempo que crea confusiones que luego cuesta aclarar. Lo cierto es que así no se favorecerá su proceso de curación.

Estrategia de clarificación número 9: La ira que conocemos

¿También *usted* hace daño cuando está "mostrando" su ira? ¿Por qué no detenernos unos minutos para considerarlo? He aquí una lista de algunas de las formas enfermizas, destructivas o sencillamente carentes de efectividad para expresar ira. Algunas fueron usadas contra usted o, en su presencia, contra terceros, y en su momento lo lastimaron o lo asustaron. Pase revista ahora a las que se ajusten a la descripción; algunas las habrá usado para dar curso a sus propios sentimientos de ira. Márquelas con una X:

—golpear con los puños sobre la mesa
—"sacar el cuero"
—gritar
—golpear o patear la pared o al perrito o a una persona
—dar portazos
—arrojar objetos
—lanzar improperios
—descargar viejos rencores sobre alguien sin dejarlo responder

—dar una tunda
—humillar
—golpear
—insultar de palabra
—colgar el teléfono
—otras manifestaciones como:
—ir a lo que más duele, lanzando ataques verbales contra los puntos débiles del otro
—proferir amenazas

Es posible que haya advertido que mucho de lo que le hicieron, lo hace usted ahora a otros. Al igual que el dolor, los métodos destructivos de expresar la ira van pasando de generación en generación.

Estrategia de clarificación número 10: La ira que desconocemos

La siguiente lista de formas inadecuadas de expresar la ira podría ser de particular interés para aquellos de ustedes que están convencidos de que no "causan" ira. Son los comportamientos *pasivo-agresivos* motivados por la ira que ustedes no expresan abiertamente y que ni siquiera pueden llegar a saber que están sintiendo. Les permiten seguir su camino, hacer que otros "paguen" o representar su resentimiento *sin* darse cuenta de ello o sin responsabilizarse por su ira. Son comportamientos que casi siempre enfurecen a terceros, con lo que ellos pasan a representar la ira suya *ante usted,* en tanto usted sigue desempeñando el papel de inocente observador que "jamás lastima a nadie".

Como en el caso anterior, marque con una X las que usted utiliza y pase revista a los comportamientos en que le haya tocado estar en el extremo receptor:

—impuntualidad
—sarcasmo
—humor "humillante"
—hacer cosas que sabe que fastidian al otro y después decir (por enésima vez): "No sabía que eso pudiera molestarte"
—No mirar de frente sino "a través" de la otra persona
—demostrar mal humor.
—sonreír "como si nos costara".
—otras formas, tales como:
—ensuciar o perder algo perteneciente a otro
—poner a la gente en situación embarazosa o atraer sobre ellos una atención que no querían.
—guardar silencio
—andar con chismes
—provocar molestias
—fingir "olvidos"

Puesto que se ha encontrado usted en ambos extremos, dando y recibiendo tantas expresiones destructivas y pasivo-agresivas de la ira, lo más probable es que se haya dado buena cuenta de las querellas que dejan tras de sí. Y en vista de que causan más discordia, al iniciar una nueva ronda de combates en lugar de poner fin a la guerra, esas formas de "causar" ira no lo ayudarán a curarse ni a perdonar. En realidad, cada vez que "pierde los estribos" o comete un acto vengativo, agrega un poco más a su ya abundante carga de culpa y vergüenza que soportamos, como hizo Suzanne.

> Cuando por fin me puse en contacto con mi ira, lo que hice fue tratar de borrar a mi padre por completo de mi vida. Corté todo contacto con él durante cerca de tres años, a pesar de que durante ese tiempo estuvo gravemente enfermo, entrando y saliendo varias veces del hospital.
>
> Mi padre se moría, sin que yo me preocupara por ello. En realidad, esperaba que muriera. Si sucedía eso, se terminarían mis problemas. Mi dolor llegaría por fin a su término. Pero mientras pensaba en esa forma seguía acrecentando mi propio dolor. Me sentía culpable y avergonzada. No me veía como alguien carente de compasión ante un hombre enfermo, un moribundo que además era

mi padre. Y no obstante, era precisamente en esa forma como estaba actuando.

Además de crear nuevos problemas y soportar nuevos golpes contra nuestra autoestima, los estallidos violentos, abusivos y de todos modos destructivos de nuestra ira —lo mismo que los comportamientos pasivo-agresivos— no hacen más que bloquear nuestra comunicación. Cuando uno se encuentra en el extremo receptor se siente lastimado, asustado y confundido. Lo que se desearía es terminar con el enfrentamiento aplacando las cosas, dando la razón al otro, cambiando de tema o sencillamente saliendo de la habitación. O tal vez se anime a responder protegiéndose de la ira con más enojo, lanzando así un contraataque. Si es usted la persona que está desahogando su enojo, lo más probable es que no preste mayor atención a lo que está diciendo, ni siquiera habrá querido decir muchas de esas cosas, y tampoco tomará en consideración el efecto que sus palabras y sus actos estén causando en el otro. Es que se hallará demasiado ocupado en descargar toda la energía del enojo, una energía que distorsiona su percepción y lo pone en una situación en que no estará para nada dispuesto a oír o creer los puntos de vista ajenos.

En resumidas cuentas, las expresiones insalubres de ira no pueden resolver problemas. Las necesidades insatisfechas que se esconden detrás de la ira no se arreglan con eso. Al contrario, muchas de las cosas que estamos buscando —como amor, aceptación, aliento, intimidad, etcétera— se volverán más difíciles, se alejarán y no las alcanzaremos con desahogar nuestra furia ni dejando nuestra ira en libertad. Lo que es más, mientras vociferemos, desvariemos o insultemos, no estaremos en condiciones de generar alternativas, no podremos negociar transacciones, resolver conflictos ni hacer nada que *en efecto* pueda aclarar el ambiente y resolver nuestros problemas.

Una vez más, no estamos sugiriendo que ahogue o suprima su ira y jamás la exprese. Simplemente estamos compartiendo nuestra inconmovible convicción de que *la forma* de expresar la ira a menudo hace más mal que bien, y aleja del proceso de curación y perdón en lugar de acercar. De hecho, su ira, sus intenciones de venganza, la reaparición de viejos conflictos, y la determinación de que el sujeto o la cosa que lo lastimó pague incluso con destrucción total o prisión, no son sino otras tantas garantías de que seguirá pegado a sus viejos problemas, su antiguo dolor y a esa indignación que acaba de encontrar nuevamente.

Quedar detenido en la etapa de indignación

Como sabe ya a esta altura del libro, cuando se ingresa en la etapa de indignación uno se pone en contacto con la propia ira. De modo que, para salir de dicha etapa, lo que debe hacer es abandonar la ira. La mayoría de nosotros ignora cómo hacerlo, en consecuencia, en lugar de utilizar la energía de la etapa de indignación para avanzar hacia la curación y el perdón, se planta usted con más firmeza en esa etapa y se niega a todo movimiento para adelantar.

Se queda pegado allí y siembra destrucción y desconcierto tanto en la propia vida como en la vida de los demás.

Cuando usted se empantana en la etapa de indignación, lo que hace es pasar de la ira contra los que lo hirieron y lastimaron por lo que le hicieron, a sentir ira contra el resto del mundo. Usted está siempre dispuesto a pelear. Más aun, hasta es posible que busque oportunidades para desahogar su ira.

Pero si bien su comportamiento pueda parecerse al del "protestón" de la etapa de víctima, existe entre ambos una diferencia muy sutil, pero significativa. El que protesta por todo se siente más bien una víctima de los demás que un tipo lleno de ira. Esa persona reacciona ante su dolor e impotencia en la única forma que sabe: pasando la carga a otros con su insignificancia. Sin embargo, cuando usted se halla pegando a la etapa de indignación, sabe que eso que está sintiendo es ira, y que en cierto modo sus sentimientos se justifican. La gente y las circunstancias en realidad lo frustran, le impiden satisfacer sus necesidades, no le dejan cruzar su línea de fondo y marchar sobre sus pies. El problema es que, en tanto se permanece en la etapa de indignación, se vive constantemente en busca de tales cosas y se las encuentra con sólo girar la cabeza. Y como usted está decidido a mantenerse sobre sus pies y asegurarse de que le paguen por el mal que le hicieron, no pierde ocasión de demostrar a todos y a todo lo indignado que está.

Lo consume su propia ira. Le hace gastar tiempo y energía, mientras sigue cocinándose en sus dolorosas experiencias pasadas, lanzando maldiciones contra los que le hicieron daño y planeando cómo desquitarse. Su ira es lo fundamental en su vida, le hace difícil concentrarse en lo inmediato y le arrebata cuanta ocasión pueda tener de estar contento y sentirse feliz.

"Durante semanas, antes de mi boda, viví repasando todas aquellas veces en que mi padre hiciera 'tonterías' en las fiestas de casamiento y en diversas reuniones sociales", comenta Mark. "Y cuando no pensaba en las cosas del pasado me dedicaba a inventar argumentos en los que mi padre aparecía haciendo cualquier cosa para arruinarme la fiesta de bodas. Desde luego, en todas esas fantasías figuraba lo que yo iba a hacerle tan pronto se saliera de la raya. Estaba plenamente seguro de que me arruinaría la fiesta, pero ahora estaría preparado para hacerle frente. Ahora estaría bien seguro de que no se saldría con la suya y recibiría su merecido."

Según resultó al fin y al cabo, el día de la boda de Mark efectivamente fue un desastre, y él pudo sentirse tan dolorido y miserable como lo imaginara en todas sus fantasías, pero no fue a causa del comportamiento de su padre. "Mi padre estuvo hecho un perfecto caballero", explica Mark. "No hizo ni una de esas cosas que yo tanto temía, y también eso me puso furioso, porque había desperdiciado todo ese tiempo preocupándome y experimentando ataques de ansiedad. Pero, lo que es peor, estaba furioso porque en el fondo *quería* que él hiciera una de las suyas. Ansiaba que lo hiciera para poder decirle de una vez y para siempre que lo detestaba por esas cosas y no me dio oportunidad de hacerlo."

Mark se quedó con toda aquella energía destinada a desatarse en el momento oportuno sobre su padre, y terminó descargándola sobre su reciente esposa. "Empezamos la luna de miel con la pelea más grande que hayamos podido tener antes o después", dice. "La noche de bodas fue apasionada, sin duda. Estuvimos apasionadamente iracundos, nos gritamos el uno al otro, y apasionadamente nos arrojamos cosas a la cabeza. Fue una pesadilla."

Cuando el padre de Mark se "comportó debidamente" en la boda, Mark tendría que haberse sentido aliviado. Tendría que haberse distendido y disfrutado del momento, pensando en el amor que sentía por la mujer a la que estaba desposando o incluso planeando lo que ambos harían en el futuro. Hasta podría haber considerado la posibilidad de que el padre ya no tuviera poder suficiente como para echar a perder las cosas, ni a él ni a nadie; que ya era un adulto responsable de su propia vida. Pero no, la ira bloqueó todas esas ideas lógicas y así siguió mientras Mark permaneció pegado a la etapa de la indignación.

Si usted se aferra a su ira, se hace imposible conceder el perdón a quienes lo dañaron, aun si esas personas han cambiado y dan prueba de que quieren enmendarse. "Ahora ella quiere ser mi madre", se enardece Marcy al explicar de qué manera su madre, ahora recuperándose del alcoholismo, está tratando por todos los medios de volver a gozar del cariño de su hija. "Se ofrece a cuidar del bebé para que mi marido y yo podamos salir de noche. Nos cocina diversos platos y los guarda en mi freezer para que yo pueda pasarlos rápidamente por el horno de microondas y no tenga trabajo en la cocina. Recorta de los diarios y las revistas aquellos artículos que, supone, puedan interesarme. Quiere acompañarme a hacer las compras. Lo que sea."

En esa y otras formas, lo que está intentanto la madre de Marcy es pasar a formar parte de la vida de su hija —precisamente todo aquello que tanto extrañó Marcy cuando era niña y también después, hasta quedar pegada a la etapa de indignación. Ahora dice que cuanto hace su madre "es un poco demasiado tarde. Nada que pueda hacer podría suplir todo lo que no hizo entonces". Y aquí está la paradoja de la etapa de indignación. Mientras usted está en ella, quiere y a menudo exige que "ellos" lo compensen por lo que hicieron o no hicieron en el pasado. Pero nunca será suficiente para satisfacerla por ello, sigue enojado usted; está negándose a curarse o perdonar.

Procede en esa forma porque *cree que está justificado para hacerlo* y ha ganado el derecho a decirlo siempre que se le ocurra, en el lugar que sea. Proceder de acuerdo con su derecho a tener razón puede hacerle más mal que bien, así que le convendrá empezar a pensar:

*¿Por qué tengo razón? ¿Mi punto de vista es *realmente* la única forma de considerar la situación?
*¿Qué gano con tener razón? ¿Hace que me sienta más poderoso? ¿Me sentiría culpable de no justificar determinados actos? ¿Me permito así seguir teniendo la sartén por el mango?
*¿Cuánto me cuesta? ¿Estará aumentando mi estrés el hecho de no satisfacer mis necesidades, dañar a los que amo, dificultar mis relaciones o hacerme sentir culpable o con remordimiento?
*¿Vale la pena pagar tan alto lo que estoy obteniendo?

La respuesta a esta última pregunta siempre es "no", aunque lo más probable es que siga usted dando rienda suelta a su indignación y desahogando su ira por todas partes. Considere que mientras siga estancado en la etapa de indignación, sufrirá en carne propia el significado de aquel dicho que aconseja no escupir al cielo porque terminará salpicándose. Como pasa la vida prestando atención a la voz de su ira ("¡Ya le haré ver quién manda aquí! ¡Yo le voy a enseñar quién soy yo!") y actuando en consecuencia no sólo no consigue satisfacer sus necesidades, sino que terminará aislado, solitario, tenso, desprovisto de apoyo y en constante conflicto con sus semejantes. Está usted sufriendo esas y otras consecuencias porque prefiere tener la razón antes que ser feliz y no es ésa la forma de vivir la vida ni de curar las heridas.

"Pero yo quiero ser feliz", dirá. "Es mi mayor deseo. Quiero desprenderme de mi ira, pero vuelve una y otra vez." Y, efectivamente lo hace, por una razón muy práctica: está protegiéndolo de otra cosa. En su libro *Notes of a Native Son*, el ya desaparecido James Baldwin lo expuso en esta forma:

> Se me ocurre que una de las razones que mueven a la gente a aferrarse con tanta obstinación a su odio es porque tienen la sensación de que, tan pronto dejen de odiar, se verán obligados a tratar con su dolor.

Estamos absolutamente de acuerdo con Baldwin y hemos aprendido que la ira no sólo protege del dolor, sino también de cualquier otro acto o sentimiento que se considere como una amenaza. El enojo hace que los demás se mantengan a cierta distancia, con lo que se protege su sentimiento del ridículo o el rechazo. Si anda por ahí con los puños apretados y sacando a relucir su ira cuantas veces pueda, sin discriminar, lo que estará haciendo es compensar sus sentimientos de impotencia y defenderse de cualquier emoción debilitante que pueda formar parte de la etapa de víctima. Dicho de otro modo, mientras se ocupa de estar enojado, no lastima tanto a otros ni teme que vuelvan a lastimarlo en la medida en que podría temerlo, de no experimentar tanta ira.

Como resultado de todo eso, lo que usted no querrá es

dejar que se vaya la ira. Tendrá miedo de rendirse por temor a no poder sobrevivir sin el apoyo de la ira, pensando que deberá cambiar, que tendrá que enfrentar cosas y recomponerlas, por todo cuanto hizo por haber sido lastimado y, lo que es peor, que volverá a sentirse impotente y víctima.

Salir de la etapa de indignación

Mientras se mantiene apegado a la etapa de indignación, lo que usted quiere es su odio y su paz espiritual. Pero resulta que es imposible tener ambas cosas al mismo tiempo. Así que deberá escoger. Podrá quedarse con toda su ira y olvidarse de la paz interior. O preferirá dejar que se vaya el enojo y por fin logre curar sus viejas heridas.

La clave para seguir adelante y salir de la etapa de indignación, consiste en aprender a experimentar el enojo pero sin permitir que lo controle y, menos aun, lo consuma. Estará usted en condiciones de ponerle riendas al enojo y así utilizarlo en su beneficio, con lo que seguirá acercándose a la curación y el perdón.

Para empezar, tendrá que contar con una perspectiva nueva respecto de la ira. La que trabajará en su favor y servirá para convertir la etapa de indignación en una parte fructífera y productiva de su camino hacia el perdón, es la que aprendimos de Thomas Gordon, el creador de diversos programas de entrenamiento, ser efectivos, entre ellos el de padres, programas que ayudaron a millones de personas a obtener un poco más de aquello que esperaban de la vida.

Según las palabras de Gordon, la ira es una *emoción secundaria*. Es algo que se dispara y dramatiza algunos *sentimientos subyacentes* —temor, dolor, frustración, perturbación, pena, vergüenza— con los cuales considera usted que es más difícil vérselas que con la indignación. En esa forma, cuando se encuentra en situaciones dolorosas o aterradoras, la primera de las emociones que habrá de aflorar es la ira, pero no por ello podrá ocupar el lugar de los demás sentimientos subyacentes. Como consecuencia, no basta con sacar a relucir la ira para curar sus verdaderas heridas o para resolver cuestiones reales. Además, si no observa un poco más allá de la ira, que a menudo actúa como un escudo protector de sus emociones primarias, lo más probable es que cause un daño adicional a su autoestima y a la gente que lo rodea.

Por ejemplo, es posible que alguna vez haya sido testigo de lo que sucede cuando un niñito se aparta de su mamá en una tienda y desaparece. Tan pronto como la madre advierte que se ha perdido su chiquito de cinco años, la domina el pánico. Se apodera de ella una oleada de terror porque piensa que alguien ha secuestrado al pequeño, que algún ser perverso se lo ha llevado para vejarlo, que se ha metido en una heladera vacía y está a punto de sofocarse, o que ha tenido cualquier otro destino horrible. Al poner el sentimiento de culpa por encima de su miedo, se culpa a sí misma por haber apartado la vista del niño y se pone a revisar desesperada entre góndolas y mostradores, estantes y vidrieras. Echa a correr hacia donde funciona la gerencia y de inmediato se hace un anuncio público a través del sistema de altavoces. La mujer estará esperando mientras camina de un lado a otro, se aprieta las manos y se esfuerza por contener las lágrimas, segura de que no podrá sobrevivir a la pérdida de su hijito tan querido.

Pero, ¿qué es lo que hace esa mujer cuando por fin le devuelven al niño, hallado por un guardia de seguridad mientras vagabundeaba por una de las secciones de la tienda, buscando a su mamá y llorando a moco tendido? *No* le dice en qué forma se asustó, ni lo mal que se sintió por haberlo soltado de la mano apenas un segundo, o cuánto lo quiere y hasta dónde alcanzaría su dolor en caso de perderlo para siempre. No, nada de eso, porque la ira —activada por el miedo, la culpa y el dolor ante una posible pérdida— es lo que primero sale a la superficie, y lo primero que expresa. Descargará toda su ira dando unas cuantas palmadas al chico en el lugar debido, lo sacudirá vivamente y terminará arrastrándolo hasta la calle sin dejar de gritarle: "¿Cuántas veces tendré que decirte que no te sueltes de mí cuando andamos de compras? ¿Es posible que nunca aprendas eso? ¡En cuanto volvamos a casa te irás a tu pieza y allí estarás encerrado por el resto del día!".

Cuán diferente podría ser todo si esa madre le expresara al niño todo su cariño y le hiciera ver lo que ha sufrido por haberlo perdido unos minutos, si hubiera pedido disculpas por su airada reacción y reconocido que había tenido mucho miedo mientras el chico estuvo perdido. Por cierto que el pequeño, casi con seguridad aterrorizado y necesitado de alguna ternura, sentiría en ese caso que se restablecía su sentimiento de estar a salvo y seguro, en lugar de sentirse amenazado por parte de alguien que, por lo visto, no se sintió feliz al volver a tenerlo a su lado. Y para terminar, esa mamá no tendría que haberse avergonzado por la forma en que manejó la situación.

Si alguna vez usted procedió en esa forma, o tuvo alguna reacción parecida en un caso similar, sepa que no lo ayudará a curarse el experimentar un sentimiento de culpa desmedida. Todos hemos expresado alguna vez nuestros sentimientos de iracundia en momentos en que no estuvimos en contacto o demasiado asustados para manifestar nuestros más vulnerables, más dolorosos sentimientos primarios. Lo hemos hecho porque nos entrenaron para eso. Pero ahora también podemos adiestrarnos para aprender a contactarnos mejor y a sentirnos más cómodos con nuestras emociones primarias.

Estrategia de clarificación número 11: Diálogo con la ira

Dedique ahora algunos minutos a imaginar en qué forma podría dramatizarse su ira, cómo podría identificar los sentimientos y las circunstancias que renueven su energía para el enojo y empujan la ira hacia la superficie. Una forma creativa de hacerlo consiste en *preguntarle a su ira* por qué se presentó cuando lo hizo.

Piense en alguna situación reciente y típica (para usted), en la que se enojó mucho, y después escriba un diálogo imaginario mantenido con su ira. Podrá preguntar qué significa en verdad esa ira, qué está ocultándole o por qué estalló con semejante fuerza en ese momento determinado. Hasta podría discutir el papel que preferiría que su ira desempeñara en el futuro. He aquí un ejemplo suministrado por uno de los participantes en nuestros seminarios de perdón:

YO: —Está bien vieja, ya sé que estás ahí y que tienes que darme algunas explicaciones.

IRA: —*No me digas que vuelves a sentirte culpable. Ya me tienes cansada con la misma historia. Primero pides que te ayude y después pierdes los estribos por lo que hago.*

YO: —Pero es que no me ayudas. Te interpones en mi camino.

IRA: —*¡Qué tipo rezongón! No te oí quejarte cuando hice llorar a tu ex mujer.*

YO: —¿Y por qué lo hiciste, después de todo?

IRA: —*¿Ya lo has olvidado? Tú querías lastimarla.*

YO: —Me parece que *tú* lo querías. Yo sólo trataba de asegurarme que ella no me lastimara, tal como estoy buscando ahora que otras mujeres no se me acerquen demasiado como para hacerme daño.

IRA: —*Has estado brillante, muchacho. Pero, ¿cuál es tu problema? Yo me encargo de que esas cosas no sucedan, ¿no es así?*

YO: —Pero es que te estás pasando.

IRA: —*Hago nada más que lo que me dejas hacer. Admito que si me dan el pie termino tomándome la mano, pero convéncete de que mientras tanto te quedas ahí dejando hacer...*

Como podrá observar, este ejercicio al parecer tan inofensivo, puede proporcionarle una valiosa visión de todas esas cuestiones y sentimientos que siguen ocultándose detrás de su enojo. Asimismo, le sirve de ayuda para comprender que la ira es *una parte de usted* y no una fuerza exterior que invade su cuerpo y lo obliga a comportarse tal como lo hace. Todo cuanto haga con su ira es en gran parte cosa suya, y nos gustaría brindarle las siguientes pautas para que pueda manejar su ira de manera constructiva.

"Causar ira de manera constructiva: Una receta"

Primer paso: Descargue la energía de ira. Cuando haya algo o alguien que provoque su indignación y advierta que la ira empieza a salir a la superficie, lo primero que debe hacer es preguntarse: "¿Estoy manejando la situación?" Porque la mayor parte de las veces no será así. Por la sencilla razón de que los efectos físicos colaterales de la ira, así como su "carga" emocional, producen una energía que clama por liberarse. La descarga de adrenalina y el brotar de tanta energía tienen que liberarse antes de que usted intente hacer algo respecto de la situación que está provocándole la ira. Siguen ahora algunas maneras *saludables* de liberar esa energía:

*salir a dar un paseo a buen paso
*andar en bicicleta
*arrojar piedritas al lago
*hachar leña
*golpear una almohada
*llorar
*cantar a voz en cuello
*hacerse dar un masaje
*tirar al blanco
*encontrar algún sitio donde nadie lo oiga, como podría

ser el auto con los vidrios levantados, y gritar allí con todas sus fuerzas
*escribir en un diario sobre su ira
*hablar con un amigo
*correr u otras formas de ejercicio
*tirar botellas a la basura
*pasar la aspiradora
*pegar a un punching-ball
*asistir a sesiones con un consejero
*bailar
*darse una ducha

Aunque es posible que no le sirvan todas estas propuestas, por lo menos, encontrará una que funcione, usted podra descargar toda la energía de su enojo fuera de su cuerpo *sin dañar ni asustar a terceros*, así como tener una oportunidad de poner en claro sus pensamientos y recuperar la debida perspectiva.

Segundo paso: buscar lo que oculta la ira. Los sentimientos subyacentes, temor, dolor, frustración, vergüenza y perturbación, todos ellos dramatizados por su ira, son con frecuencia el resultado de desear o necesitar algo que no pudo conseguir o que le arrebataron. Si perdió o no tuvo un amor, aceptación, orgullo, crédito por algo que logró, anonimato, ayuda en las tareas de la casa o cualquier otra cosa, "elaborar" ira constituye con frecuencia un intento por recuperar o, por lo menos, obtener algo en cambio como, por ejemplo, la venganza. Con el fin de "elaborar" una ira constructiva y en realidad lograr algo que no sea culpa ni dolor por sus problemas, tendrá que preguntarse: "¿Qué quiero o necesito en este preciso instante? ¿Qué estoy esperando realizar?"

Si permanece pegado en la etapa de indignación, su primera respuesta a esas preguntas casi seguramente será: "Quiero hacerle pagar, que sufra, que me compense, que se disculpe o lastimarlo en la forma en que me lastimó". Si esas son las respuestas que se le ocurren, entonces vuelva a formularse las preguntas, pero agregando ahora: "¿Puedo esperar, siendo realista, alcanzar ese objetivo? ¿De verdad me hace sentir mejor?". Y, por fin, pregúntese: "¿Qué otra cosa quiero?".

En el caso de Harriet, por ejemplo, al principio creía que cuanto quería era "que Larry no vuelva a tener un momento de felicidad ni de paz en toda su vida". Sus actos vengativos le permitieron alcanzar esa finalidad en cierta medida. Pero también la hicieron sentirse peor en lugar de mejor, agravaron la lucha por la custodia de los hijos, que era uno de los asuntos subyacentes que alimentaban su ira. Cuando hurgó un poco más profundo, Harriet reconoció que lo que *en realidad* quería era "resolver el problema de la custodia para no seguir viviendo con el constante temor de perder a mis hijos". Tan pronto comprendió qué deseaba, llegó también a la conclusión de que no podría lograrlo si continuaba como hasta entonces.

Tercer paso: Decidir conscientemente qué hacer. Dará este paso formulándose esta pregunta: "¿Qué puedo hacer para lograr lo que quiero o necesito sin dañarme ni dañar a otros?". La primera decisión que deberá tomar será *no* expresar su ira ni otras emociones en forma destructiva. Cuando vaya considerando opciones, compárelas con la lista de expresiones inefectivas y pasivo-agresivas de que hablamos en las estrategias de la página 243. En caso de que la opción escogida por usted figure en la lista, deséchela de inmediato.

Existen muchas formas productivas para satisfacer sus necesidades, incluso buscándolas o acudiendo a otras personas o actividades para lograr lo que no le dieron quienes lo lastimaron. Pero casi siempre y, en especial tratándose de cuestiones inmediatas, de aquí y ahora, lo más probable es que usted quiera expresar lo que está sintiendo a la persona que lo lastimó. Si opta por hacer esto, entonces deberá proceder con responsabilidad.

Le sugerimos que pase revista a lo que aprendió en el segundo paso y utilice esa información para completar oraciones parecidas a la siguiente:

Me siento cuando tú (*un comportamiento inaceptable*) y preferiría que tú (*comportamiento aceptable*).

Piense o escriba diversas versiones de esta oración (y para cada una de ellas varios comportamientos alternativos). Procure imaginar cómo el hecho de pronunciar esas palabras podría afectarlo a usted *y* a la persona que estaría recibiendo su mensaje.

Por ejemplo, una de las oraciones de Harriet decía: "Me siento indignada porque estás tratando de robarme los chicos y quiero que dejes de usarlos para hacerme daño". No tardó en advertir que si en realidad le decía esas palabras a Larry, lo más probable es que no se atemperaría aquella guerra por la custodia de los chicos. Otra versión decía: "Me causa pavor pensar en perder la custodia de los chicos y siento pánico cada vez que me dices que seguirás con el juicio por la tenencia. Desearía discutir la cuestión racionalmente y encontrar la forma de llegar a un acuerdo". Si bien el hecho de decir esto no garantizaba la solución de los problemas de Harriet, acrecentaba las posibilidades de llegar a lo que deseaba sin empeorar las cosas.

Aunque no habrá de expresar sus sentimientos ni sus deseos por el mero hecho de leer sus declaraciones palabra por palabra, sí tendrá que elegir la forma de encarar las cosas que esté más de acuerdo con el logro de sus objetivos causando al mismo tiempo el menor daño posible a la otra persona a su relación.

Lo lamentable es que, por mucho cuidado que ponga en la elección de sus palabras, el dejar que otros se enteren de que lo lastimaron o procedieron de un modo inaceptable para usted, casi con seguridad habrá de crear algún tipo de conflicto y confusión. Pedir a otros que modifiquen de alguna manera su conducta tiende a herir sus egos y lastimar sus sentimientos. Por lo tanto, no es justo ni razonable decir de buenas a primeras lo que se lleva dentro y salir lo más campante. Antes de tomar una decisión respecto de lo que habrá de hacer, pregúntese: "¿Estoy dispuesto a quedarme cerca de la otra persona para aclarar cualquier lío que pueda causar?".

Si no está dispuesto a pasar un determinado lapso discutiendo o negociando una salida, o si no quiere ni oír lo que el otro deba decir para explicar su comportamiento y si definitivamente no quiere asumir responsabilidad alguna por la situación, entonces no está todavía preparado y probablemente *no* estará expresando sus sentimientos de manera directa a la persona que lo lastimó. No obstante, es posible que siga teniendo necesidad de expresarse, así que le sugerimos que converse del asunto y trate de manejar su ira con alguna otra persona que no sea aquella que lo hirió.

A decir verdad, en todos los casos en que se sienta enojado e inseguro acerca de cómo reaccionará en presencia de la persona que lo hizo enojar, nosotros recomendamos que primero hable de la cuestión con su consejero, con un miembro del grupo de apoyo, un amigo, un miembro de la Iglesia o alguien que no esté implicado directamente en el asunto. Esto le permite liberar, por lo menos, parte de su energía de ira, identificar más sentimientos subyacentes o problemas colaterales, y ensayar, en qué forma expondrá sus pensamientos cuando esté en condiciones de hacerlo.

Si bien esto tal vez parezca un proceso arduo, de mucho tiempo, lo más probable es que le haya llevado más minutos leer acerca de él que ponerlo en práctica. "Producir" ira de manera constructiva es sólo cuestión de pensar qué hará *antes* de hacerlo, en lugar de soltar todo su enojo y pensar qué hizo de malo *después* de hacerlo. El empleo de esta receta es beneficioso en particular para cuando debe manejarse "de apuro" un estallido de ira. De todos modos, para que se le vaya la ira generada por las heridas que no curaron y los problemas inconclusos, tendrá que seguir avanzando y trabajando acerca de:

*reconocer que cuando se siente quisquilloso, impacien-

te, nervioso, irritable o enfadado, la ira y la indignación de antes tal vez anden revolviéndose dentro de usted;
* comprender que esto tiene más posibilidades de ocurrir cuando se encuentre fatigado, frustrado, nervioso, agredido o preocupado;
* hacer algo respecto de *esa* situación, como dormir una siesta, salir a dar una vuelta, liberar tensiones con algún ejercicio físico, conversar con alguien que sepa apoyarlo, escribir en su diario, darse un baño caliente o llorar largo y tendido.

Aparte de todo eso, tendrá que seguir trabajando sobre usted y su autoestima. Mientras va mejorando su vida, tendrá menos ocasiones para enojarse y también contará con menos pruebas de que esas personas que le hicieron mal merecen un castigo. En realidad, adquirirá suficiente fuerza y salud como para considerar la posibilidad de abrir las puertas de la prisión y liberar a las personas que lo dañaron. Pero antes habrá de ponerse usted mismo en libertad, liberándose al borrar su etiqueta de víctima para reemplazarla por un gran cartel de neón anunciando que usted es un sobreviviente.

9

ETAPA DE SOBREVIVIENTE

La salud de mi padre seguía deteriorándose, pero el hecho de que pudiera morir antes de hacer las paces con él no era suficiente como para impulsarme a buscarlo y conversar. Como es fácil imaginar, mi madre consideraba que mi comportamiento no tenía la menor excusa.

"Tu padre está muriéndose", me decía cada vez que me llamaba por teléfono, por cierto que con frecuencia. "No escribes. No hablas. Cuanto peor se pone su salud menos pareces preocuparte. ¿Por qué lo haces? Después de todo, ¿qué podemos haberte hecho?".

Era una pregunta que imploraba la correspondiente respuesta. Cada vez que la oía, me sentía como si estuvieran hundiéndome un cuchillo en el corazón. Hasta que por fin hice lo que me pareció la única cosa de respeto por mí misma que podía hacer. Le conté a mi madre mi horrible secreto.

Le escribí una carta donde le explicaba que si bien ella no había hecho nada y yo no la culpaba, el incesto se había producido en nuestra casa. Casi no puedo imaginar cómo se habrá sentido cuando leyó mi carta. Después de todo, estaba diciéndole que su marido, el hombre con el que había vivido tantos años, en el que había confiado y amado cerca de cuarenta años, había vejado a su hija. En realidad, a sus dos hijas. Si quieren que les diga la verdad, no esperaba que me creyera.

Aquella carta le hizo mucho daño, pero ella también creyó en la revelación que contenía. Pocos días después, voló desde Florida y nos encontramos en casa de mi hermana. Hablamos y lloramos, nos abrazamos y nos besamos. Fue el primer apoyo real que, lo sentía en mí, había recibido de mi madre, y constituyó un gran alivio el haberle contado por fin acerca del incesto. Aquello fue la parte buena.

Pero luego, cuando mi madre se preparaba a despedirse, dijo: "No tendremos que dejar que papá se entere de esto". Sin poder salir de mi asombro, le dije que sí tendría que saberlo. Era quien lo había hecho. Pero mi madre pensaba que lo había bloqueado en su mente y puesto que también lo había hecho yo, no hice nada para evitar que inventara una historia para contarle cuando volviera junto a él. Le dije, de todos modos, que si mi padre llamaba, yo no confirmaría su relato. No iba a participar activamente en una nueva ocultación. Pero, tal como sucedieron las cosas, nunca me lo preguntaron.

Cuando mi madre volvió a su casa, él estaba otra vez internado. Al entrar en su habitación, no se acercó para besarlo como era su costumbre. Mi padre debe de haber advertido algo, porque le preguntó qué pasaba. Y a pesar de que ella tenía todo el propósito de no decirle nada, terminó por repetirle exactamente lo que nosotras le dijimos en casa de mi hermana.

¡Por fin salía a luz la verdad! Supongo que entonces pensé que eso volvería a poner las cosas en su sitio o por lo menos allanaría el camino para terminar con nuestro problema irresuelto antes de que mi padre muriera. Pero *no* fue eso lo que pasó.

Mi padre lo negó todo; nos trató de mentirosas, dijo que ya no quería tener nada que ver con hijas tan despreciables y nos repudió.

Mi madre se sintió destrozada. No sabía a quién creer. Luego se hizo presente mi hermano y le dijo que nos creyera, porque *eso le había ocurrido también a él.* Mi padre se limitó pura y simplemente a repudiarlo.

Suzanne podría haber hecho varias cosas cuando llegó a ese punto. Podía haber *negado* el impacto que le causaba que no le creyeran y la repudiaran, limitándose a encogerse de hombros y decir: "Ya he expuesto lo que debía, y el resultado no fue el que yo esperaba. Pero ya está. No me molesta".

Suzanne también podría haberse *culpado a sí misma* por el conflicto y la situación caótica que siguió a su revelación, poniendo su comportamiento bajo la lupa y pensando: "Si sólo hubiese manejado las cosas de otro modo, nuestras vidas no estarían de nuevo metidas en tamaño lío".

Podría también haber vuelto a su etapa de víctima, gimiendo y revolcándose en el propio dolor, para descender a nuevas profundidades de desamparo y desesperanza. "Claro, nada salió tal como quería", podría haberse dicho. "Es que nada sale como una quiere."

O podría, asimismo, haber dado rienda suelta a su *indignación* y su ira, jurando que no volvería a dirigir la palabra a su padre mientras viviera y que escupiría su tumba cuando muriera.

Así es, Suzanne podría haber reaccionado en cualquiera de esas formas, pero no lo hizo.

> Me asombraba la respuesta de mi padre, aunque tendría que haber estado preparada para ello. Me sentí desalentada, pero como me encontraba avanzando en mi proceso de curación, no sufrí un desconcierto total y perdí poco tiempo en echarme la culpa de algo que escapaba a mi control. En vista de las circunstancias, no podría haber hecho nada mejor, ni haber formulado mayor revelación. Eso me ponía en condiciones de considerar la posibilidad de que *durante todo el tiempo había estado haciendo lo mejor que estuviera a mi alcance*

Es verdad, estaba desalentada, herida y enojada, pero también me sentía liberada de la vieja expectativa de recibir de mi padre, alguna vez, lo que él me debía, algo que me permitiera mirar libremente a mi alrededor y satisfacer mis necesidades. Había obtenido las ventajas que pudieron proporcionarme todos los recursos que encontré. Leí libros, asistí a conferencias, concurrí a talleres de diversas disciplinas y seguí recibiendo consejo y participando en un grupo de sobrevivientes del incesto. Empecé a cuidar físicamente de mí, salí a trotar y mejoré mis hábitos alimentarios. Me lamenté menos e hice más por poner mi vida en orden. Cinco años después de haber iniciado mi tratamiento, por fin llegaba a la etapa de sobreviviente en el proceso de curación.

La etapa de sobreviviente

Tan pronto alcanzamos la *etapa de sobreviviente* nos apresuramos a proclamar llenos de orgullo: "¡Lo logré! ¡Ya está! ¡He sobrevivido!". Y tales palabras son en verdad preciadas, poderosas e importantes. Cuando podemos pronunciarlas y creer plenamente en ellas, sentimos como si se alzara una nube que estaba cubriéndonos el alma. Por primera vez desde que nos lastimaron, podemos ver un futuro más brillante, mejor, comprender que lo tenemos al alcance de la mano y es posible lograrlo.

Se alcanza la etapa de sobreviviente cuando uno está listo para ella, y ni un segundo antes. No hay palabras mágicas ni pócimas milagrosas capaces de apresurar nuestro paso a esa nueva etapa ni de garantizar que no podríamos volver a caer en etapas más dolorosas y negativas, una vez alcanzado el estado de sobreviviente.

No hay sino una forma de convertirse en sobreviviente, y esa forma es ni más ni menos que sobrevivir: sobrevivir a las heridas e injusticias sufridas, sobrevivir a la etapa de negación y a todo el mal que uno mismo ha hecho cada vez que se encontró en callejones sin salida, sobrevivir al sentimiento del autocastigo o la etapa de la autoculpa, o a las características de la etapa de víctima o a la ira que nos consumió mientras pasábamos por la etapa de indignación. Con puntapiés, maldiciones, llantos, peleas, pero también aprendiendo todos y cada uno de los pasos, hemos ido atravesando por todas las etapas previas, de acuerdo con las necesidades de cada uno y con el propio marco temporal.

Y todo lo que debió pasarse adquiere un valor cuando se llega a la etapa de sobreviviente, porque el hecho de saber lo que se sufrió para alcanzarla hace que ella nos parezca aun más apetecible. Se llega a la conclusión de que uno *se ganó* el derecho a llamarse sobreviviente y a declarar:

> *Estoy vivo.* Me lastimaron, y cuanto hice a raíz de haber sido lastimado estableció una diferencia en mi vida. No lo niego, pero pude seguir viviendo y por esa razón aprendí mucho.
>
> *Estoy bien.* Ahora sé que no fui responsable de las cosas malas que otros me hicieron y que no debo seguir golpeándome la cabeza a causa de cosas de las que fui responsable.
>
> *Vuelvo a estar al mando.* Es posible que me haya sentido impotente cuando me lastimaron, pero ya no lo soy. Fui una víctima, pero en este momento ya no lo soy. Soy un adulto, y puedo manejar mi vida en la dirección que quiera.
>
> *Estoy mejor que nunca.* Tengo la suficiente fuerza como para encarar la vida sin acudir a la indignación como a un escudo, para protegerme. Puedo sentirme enojado, pero ya no soy más un esclavo de mi ira.

En efecto, éstas son las declaraciones que formulan los sobrevivientes, y todas ellas están plenas de poder, orgullo y dignidad. Le aconsejamos leerlas en voz alta y así podrá advertir cuán diferentes resuenan en su oído en relación con lo que decía en otras etapas. En realidad, causa tanto bienestar el hecho de decir esas cosas —y desde luego decirlas en serio— que cuando se le ha tomado el gusto a la etapa de sobreviviente nunca se la olvida. Podrá resbalar alguna vez para caer en alguna etapa anterior. Es algo que nos sucede a todos. Pero como se recuerda qué se siente en la condición de sobreviviente y se desea volver a experimentar la misma sensación, nunca se quedará retrasado mucho tiempo. Hará todo lo posible para volver a la etapa de sobreviviente.

Dadas las circunstancias, hizo usted lo mejor que pudo

> *Todo ser humano, en cualquier momento de su pasado —si se considera la situación en conjunto— siempre hizo lo mejor que pudo, de modo que no debe recibir acusaciones ni reproches de nadie, ni siquiera de sí mismo. Esto es particularmente cierto para usted.*
>
> Harvey Jackins
> *Citas*

"Solía creer que el hecho de que mi abuelo abusara sexualmente de mí no me afectaba en un sentido negativo." Esto escribió Terry como respuesta a un cuestionario en un seminario de perdón. "Pero ahora sé que aquello influyó en mí durante toda la vida y permaneció detrás de muchas de las cosas autodestructivas que hice durante tantos años. No me siento orgullosa por haberlas hecho. De poder volver al pasado, haría todo de otro modo. Pero ahora sé que, dadas las circunstancias, estaba haciendo lo mejor que podía."

A pesar de que Terry desperdició cerca de dos décadas yendo de un lado a otro a través de "fases promiscuas" y manteniendo relaciones que duraban exactamente el tiempo que su abuelo había abusado de ella, y a pesar de que contrajo enfermedades de transmisión sexual, tuvo abortos, se encontró en situaciones verdaderamente peligrosas, dificultó su carrera y lastimó a sus amantes permanentes, en realidad ella estaba haciendo lo mejor que podía. Le faltaba la *percepción interior* para proceder mejor.

Podría parecer difícil creer que una mujer inteligente, que mantenía una posición de responsabilidad en una profesión de servicio y que había sido bien educada en lo referente al comportamiento humano, pudiera no advertir la autodestrucción que producía su comportamiento, pero lo cierto es que tal era el caso. Terry no reconocía la conexión existente entre sus experiencias pasadas y sus circunstancias presentes. No alcanzaba a ver que estaba repitiendo determinadas pautas con la regularidad de un reloj. El poderoso mecanismo de negación que tenía Terry bloqueaba todas esas realidades en su ser consciente y le impedía sentir todo el impacto de sus propios actos. Al carecer de esa conciencia, no podía modificar su comportamiento. Sencillamente no sabía lo suficiente acerca de *por qué* hacía lo que hacía, qué la llevaba a proceder de otro modo —y tampoco usted lo ha sabido.

"Solía creer que podía imaginarlo todo y manejarlo todo", escribió Darlene. "Pero ahora sé que no estoy a cargo de todo el universo, que si doy una oportunidad a otros, puedo confiar en ellos y que nunca me abandonarán."

Lo que Darlene acostumbraba creer y lo que hacía a causa de ello, era la mejor forma de sentirse siempre abrumada y resentida. Su manía de controlarlo todo irritaba a los otros y agravaba la situación existente. Las evaluaciones referidas a su trabajo siempre contenían comentarios tales como "No delega responsabilidad" o "No se integra al equipo", y en consecuencia no conseguía los ascensos que, en su opinión, tanto merecía. En vista de que nadie más daba muestras de apreciarla, Darlene se recompensaba de "hacer tantas cosas por tantas personas", abusando de las comidas, etc. Pero el hecho de comer en forma compulsiva no hacía sino empeorar sus problemas. Cuando la conocimos estaba excedida de peso en cerca de cincuenta kilos y acababan de disgnosticarle diabetes.

Sin embargo, y al igual que Terry, Darlene sólo había estado haciendo las cosas como mejor podía. Carecía de *recur-*

sos para hacerlo mejor. Como se recordará, Darlene se sintió herida cuando sus padres se divorciaron y el papá comenzó a faltar una y otra vez a sus visitas. Circunstancias como para lastimar a cualquier niño, en el caso de Darlene la hirieron más porque las experimentó en una época en que el divorcio era algo relativamente poco habitual. Darlene no tenía a quién acudir en busca de respuesta para sus preguntas ni ayuda para comprender lo que estaba sintiendo. No existían libros que pudiera leer ni películas de TV para ver. En realidad, era ya una adolescente cuando conoció a otra jovencita de su edad que estaba en la misma situación. Al creerse la única persona en el mundo que sentía como ella y puesto que en realidad no había recursos al alcance de su mano mientras crecía, Darlene no tuvo más remedio que imaginarlo todo por su propia cuenta. Con escasa información y casi sin opciones, la joven imaginó las cosas lo mejor que pudo y después actuó de acuerdo con ello —y también lo hizo usted.

"Solía creer que ira y violencia eran lo mismo", escribió Caryn, otra de las participantes en un seminario de perdón. "Pensaba que mientras no me dejara llevar por la ira, no le haría a otros lo que mi madre me había hecho a mí. Pero ahora sé que embotellar mi ira hizo que terminara cuesta abajo y que estaba destinada a repetir mi pasado hasta que lo supiera."

"Pero llegué a saberlo", prosigue. "Aprendí de qué modo había asumido el papel del opresor para abusar de mí misma a través del alcohol y la droga. Aprendí que mantenerme bajo tensión mientras no estableciera contacto con mis sentimientos, significaba estar lista para estallar en el momento menos pensado. Hasta supe de la horrible culpa y la gran vergüenza que debió haber experimentado mi madre después de golpearme —porque lo mismo sentí yo el día en que estuve a punto de estrangular a mi hija de sólo tres años. Aquello ocurrió hace también tres años, y si bien no hay excusa para aprovecharse de la debilidad de un niño y no estoy justificándome, ahora sé que dado lo que debía enfrentar, estaba haciendo lo mejor que podía."

El incidente al que se refiere Caryn la asustó tanto que de inmediato salió en busca de ayuda profesional. Ha dejado de beber y ya no se droga, y no ha vuelto a golpear a su pequeña. Pero incluso cuando hacía esas cosas y alcanzaba el punto más bajo y destructor de toda su vida, Caryn no hacía sino lo mejor que podía. Carecía entonces de apoyo emocional y de *alimento* para proceder mejor.

Cuando Caryn era una niña era castigada duramente, con frecuencia y por cualquier causa, por su madre, que estaba afectada por una grave enfermedad mental que negaban o ignoraban quienes la rodeaban. El padre de Caryn nada hacía para protegerla o impedir que la golpeara, a pesar de que muchas veces era testigo de la situación. La abuela de la niña, a quien Caryn llama "el único punto brillante de mi infancia", era otra víctima de los abusos de aquella mujer y por otra parte también había soportado las palizas de su marido mientras estuvieron casados. Si bien la abuela daba a Caryn el único cariño y la única simpatía que ella hubiera recibido nunca, la mujer era un modelo de rol de pasividad y de víctima. "Trata de no hacerla enojar", le aconsejaba, pero con escaso resultado ya que la madre seguía golpeando a Caryn cuando "las voces" le decían que lo hiciera y sin tener en cuenta el comportamiento de la niña. Lo que es peor, en vista de que primero la madre y luego la misma Caryn sistemáticamente mintieron sobre el origen de huesos rotos y moretones, maestros, vecinos, enfermeras y médicos, que podrían haber intervenido en nombre de la niña, tampoco tuvieron ocasión de hacerlo.

Durante toda su infancia, Caryn tuvo necesidad de alguien que la sostuviera, alguien que pudiera protegerla y le dijera que no estaba bien lo que lo que estaba sucediéndole. Necesitaba de guía y aliento, consuelo y seguridades de que era algo más que el punching ball de su madre. Pero Carym nunca tuvo eso. En realidad, no recibió ningún tipo de alimento emocional cuando niña ni como adulto. Y hasta que no empezó a obtener algún influjo positivo, carecía de armas para elaborar su dolor, de ejemplos para seguir que no fueran los negativos recibidos durante la infancia y muy poca madurez emocional como para ejercer algún control sobre sus impulsos destructivos. Aquellos fueron los hechos de su vida, y si bien no pueden servir de excusa para su comportamiento, por lo menos explican por qué procedía así, y su manera de actuar —aunque no fuera bastante buena— era la mejor que podía desarrollar en aquel momento.

Lo mismo que Terry, Darlene y Caryn, todos y cada uno de nosotros hemos hecho lo mejor que pudimos considerando la perspectiva, los recursos y el alimento emocional de que dispusimos. De haber tenido *más* conciencia de lo que nos hacía reaccionar, *más* información y otras alternativas a nuestra disposición, experiencias de vida *diferentes* y *más* amor, apoyo y aliento, podríamos haber hecho mejor las cosas.

Cuando usted acepte esto como una verdad acerca de su propia vida, se ha ganado el derecho de admisión a la etapa de sobreviviente y ha obtenido un gran logro en el proceso de curación. Incluso se ha aproximado más a perdonarse a sí mismo —porque ha abandonado la culpa, siente menos vergüenza y dirige menos la atención hacia los remordimientos que lo mantienen pegado al dolor de otro tiempo.

Abandonar culpa, vergüenza y remordimientos

La *culpa* constituye una reacción inmediata a cosas que hacemos mal o que andan mal. La culpa establece límites para protegernos de nuestros propios excesos. Cuando cruzamos ese límite —como hizo Darlene cuando se comió los bollitos destinados a la fiesta de cumpleaños de su hija, como hizo Harriet cuando llamaba a Larry a cualquier hora de la noche y colgaba el teléfono cuando su ex marido atendía, o como hizo Bruce cuando se metió en deudas para mantener su adicción a la cocaína —nos sentimos culpables, y resulta apropiado sentirnos así porque lo que hicimos o lo que sucedió era en verdad nuestra falta. En realidad, gran cantidad de lo que uno puede haber hecho para bloquear, compensar y hacer que otros paguen por nuestras penas, corresponde a esta categoría.

Es posible que haya desarrollado usted alguna adicción y se entregue a cumpulsiones que no solamente le hacen daño, sino que también perjudican a terceros. Tal vez haya mentido, perdido trabajos, se haya endeudado o descuidado a los seres queridos, e incluso puede haber llegado a robar para satisfacer sus vicios, su costumbre de comer con exceso a toda hora o su inclinación por el juego. Son grandes las posibilidades de que haya causado dolor físico y psicológico con su proceder, durante la etapa de víctima y al desahogar sin discriminación su ira, cuando pasaba por la etapa de indignación. Cuando entre en la etapa de sobreviviente, tomará verdadera conciencia de sus errores –y entonces se sentirá culpable.

Por fortuna, esta especie de culpa —enfocada hacia comportamientos específicos que en cierto modo dependan de usted— puede ser productiva. Si se siente culpable por algo que hizo o dejó de hacer, puede disculparse, enmendarse, aprender de sus errores, elegir no volver a incurrir en ellos, cambiar su comportamiento y avanzar.

"Este horrible sentimiento de condena se apodera de mí algunas veces", dice Alison, que pasó años culpándose por el suicidio de su padre y tratando de enmendarse haciendo felices a los otros a cualquier precio. "Es algo que me aparece en el fondo del estómago, un extraño sentimiento de vacío. Pero pronto se vuelve más fuerte, como olas golpeando contra las rocas, una oleada de ansiedad, de miedo, de terror, hasta que me siento obligada a acurrucarme, con ganas de cerrar los ojos y desaparecer. Y debajo de todo eso no hay más que vergüenza. La vergüenza de haber tenido un padre que se quitó la vida y de saber que no pude hacer nada para evitarlo. La vergüenza por todo lo que hice desde entonces. Los ridículos extremos a que llegué con el fin de 'arreglarles' las cosas a los demás y que, en general, terminaban empeorándolo todo, agravando situaciones que tal vez podrían haberse arreglado solas. La vergüenza de haberme casado con un hombre que padecía la misma enfermedad mental que mi padre. Pueden tener la seguridad de que es que como para avergonzarse, y se trata de un sentimiento que no puede ser más horrible."

Desde luego que lo es. La *vergüenza* es la reflexión de la culpa que se ha acumulado y que termina por incorporar a su identidad y como tal es algo de lo que cuesta más desprenderse. A diferencia de la culpa, que evalúa un comportamiento o una actitud como cosas erradas o malas, y puede ser motivo para que uno cambie tal aspecto de sí, la vergüenza formula una declaración de uno como persona. En determinado lugar de la línea de pensamiento uno se detiene: "*hice* algo que ahora comprendo que fue estúpido" y empieza a pensar: "*Soy* un estúpido y me avergüenzo de mí por ser un estúpido".

Como es dable esperar, la vergüenza tiene sus raíces en la etapa de autoculpa del proceso de curación. Al asumir la responsabilidad de errores que no eran suyos —que no otra cosa se hace al pasar por esa etapa— queda un sentimiento de culpabilidad respecto de circunstancias que, en realidad, estaban fuera de su control. Ya que, en primer lugar, fue el comportamiento de un tercero y no el suyo el causante del problema, no había nada que pudiera hacer para quitarse la culpa de encima, ninguna reparación que usted pudiera hacer, ninguna manera productiva para cambiarse o modificar la situación de modo tal de poder aprender de ella y evitar, en una situación futura, cometer los mismos "errores".

Sin embargo, los sentimientos de vergüenza pueden retornar una y otra vez, mucho después de haber dejado la etapa de autoculpa. Al bombardearlo con aquellos mensajes negativos que recibió originariamente de otras personas, puede avergonzarse por ser perezoso, ignorante, incompetente o despreciable, como los demás le dijeron que usted era. Esta autoimagen negativa, este sentimiento permanente de estar avergonzado de uno mismo, hacen que sea en extremo difícil creer que usted *merece* más de lo que ya obtiene de la vida y, en consecuencia, se erige en un obstáculo de grandes proporciones en el camino de la curación y el perdón.

Por último, sus *remordimientos* reflejan su genuina lamentación por las oportunidades perdidas o por no haber hecho o dicho cosas en el pasado. Puede lamentarse de no haber disfrutado los primeros años de sus niños, debido a que era adicto al trabajo, de no haber hecho las paces con su padre antes de la muerte de éste. Los remordimientos obedecen a muchísimas razones, pero de todos modos siempre tienen dos aspectos en común: primero, es imposible rebobinar nuestra vida como lo haríamos con un videotape, y volver atrás para actuar de otro modo. Y segundo, el deseo de mantener clavada la mirada en el pasado, nos puede hacer perder las oportunidades que se nos presentan ahora. En suma, lo que se hace es acumular más remordimientos.

Tal como ese viajero que camina por el andén de la estación arrastrando un equipaje excesivo, advertirá usted que su avance hacia la curación y el perdón se hace más lento y difícil cuando los agobian la culpa, la vergüenza y el remordimiento. Así que lo más sencillo sería dejar esas cosas por el camino. Por fortuna, la revelación que permite admitirlo a la etapa de sobreviviente puede ayudarlo en esta tarea.

Tan pronto acepte haber procedido de la mejor forma que pudo considerando el conocimiento, los recursos y el alimento con que contaba dejará de seguir rumiando en su fuero interno acerca de todo lo que anduvo mal y todo lo que hizo mal en el pasado. En lugar de eso, dará pasos efectivos para la reparación de su relación con los demás, corregirá equivocaciones cometidas y modificará el propio comportamiento de modo tal que, de ahora en más, no vuelva a caer en los mismos errores. Al desprenderse de la vergüenza y dejar que vaya quedando atrás paulatinamente, empieza a llegar a un reconocimiento de lo que tiene en lugar de seguir considerando lo que le falta. Se libera del exceso de equipaje, desarrollando nuevas actitudes y remontándose en busca de nuevas alturas.

Nuevas actitudes

Antigua plegaria de esclavos

¡Oh Señor, no soy lo que debería ser,
Señor, no soy lo que quiero ser,
Dios querido, no soy lo que he de ser,
Pero gracias, Señor... ya no soy lo que era!

Anónimo

"Esto es lo que quiero", pensaba Terry, sentada en el parque de la casa de una de sus amigas, en las colinas al norte de San Francisco. Junto a ella estaba su amiga Amanda, jugando con su bebé de ocho meses sin dejar de divertirse con las travesuras de su hijita de tres años. Amanda tenía un marido maravilloso, su matrimonio era muy feliz, ejercía en su consultorio privado como psicoterapeuta, disfrutaba de su hogar, tenía amigas, raíces y, según le parecía a Terry, nada que pudiera causarle un sentimiento de inseguridad.

Por fin, Terry repitió en voz alta: "Esto es lo que quiero", y se sorprendió ante la respuesta de Amanda.

"Esto es algo que nunca podrás tener si sigues como hasta ahora", replicó con presteza la amiga de Terry. "No vas a construir nunca una sana vida de relación mientras sigas acostándote con el primer tipo que se te presente, pensando siempre que ése podría ser el señor Correcto. Si sigues haciendo lo que haces, no conseguirás sino lo que hasta ahora has conseguido: mucha soledad y mucho dolor."

Sin salir del todo de su asombro, Terry intentó explicarse para sus adentros aquellas observaciones de su amiga. "Traté de convencerme de que el bebé la había tenido despierta toda la noche y estaba demasiado cansada como para darse cuenta de lo que estaba diciendo", recuerda Terry un año y medio después. "Se me ocurrió que podría estar molesta porque le estuve hablando demasiado de mi última relación fracasada. Y, desde luego, me dije que Amanda siempre fue una chica inclinada a las exageraciones y que, a decir verdad, mi vida no era tan promiscua como ella pensaba". En realidad, la única explicación que Terry no intentó formularse era que Amanda, por fin, se había decidido a enfrentarla con la verdad. No obstante, se trataba precisamente de la misma idea que andaba dando vueltas en algún recoveco de la mente de Terry. Por primera vez en su vida, estaba fallándole el mecanismo de defensa que Terry tenía tan bien aceitado y también, por primera vez en su vida, Terry se echó a llorar.

"Pasamos el resto del día y la mayor parte de la noche hablando acerca del embrollo que había hecho de mi vida", dice Terry. "Amanda ya conocía los detalles, por lo menos en la superficie. Eran cosas de las que le había hablado durante años. Pero ahora estuvo hablándome de lo que significaba mi comportamiento, de cómo me sentía en realidad y de por qué seguía repitiendo las mismas estupideces una y otra vez. Al haberle contado todo eso, en realidad ya no tenía forma de volver atrás y desdecirme."

De ahí en adelante, Terry realizó un esfuerzo concertado para ir despojándose de las capas de la negación y empezar a examinar las realidades de su vida. Reanudó la terapia, se unió a un grupo de apoyo, leyó libros, concurrió a talleres para crecimiento personal, comenzó a llevar un diario y mantuvo muchas, extensas y honestas conversaciones con Amanda y con otras amigas. Como resultado de todo ello, creció el conocimiento que tenía de sí misma y de sus pautas de comportamiento negativo. Así emergió para entrar en la etapa de sobreviviente y comenzó a modificar todas aquellas pautas.

"Me encuentro en la fase tres", explica con una sonrisa sincera, muy distinta de aquella que llevaba estereotipada cuando atravesaba la etapa de negación. "En la fase uno hice cosas estúpidas sin pensar en lo que hacía y sin preocuparme por las consecuencias. En la fase dos, seguí haciendo cosas estúpidas, pero después de hacerlas me sentía muy mal. Me deprimía y, como resultado, volvía a cometer tonterías para no tener que seguir pensando en el dolor. Ahora ya no me dejo llevar por el impulso de salir en busca de alguien con tanta frecuencia como solía. Cuando lo hago, todavía me siento mal, pero en lugar de seguir achacándomelo todo, trato de pensar *por qué* hice lo que hice, y me dedico a buscar diferentes formas de ocuparme de mí cuando me siento sola, insegura o no apreciada.

Lo que distingue a los sobrevivientes de las víctimas es que los primeros acrecientan la conciencia de lo que hay detrás de sus actos y desean hacer algo diferente, algo que sea un comportamiento enaltecedor y no destructivo. Desde luego que el objetivo consiste en eliminar al mismo tiempo los hábitos autodestructores, y en la etapa de sobreviviente es cuando se desarrolla una perspectiva positiva y realista con respecto a lo que está avanzándose hacia aquel fin.

Es posible hacer esto porque mientras vamos elevándonos por encima del dolor del pasado, *todo empieza a parecer diferente.* En lugar de esperar la perfección y desdeñarnos por no alcanzar el nivel buscado, uno establece objetivos razonables y puede apreciar hasta qué punto ha llegado ya. "Estoy llegando", dice. "Ya he dado zancadas, y seguiré dando otras."

"Todavía hay algunas cosas que quiero pero aún no tengo", explica Terry. "Una de ellas es una relación saludable. Pero por lo menos ahora ya sé qué es una relación saludable, y hasta estoy empezando a considerar que la merezco." En la etapa de sobreviviente, también usted llegará a creer que merece algo más o mejor de lo que logró en el pasado. Y ese cambio de actitud lo pondrá en condiciones de no seguir repitiendo el pasado y, en cambio, empezar a desplazarse a toda velocidad hacia un futuro brillante.

Durante años es posible que haya estado usted encarando nuevas relaciones y situaciones con el deseo consciente o inconsciente de "lograr ahora que todo vaya bien", pero volverá a experimentar un dolor y nuevamente sentirá desaliento. Cuando haya llegado a la etapa de sobreviviente, en cambio, comprenderá que en vista de las condiciones y la materia prima con que debía trabajar, en realidad "lo hizo bien" la primera vez aunque no lo haya hecho muy bien. Como resultado de ello, ya no necesitará ni querrá repetir sus dolorosas experiencias pasadas en sus relaciones de hoy ni seguirá reiterando pautas que puedan producirle el mismo dolor que en el pasado. En lugar de volver a representar las mismas escenas con nuevos actores, dedicando la función a la gente que alguna vez lo lastimó, ahora está en libertad de elaborar nuevos argumentos y seguir otro libreto que pueda incluso terminar con todos viviendo felices para siempre.

En las primeras etapas de su proceso de curación, todo era negro o blanco, bueno o malo, correcto o errado. En cuanto a usted, era absolutamente perfecto o un fracaso total. Los que le hacían daño podían ser del todo despreciables por sus malas acciones o santas personas cuyos actos dañinos debían "explicarse" por medio de la negación o la autoculpa. En vista de que no quería o no podía ver las tonalidades grises, se sentía amenazado y frustrado todas y cada una de las veces que la vida real y las personas de carne y hueso no se ajustaban a su imagen de cómo deberíanser las cosas. Ahora, en la etapa de sobreviviente, está en condiones de *tolerar las ambigüedades de la vida.* Tal como lo hiciera Suzanne, puede usted decir: "En realidad, jamás se sabe cómo podrán salir las cosas" y agregar: "Pero está bien. La vida es así".

Incluso podrá llegar a reírse de los absurdos de la vida porque durante la etapa de sobreviviente *vuelve a encontrar el sentido del humor,* que perdió cuando lo lastimaron o que en realidad no tuvo nunca debido a las heridas e injusticias que sufrió en los primeros años de su vida. En realidad, llega a la conclusión de que todos aquellos que alguna vez le dijeron "ya llegará el día en que mirarás hacia atrás y todo esto te hará reír" tenían razón, a pesar de que en aquel momento podría haberlos estrangulado. Cuando se mira en retrospectiva, muchos incidentes del pasado nos parecen hasta divertidos —incluyendo algunas escenas que en su momento se nos antojaron demasiado humillantes como para seguir pensando en ellas, y mucho menos como para encontrarlas divertidas.

Por ejemplo, varios años después de haber asistido Harriet a un seminario de perdón, la perspectiva de su fracaso matrimonial había cambido de manera drástica. Sentada frente a nosotros en el vestíbulo del hotel donde nos preparábamos a desarrollar uno de nuestros talleres, Harriet estuvo recordando hechos que, en su momento, en lugar de causarle diversión le arrancaron amargas lágrimas, y se puso a reír en tal forma que por momentos parecía faltarle el aire. "Aquella escena que le hice en el banco", farfulló entre risotadas. "¿Pueden imaginarse la facha que habré tenido? Una mujer que decide cortar con su marido, vestida con ropas deportivas y arrojando la ropa del marido infiel sobre el escritorio de la amante? ¿Se imaginan lo melodramática que estuve? Lo que ahora me sorprende es que a nadie se le haya ocurrido llamar a los del manicomio para que llevaran".

Sí, durante la etapa de sobreviviente se sonríe, se ríe y

hasta se llega a lanzar carcajadas con facilidad y muy a menudo. Y no se trata ahora de la risa nerviosa y forzada de la etapa de la negación. Y tampoco es esa risa burlona que acompaña al humor sarcástico, mordaz, humillante, de las etapas de víctima y de indignación. Nada de eso, las risas y sonrisas de la etapa de sobreviviente son genuinas porque todo el dolor y la miseria que debió atravesar, mantienen la perspectiva de la vida cotidiana. Como dijera alguna vez la actriz Ethel Barrymore: "Se alcanza la edad adulta el día en que uno por primera vez se ríe con todas sus ganas... de sí mismo", y por cierto que al alcanzar esa etapa se ha crecido lo suficiente como para hacerlo.

"Todavía me irritan algunas de las cosas que hice para tratar de que Larry no se fuera de mi lado", prosigue Harriet. "Como aquello de andar por la casa con ropa interior sexy, con medias caladas y tacos altísimos. Les aseguro que más parecía una modelo para el poster central de la revista *Mad* que para el de *Playboy*. Y vaya uno a saber cómo se me ocurrió pensar que con esas actitudes podría recomponer un matrimonio que venía haciendo agua desde hacía años. Podría haber intentado una terapia de pareja o probado con un fin de semana de Encuentros Matrimoniales, pero ¿ropa interior sexy? ¡Qué absurdo!"

Además de su sentido del humor, como sobreviviente también redescubre su sentido de la *compasión*. Ello se debe a que ya no está enderezando toda su atención al *propio* dolor ni a la *propia* impotencia o a los *propios* problemas, y sí está en condiciones de sentir lo que les sucede a otros que están luchando también por superar su dolor. En algún caso, esa compasión se extiende asimismo a las personas que lo lastimaron.

Por fin, en vista de que ahora sabe que una perspectiva tan limitada como los recursos con que contaba no eran suficientes para curar sus heridas y mejorar su vida, también renueva su compromiso para incrementar recursos y perspectivas a fin de poder hacer mejor las cosas en el futuro.

Como resultado, desde ese momento estará manejando su vida mejor que en ningún otro momento.

Nuevos comportamientos

"Seguí el consejo que me dieron ustedes en aquel seminario de perdón", nos expresó Bruce cuando vino a buscarnos para cenar antes que asistiéramos a un espectáculo de Broadway en tanto él debía concurrir a una reunión de Alcohólicos Anónimos. "Hice una lista de todas las cosas que necesitaba para sentirme física, emocional y espiritualmente saludable. Después añadí algunas otras propias. Ahora estoy a mitad de camino en la lista, y jamás me he sentido mejor."

Y por cierto que Bruce no podía tener un aspecto más saludable. Gracias a los ejercicios diarios en un club y a una dieta completamente distinta de aquella que llevaba, con café y golosinas a pasto: un año después de haber asistido a ese seminario de perdón, el cuerpo de Bruce había adquirido un aspecto delgado y fuerte, en contraste con el flacuchón y debilucho que conociéramos. Ahora tenía una piel tersa y brillante, en lugar de su antigua palidez, y le brillaban los ojos azules. Había dejado de fumar. Había asistido a gran cantidad de seminarios para perfeccionarse en la gerencia de hoteles, había desarrollado nuevas habilidades e impresionaba a sus superiores por la dedicación y autodisciplina, a punto tal que había obtenido varios ascensos y un pase a la casa central en Nueva York. Incluso había comenzado a dirigir ese tipo de seminarios por su cuenta, para enseñar a otros las técnicas gerenciales aprendidas por él. Además, Bruce seguía concurriendo a las reuniones de AA y también a las de Narcoadictos Anónimos (NA), y desde hacía un tiempo había empezado un curso de meditación destinado a reducir tensiones.

"Ahora me miro, me veo como soy y cómo es mi vida, y

me pregunto: ¿Quién es este tipo?", afirma Bruce. "No puede ser el mismo que andaba por los baños drogándose a escondidas o arruinándose las tripas con tanto whisky. Y entonces, cuando me doy cuenta de que soy la misma persona, pienso en lo lejos que he llegado y me pregunto, ¿y ahora qué? Adelante todo el mundo, estoy preparado para hacer frente a lo que sea".

Sin duda que es muy difícil reconocer, en este joven optimista y lleno de confianza en sí mismo, a aquella persona dispuesta siempre a *no* hacer cualquier cosa que pudiera enfrentarlo con la realidad, incapaz de responsabilizarse de su propia vida, que alguna vez ni siquiera se atrevió a correr el menor riesgo por estar convencido de que no era la persona adecuada y todos sus intentos indefectiblemente estarían condenados al fracaso. Con todo, por difícil que pueda ser aceptarlo mientras se está en la etapa de negación, de autoculpa, de víctima o de indignación, la etapa de supervivencia no sólo promete esta clase de modificaciones sino que también las produce.

Ello se debe a que, durante la etapa de sobreviviente, uno pasa cada día más tiempo *mirando hacia adelante en el proceso de curación en lugar de seguir haciéndolo hacia atrás, en dirección al período de dolor*. Esto no quiere decir que uno niegue el hecho de haber sido lastimado ni que disminuya el impacto que sus dolorosas experiencias pasadas ejercieron en su vida.

"Sí, fue algo horrible", admitirá usted.

"No, no querría volver a pasar por lo mismo", reconoce.

"Pero en vista de que lo hice", agrega, "extraeré algún provecho. Lo voy a utilizar para introducir más alegría, significación y determinación en mi vida".

Es posible que usted haya *pensado* antes en eso mismo, pero la diferencia está en que durante la etapa de sobreviviente lo *hace*. Después de haber pasado años en los que se limitaba a responder a personas y circuntancias que ocasionalmente se cruzaban en su camino, ahora toma las riendas que antaño dejó en manos del destino y desempeña un activo papel en la determinación de su propia suerte. Pasa a convertirse en actor, en lugar de sólo reaccionar, en jugador integrante de un equipo en lugar de un espectador que se limita a observar desde las tribunas mientras la vida pasa junto a él.

Lejos de seguir respondiendo a los hábitos, renunciando a toda posibilidad de resistir compulsiones o apenas dejándose llevar por el viento o las corrientes, en su carácter de sobreviviente *usted elige.* Así como lo hizo Suzanne cuando decidió revelar a su madre el incesto, uno se formula esta pregunta: "¿Qué hacer en esta situación para mantener el respeto por mí mismo?" Habrá de considerar profundamente sus alternativas y ahondará en las consecuencias tanto positivas como negativas de cada una de las posibles opciones. A partir de allí escogerá su curso de acción óptimo, algo de lo que pueda sentirse orgulloso y que pueda poner en funcionamiento sin dañar a terceros ni a sí mismo.

Una de las elecciones que se hacen durante la etapa de sobreviviente es dejar de cometer el suicidio sistemático. Suspende las búsquedas derrotistas y autodestructoras, da pasos gigantescos hacia su recuperación del alcoholismo, la drogadicción, la codependencia o la alimentación excesiva. Se abandonan hábitos que le hacían daño para reemplazarlos por otros nuevos y más sanos, como:

*practicar ejercicios con regularidad;
*observar qué, cuándo y cuánto come;
*manejar su tiempo dejando más espacio a la distracción, la distensión y la recarga de sus reservas de energía;
*hacer más amistades y conservarlas;
*entregarse a tareas de embellecimiento de su hogar o su entorno laboral;
*acentuar el romance y el interés en su matrimonio o en su vida amorosa.

Se encuentra ya en la etapa de sobreviviente o está a

punto de hacerlo, de todos modos podrá empezar a realizar estos cambios en su vida. La estrategia que sigue podrá ayudarlo a identificar algunas de las alternativas que lo impulsarán al bienestar total.

Estrategia de clarificación número 12: Suicidio sistemático

Está cometiendo suicidio sistemático cada vez que:

*enciende un cigarrillo;
*conduce el automóvil sin ponerse el cinturón de seguridad;
*se acuesta con alguien cuyos antecedentes sexuales desconoce;
*ingiere carnes rojas o alimentos fritos o sabiendas de que su índice de colesterol es elevado;
*adopta cualquier dieta, por dura que sea, logra perder cinco, diez o quince kilos y los recupera al poco tiempo;
*deja de ir al ginecólogo aunque haya vencido el plazo para su Papanicolau;
*trabaja doce horas diarias y pasa el resto de la jornada preocupándose por la labor sin hacer;
*hacer cualquier cosa —por pequeña que sea— que vaya en contra de su salud física o emocional o que le haga experimentar un sentimiento de culpa o vergüenza.

Piense en su comportamiento. ¿En qué forma está cometiendo un suicidio sistemático? ¿Qué come, bebe, traga o fuma que sería mejor abandonar? ¿Qué hace para acentuar su tensión y acrecentar el estrés? ¿Qué cosas deja de hacer que podrían hacerlo sentir más saludable física y mentalmente?

Ahora tome una hoja de papel, trace una línea vertical en el medio y escriba una lista con sus diez comportamientos de suicidio sistemático más salientes. No nos cabe la menor duda de que hallará esos diez ejemplos sin dificultad, pero en caso de que no sea así, pase a consultar la Estrategia de Clarificación número 1, en la página 116 del capítulo cuatro.

Elija cinco de esos comportamientos que le parezcan decididamente desechables y que le agradaría modificar. Luego establezca un orden de prelación entre los cinco, dando la letra "A" al que preferiría combatir primero, la "B" al siguiente y así sucesivamente.

Luego, al comprobar que el comportamiento que se siente dispuesto a abandonar tal vez esté satisfaciendo una necesidad, trate de identificarla. Por ejemplo, ¿busca un cigarrillo cuando atraviesa un momento de ansiedad o corre a saquear el refrigerador cuando está aburrido? ¿Consume exageradas cantidades de alimentos productores de alta tasa de colesterol porque "lo llenan" o porque nunca intentó educar sus gustos alimentarios en procura de comidas más sanas? ¿Trabaja doce horas diarias porque tiene problemas para distribuir su tiempo? Intente dar con la *razón* que existe detrás de su comportamiento de suicidio sistemático, porque allí encontrará la clave respecto de *qué hacer en lugar de eso.*

Imagine, poniendo toda su inteligencia, una lista de comportamientos alternativos para cada uno de esos ítem clasificados con letras, y si lo considera necesario pida incluso la cooperación de amigos y colegas. Las opciones adecuadas serán aquellas que satisfagan la necesidad que su actual comportamiento de suicidio sistemático está enfrentando ahora, pero casi con seguridad se tratará de comportamientos productivos y no destructivos. Por ejemplo, en lugar de comer sin medida cuando se aburre, podría hacer un crucigrama, conversar con algún amigo por teléfono o visitarlo, hacer anotaciones en su diario, leer, arreglar el jardín, poner en orden el álbum de fotografías, escribir aquella carta que debe desde hace tanto tiempo, jugar con sus chicos o darse un baño de burbujas, por mencionar apenas unas pocas alternativas. De igual manera, si dejar de fumar lo pone muy nervioso e irritable, lo mejor será introducir en su vida actividades reductoras de la ansiedad, como el ejercicio físico, caminatas por el bosque, masaje, hobbies o una actividad artesanal que mantenga sus manos ocupadas, y la meditación.

Conserve toda esa lista para futuras referencias. Pero para poner ahora mismo en práctica su voluntad de cambiar, escoja las tres más llamativas para reemplazar sus comportamientos de suicidio sistemático y con ellas haga otra lista en el lado derecho de la página, frente a los puntos que trate de modificar.

Por último, comprométase a dejar sus hábitos de autodestrucción de a uno por vez, a partir del comportamiento que haya marcado "A". En realidad, establezca un contrato consigo mismo especificando qué cosas abandonará y qué proyecta hacer en cambio. Firme ese compromiso, póngale la fecha y *cúmplalo.*

Cuando abandone sus comportamientos de suicidio sistemático y emprenda la búsqueda del absoluto bienestar, estará haciendo algo más que mejorar su salud física, aunque esto sea en verdad parte de lo que esté haciendo. Los nuevos hábitos que comenzará a practicar también satisfarán sus necesidades emocionales y espirituales, al expandir sus horizontes y agregar nuevas dimensiones a su vida, una vida que solía tener una sola dimensión, la que estaba definida por el dolor sufrido en el pasado.

Más señales de supervivencia

Cuando uno se encuentra en la etapa de sobreviviente, deja de irse a los extremos. Desde luego que la modificación que se opera en su vida podría considerarse dramática, pero todos los cambios van adoptándose con inteligencia: a un paso por vez en lugar de procurar tenerlo todo de la noche a la mañana. Este es un punto de importancia, porque si trata de hacer demasiado con mucha prontitud, lo más probable es que se sienta abrumado y produzca igual efecto en quienes lo rodean. Si se encara el proceso de curación con la misma mentalidad obsesiva que se tuvo para buscar la autodestrucción, el cambio parecerá una propuesta de todo o nada: al no obtener todo lo deseado de inmediato, se abandona el intento y casi con seguridad volverá a caer en alguna de las etapas anteriores. Así que, por favor, busque el bienestar con energía y determinación, pero con moderación. El fanatismo es peligroso, incluso cuando se trata de cosas que pueden ser buenas para usted.

Con el fin de encarar el cambio con sensatez, pero también porque se puede caer de nuevo en el dolor pasado, así como volver a sufrir heridas e injusticias, es necesario elaborar una red de apoyo y usarla. Pueden formar parte de esa red consejeros, miembros de un grupo de autoayuda o un programa de recuperación como AA, amigos, parientes, su cónyuge o personas que conozca de talleres o seminarios y se mantengan en contacto con usted por teléfono o escribiéndole cartas. Esos integrantes de su red de apoyo son personas con las que podrá reír y jugar, y al mismo tiempo estarán en condiciones de ayudarlo a resolver sus problemas, idear alternativas, confiar en usted y correr los riesgos que ampliarán su horizonte además de darle la ocasión de explorar todo un mundo nuevo. *No* tendrán que ser personas para "masajear su neurosis" —como lo expresa el psicólogo Hanoch McCarty, de la Universidad del Estado de Cleveland— revolcándose con usted y alentantándolo para hacer lo que le parezca.

Muy pocos son los que pueden llegar a la etapa de sobreviviente *sin* esta clase de respaldo. Como se sabe que la inspiración, los recursos y el conocimiento que esas personas están en condiciones de suministrarle pueden contribuir a que usted sane y crezca, cuando se ha llegado a esta etapa del proceso continuará elaborando y buscando la ayuda de la red de apoyo. Frente a un punto difícil, en lugar de dar un paso atrás y retirarse de la carrera tal como acostumbraba hacer, ahora se volverá hacia las personas que estén en condiciones de consolarlo, alentarlo y darle consejos.

Además, en su condición de sobreviviente, también usted *da* apoyo. Como lo expresa May Sarton, autora de *At Seventy* (A los setenta) "eche fuera su angustia". Emplee su sentimiento de compasión recién hallado y lo aprendido mientras avanzaba en su proceso de curación, para ayudar a otros que todavía están luchando con los suyos. Suzanne, por ejemplo, que sobrevivió al incesto, conduce ahora Grupos de Apoyo para Sobrevivientes del Incesto en la Universidad de Massachusetts. Como ha crecido, está en condiciones de ayudar a otros a crecer. Lo hace sin decaer ni lamentarse con los otros, como podría haberlo hecho durante la etapa de víctima, sin alentar el espíritu vindicatorio ni adoptar una actitud de "liquiden al muy bastardo", como podría haber hecho durante la etapa de indignación. De la misma manera, muchos de los mejores asesores para curar a las víctimas de adicciones son ex adictos y ex alcohólicos que no sólo han llegado a la sobriedad, sino que han avanzado lo suficiente en su proceso de curación como para guiar, de manera compasiva y abierta, a otras personas que lo están iniciando. Cuando alcance la etapa de sobrevivencia usted estará en condiciones (y querrá) proceder de la misma forma.

Un nuevo contrato con la vida

> *Soy una sobreviviente... El hecho de serlo no significa que se esté hecha de acero y tampoco que haya que ser implacable. Significa que se ha de permanecer básicamente del lado que corresponda y se quiera ganar.*
>
> Linda Ronstadt

En su condición de sobreviviente, uno experimenta el

poder curativo de ser una persona como las demás a pesar de haber recibido heridas alguna vez.

Cuando mi padre me repudió, no abandoné mi búsqueda de paz interior. A decir verdad, trabajé todavía más duro para encontrarla. Mi propósito de alcanzar la curación me llevó a Amherst, Massachusetts, en julio de 1981, a fin de asistir a un taller para crecimiento personal que estaba a cargo del doctor Sidney B. Simon. Sí, el mismo Sid Simon que es ahora mi marido y coautor de este libro. En aquella época lo conocía sólo como el autor de libros sobre esclarecimiento de valores que había utilizado en mis clases. Quiero decir que no tenía idea de la medida en que aquellos cinco días de trabajo en su taller cambiarían mi vida. Todos los asistentes habían sido lastimados, al igual que yo. Todos querían superar su situación de lastimados para estar en condiciones de crecer. Así que al fin empecé a sentirme menos sola.

Comencé asimismo a reconocer que podría haber en mí algo más que el hecho de que mi padre hubiese abusado de mí sexualmente. Si bien me definía a mí misma como el producto del incesto y nada más, las personas que conocí en aquel taller vieron más y me lo dijeron. Me hicieron saber que yo sabía escuchar, que analizaba mis ideas y mis actos, que era articulada e inteligente. En esa forma valorizaron cualidades existentes en mí que el dolor me impedía ver, y sus mensajes me llegaron. Así fue posible que terminara viéndome como algo más que el lastimado y abandonado remanente de una experiencia horrible, ocurrida tantos años antes.

Según lo refleja el comentario de Suzanne, uno de los hitos fundamentales de la etapa de sobreviviente es la comprensión de que se cuenta con más atributos positivos y admirables rasgos de personalidad de lo que pudiera pensarse, y que nuestra identidad está hecha de más cosas que sólo dolores, fracasos y defectos. Lo que es más, cuando uno empieza a apreciar su fuerza, su talento y los logros alcanzados, se modifica toda la perspectiva. La propia vida ya no queda definida por lo que nos falta, por lo que perdimos, sino por lo que se tiene y se quiere realizar. Hasta se comienza a reconocer que se ha ganado algo con aquellas pasadas experiencias dolorosas, como capacidades y habilidades únicas que pueden usarse para el propio beneficio presente y futuro.

Por ejemplo, recibimos no hace mucho una carta de Marcy, que desde que la conocimos en un seminario de perdón, hace años, nos ha estado enviando desde todas partes información acerca de su vida y su proceso de curación. "Acaban de ofrecerme la ocupación que siempre soñé", nos informó, tras lo cual pasó a explicarnos que se pondría al frente de un importante proyecto de investigación, y que ese cargo satisfacía todas sus necesidades, hasta la de contar con un centro de atención cerca.

"Mi antiguo jefe me recomendó para el trabajo", escribió Marcy. "Dijo que yo era dueña de una habilidad asombrosa para 'ver lo grande', para anticipar problemas y que siempre contaba con un plan contingente para aplicar en situaciones críticas. Cuando me lo informó la persona que me entrevistaba, casi me caigo de la silla, porque estaba describiendo en detalle cómo había sido de niña. Y en el momento menos pensado comprendí que había recibido algo más que dolores por el hecho de ser un ACOA (adulto hijo de alcohólicos, según la sigla en inglés). Todo cuanto hice entonces para sobrevivir fue, en realidad, ponerme a trabajar para llegar a mi posición ventajosa de hoy. Jamás pensé que alguna vez podría decir esto, pero después de todo reconozco que algo bueno salió de aquel infierno en el que me tocó vivir."

Como sobreviviente, también usted estará en condiciones de ver lo bueno salido de aquel "infierno" que debió atravesar, tanto en el momento en que lo lastimaron como después, a lo largo del proceso de curación. Si es sobreviviente de un incesto, por ejemplo, podría haber desarrollado un "sexto sentido" que le permitirá hablar de muchas cosas utilizando un lenguaje muy sutil. Es que para su propia protección, para sobrevivir, usted *debió* desarrollar esa capacidad. Ahora está en condiciones de emplearla de manera positiva: haciendo de usted un padre o amante sensitivo, un profesional capaz de ayudar con efectividad o alguien que puede descubrir si el sistema de ventas adoptado está lográndole clientes potenciales. Sin considerar en qué forma lo lastimaron ni qué hizo para sobrevivir, en efecto puede decirse que ganó tanto como sufrió, y cuando se encuentre en la etapa de sobreviviente encontrará el momento necesario para darse una amistosa palmadita en la espalda como premio a su adaptabilidad, valentía, creatividad y demás fortalezas desarrolladas en el proceso.

Esta nueva conciencia de sus fuerzas y talentos únicos, junto con sus nuevas actitudes y comportamientos lo pone en condiciones de verse iluminado por una luz positiva, casi seguramente por primera vez desde que lo lastimaron. A medida que empiecen a esfumarse aquellos viejos sentimientos de que algo malo debería haber existido en usted de manera inherente, comenzará a sentir que, en realidad, es una buena persona. Ya no tendrá tanta necesidad de mantener lejos a los demás, para que no adviertan sus imperfecciones ni descubran sus secretos. De hecho, cuando piense "si lograras conocerme bien, en realidad, te agradaría", ya estará abierto a nuevas relaciones, y hasta activamente procurando entablarlas. Lo que es más, esas nuevas relaciones, al igual que muchas otras que ya tiene, serán mejores de lo que han sido hasta ese momento.

Cuando haya llegado a la etapa de sobreviviente, cada paso que dé —desde hacer elecciones hasta mejorar sus amistades— no hará sino reforzar su autoestima. Y esos primeros atisbos de autovalía positiva le resultarán tan satisfactorios que de inmediato buscará más. Para construir sobre esos nuevos cimientos de la autoestima, tiene que:

*Buscar mentores y modelos, personas que conozca o de cuya existencia sabe que parezcan agradarse a sí mismos. Observe su comportamiento y actitudes, e incorpore de ellas todo cuanto pueda a su propia modalidad para encarar la vida diaria.

*Corra riesgos. Abra su mente a ideas nuevas, lance desafíos físicos contra usted mismo, y también córralos desde el punto de vista emocional en especial cuando contribuyan a vencer sus miedos acerca de la proximidad de otras personas.

*Comprométase para desarrollar actividades que le produzcan reconocimiento y le den un sentido de pertenencia. Realice trabajo voluntario, inscríbase en clubes, comisiones, organizaciones profesionales o una liga de bowling. Sea parte del mundo y eso bastará para que deje de sentirse separado de él.

*Sea productivo. Siga cursos, desarrolle nuevos hobbies, finalice sus viejos proyectos, organice su vida y trate de llevar algo a cabo —por pequeño que sea— cada día.

*Aproveche los recursos para elaborar su autoestima.

Cuando logra combinar esos objetivos con el poder de tomar decisiones, adquiere un sentido de sus talentos únicos y sus atributos positivos, y una conexión con una red de apoyo —todos ellos elementos de la etapa de sobreviviente —su autoestima florece. Usted cree en sí mismo. Cree merecer paz interior y una vida mejor. Con cada día que pase, gana en su confianza de alcanzar los objetivos que se proponga y así elabora un futuro más brillante.

Avanzar

Autobiografía en cinco capítulos breves.

I

Voy caminando por la calle.
Hay un profundo pozo en la acera.
Caigo en él.

Estoy perdido... desamparado... no es por culpa mía.
Siempre cuesta trabajo encontrar una salida.

II

Camino por la misma calle.
Hay un profundo pozo en la acera.
Finjo no haberlo visto.
Vuelvo a caer.
No puedo creer que esté de nuevo en el mismo lugar, pero
no ha sido por culpa mía.
Sigue siendo difícil encontrar una salida.

III

Camino por la misma calle.
Hay un profundo pozo en la acera.
Veo que está ahí.
Caigo lo mismo en él... es un hábito.
Tengo los ojos abiertos... sé dónde estoy... ha sido por mi culpa.
Salgo inmediatamente.

IV

Camino por la misma calle.
Hay un profundo pozo en la acera.
Doy un rodeo.

V

Camino por otra calle.

Portia Nelson

En la etapa de sobreviviente, el presente se torna más poderoso que el pasado, y se tiene menos interés en mirar hacia atrás para observar cómo nos lastimaron y de qué manera nos sentimos por haber sido lastimados. El dolor del pasado ya deja de desempeñar el papel protagónico en nuestra vida. Sin embargo, todavía no se lo ha dejado ir del todo. Se sigue viendo el pozo en la acera y lo que se hace es rodearlo, sin pisarlo nuevamente, pero todavía no se ha echado a andar por otra calle. Para hacerlo, lo que resta finalmente es abrir la prisión y dejar que quienes nos lastimaron alguna vez vuelvan a pertenecer a la raza humana.

La verdadera curación y el perdón sincero se tornan posibles cuando se logre dar a las dolorosas experiencias pasadas una perspectiva y se pueda comprender que ya no se necesita de ellas como una excusa para definir la propia identidad o protegerse de sus heridas nuevamente. Cuando uno llega a la conclusión de que con *no* perdonar no se logra nada útil para la propia curación, entonces se deja ir ese dolor del pasado y se avanza en la vida. Al mismo tiempo se ingresa en la próxima y última etapa del proceso de curación, que es la integración.

10

INTEGRACIÓN

"Todo empezó cuando me compré un par de zapatillas de correr", dice Warren ahogando una risita, y una vez más todos advertimos cuánto se diferencia de aquel hombre reservado, tristón, que alguna vez concurrió a nuestro seminario de perdón nada más que por insistencia de su mujer. Se retiró de ese seminario más decidido que nunca a vivir aferrado a sus rencores y resentimientos. Pero tres años después, cuando nos lleva desde un aeropuerto hasta la sede de una conferencia auspiciada por la iglesia a que pertenece, ya no parece que Warren estuviera soportando sobre los hombros todo el peso del mundo. En cambio, ahora sonríe con calidez y con frecuencia se echa a reír mientras nos refiere de qué manera el perdón "le sirvió de descarga" y se esfumó sin que él se diera cuenta.

Como el lector recordará, el padre trataba a Warren como "al niño invisible", a pesar de todos los esfuerzos del muchacho para llamar su atención y ganar su cariño. Sin dejar de reconocer que seguía furioso a causa de eso cuando salió del seminario de perdón, Warren dice que "en cuanto a mí se refiere, le había dado a mi padre todas las ocasiones. La cosa entre nosotros estaba terminada".

Pero, desde luego, no lo estaba. Por la sencilla razón de que el padre de Warren, que acababa de superar una grave afección cardíaca y estaba intentando restablecer sus relaciones con el hijo y los nietos, seguía llamando por teléfono a casa de éste. Si bien nunca le hablaba, su mujer sí lo hacía, incapaz de comprender cómo podía su marido ser tan inflexible.

Durante las discusiones que inevitablemente siguieron entre marido y mujer, Warren continuaba quejándose del "bastardo" que le había hecho la vida imposible, al tiempo que su esposa le rogaba que, con su actitud vindicativa, no privara a sus hijos de la presencia del abuelo. "Pero yo no estaba dispuesto a rendirme", indica Warren. "No podía perderme la ocasión de emparejar los tantos, de rechazarlo tal como él me rechazó a mí. Y entonces ella se olvidaba del asunto hasta la próxima llamada."

Durante aquel lapso, la empresa constructora de Warren no anduvo del todo bien. Para reducir costos, despidió a parte del personal y trató de hacer el trabajo de los empleados despedidos. Así que empezó a trabajar doce horas diarias y con frecuencia pasaba las noches encerrado en su escritorio haciendo cuentas. Una de esas veces, pasada la medianoche, tropezó en la oscuridad con un gran trofeo de bronce. "Mi hijo acababa de recibir el premio al Mejor Jugador en su equipo de béisbol", recuerda Warren. "Me explicó mi mujer que el niño quería que me enterase, pero no se había atrevido a molestarme mientras estaba trabajando. No pude haberme sentido más miserable, y cuando advertí que no había asistido ni a uno de los partidos de su equipo en todo ese año, me sentí todavía peor."

Lentamente, a medida que las discusiones entre Warren y su mujer se hicieron más frecuentes, más intensas, en tanto los niños decidían andar por la casa en puntas de pie para tratar de pasar inadvertidos, él comprendió que su familia empezaba a parecerse a aquella en la que había crecido. "Pero no sabía qué hacer para remediarlo", suspira Warren. "Todo lo que estaba sucediendo me parecía fuera de control."

Y ahí fue cuando entraron en escena las zapatillas para correr. Warren debió cumplir con su examen físico anual. Y el médico le sugirió que probara con el *jogging*. "Me dijo que con el ejercicio podría llegar a disminuir mis tensiones y recuperar mi energía", explica Warren. "Lo que me pareció completamente sin sentido, aunque sabía que algo estaba obligado a hacer, de modo que salí a comprarme un par de zapatillas para correr y desde el día siguiente salí a trotar por ahí."

Warren empezó a sentirse mejor físicamente, y después de practicar ese ejercicio durante unos meses le preguntó a su hijo si no le gustaría acompañarlo. En esa forma padre e hijo comenzaron a conocerse mejor desde el momento en que, por lo menos durante una hora, se reunían para trotar, y la confianza entre ambos creció hasta el punto que su hijo se consideró autorizado a insinuarle que todos se sentirían mejor si los padres no pasaran los días discutiendo. Como resultado de aquella opinión, la próxima vez que la esposa sugirió asistir juntos al consultorio de un consejero matrimonial, Warren estuvo de acuerdo. La relación de pareja se fortaleció y fue más cariñosa. Tanto juntos como por separado, Warren y su mujer añadieron a sus vidas nuevas y más positivas experiencias. Warren inició una terapia individual y contrató los servicios de un consultor para que le ayudara a reorganizar sus negocios y le enseñara nuevas técnicas, tanto para combatir el estrés como para manejar su tiempo. El domingo pasó a convertirse el el día familiar, y cada semana le correspondía a uno de los integrantes de la familia elegir una actividad que todos pudieran realizar en conjunto. Fue idea de la mujer pasar uno de esos "días de familia" con el padre de Warren en el country club de éste.

"Me pidió que le diera una oportunidad al viejo", recuerda Warren. "Me dijo que en caso de que las cosas no funcionaran siempre podría volver a odiarlo al día siguiente." Pero las cosas anduvieron bien. En realidad, Warren volvió a ver a su padre a la luz de una nueva circunstancia. "Lo encontré muy distendido e interesado en mi trabajo. Tenía un gran sentido del humor. Donaba parte de su tiempo al trabajo con niños enfermos en una clínica de uno de los peores barrios de la ciudad, y jugaba al golf. Por mi parte, nunca había sabido nada de eso, porque nunca quise saberlo. Aquel hombre odiado por mí durante tantos años ya no era el mismo... y tampoco lo era yo."

Cuando terminó aquella primera visita, su mujer le preguntó si le agradaba haber hecho las paces con su padre. "Y en efecto, así era", recuerda Warren.

De modo que aquel hombre que jamás había pensado en perdonar a su padre, empezaba a hacer precisamente eso. Bastó que comprara un par de zapatillas deportivas y se lanzara a trotar internándose en la etapa de sobreviviente. Después de eso, con cada nuevo paso que dio para mejorar las circunstancias de su vida y su autoestima, el rencor de Warren por su padre fue decreciendo, de manera automática. Es que, en suma, ya no era tan importante para él como lo fuera en otros tiempos.

Sin mayores alharacas, Warren se deslizó dentro de la *etapa de integración* del proceso curativo, se desprendió del resto de equipaje excesivo que aún arrastraba, y soltó los últimos lazos que lo ataban al dolor del pasado. Y del mismo modo cada uno de ustedes, a su manera y de acuerdo con su tiempo interior, podrá hacer lo mismo. Cada uno podrá *integrar* sus pasadas experiencias dolorosas, ponerlas en la debida perspectiva, dejar que se vayan las emociones intensas unidas a cada una de ellas, y sí, incluso perdonar al causante de tantas heridas para así poder, realmente, realizar su propia vida.

La etapa de integración

> *El dolor humano no suelta sus garras en un momento determinado. En cambio, va alejándose de la conciencia de cada uno con el tiempo. Existe una época de tristeza. Una época de ira. Una época de tranquilidad. Una época de esperanza...*

Robert Veninga
Gift of Hope: Wow
We Survive Our Tragedies
(El don de la esperanza: cómo
sobrevivir a nuestras tragedias)

Cada una de las etapas de la curación implica un despertar gradual a nuevas posibilidades, sin desdeñar la posibilidad de perdonar a quienes nos lastimaron. Como lo demuestra con tanta claridad el relato de Warren, todo cuanto hacemos, incluso algo al parecer tan banal como la compra de un par de zapatillas, contribuye a ese despertar. Si bien sus gigantescos saltos hacia adelante pueden ser seguidos de algunos pasos hacia atrás, y aunque nos parezca que la recaída dure una eternidad, cada uno de los éxitos e incluso cada uno de los retrocesos va acercándonos al perdón. Todo ayuda a la curación, tanto los errores y desventuras pasados durante las etapas de negación, de autoculpa, de víctima e indignación, como las elecciones "inteligentes" y los cambios de comportamiento positivos que se hicieron durante la etapa de sobreviviente. Y en el momento menos pensado, todas aquellas piezas del rompecabezas que estuvo reuniendo desde el momento en que lo lastimaron, caen en el debido lugar y encajan unas en otras. Cuando hacemos eso, hemos ingresado en la etapa de integración del proceso curativo.

La entrada en esta etapa no será ni de cerca tan dramática como la de la etapa de sobreviviente. Es algo fascinante, y tal vez conveniente, que la paz interior en que se ha estado trabajando durante tanto tiempo y con tanto esfuerzo, llegue de manera tan apacible. Sin embargo, aunque no lo anuncien ululantes sirenas ni resplandores de neón, sabemos muy bien cuándo hemos alcanzado la etapa de integración porque:

- ya no produce irritación que alguien saque a relucir el

tema del vejamen, el divorcio, el alcoholismo o cualquiera de los que alguna vez nos lastimaron;
- oír hablar de la persona causante del daño ya no nos hecha a perder el día ni nos mueve a lanzar una serie de insultos contra ella;
- aquellas emociones tan intensas que se asociaban con las experiencias dolorosas del pasado, al parecer se han ido;
- todavía se experimenta algún sentimiento respecto de aquellas experiencias, pero son sentimientos que ya no lo abruman. Deja de preocuparse de que su llanto no cese o que su ira explote fuera de control.

Cuando entramos en la etapa de integración alcanzamos a comprender en qué forma encajan las dolorosas experiencias sufridas en la *totalidad* de nuestras vidas. Reconocemos que formaron parte de esa vida y comprendimos de qué manera la moldearon. Pero también llegamos a entender que el dolor y la desazón no eran lo único que experimentábamos y que aquellas dolorosas experiencias no eran las únicas que nos formaron como somos hoy.

Desde luego que nada de eso significa que olvidemos lo que sucedió ni que esto careciera de importancia y no nos afectara. Quiere decir, en cambio, que cuando se ha llegado a la etapa de integración, aquellas viejas heridas e injusticias carecen de toda la carga emocional que antes tuvieron. Estamos en condiciones de pensar en ellas sin venirnos abajo como en un vuelo en picada, y cuando las recordamos nos sentimos menos inclinados a quedarnos en ellas. Como resultado de todo eso, el perdón hace — como lo ha dicho Warren— "que todo se disipe cuando no lo observamos".

En realidad, se esfuma precisamente *porque* no lo estamos observando, porque ya hemos dejado de mirarlo todo el día y de revolcarnos en el pasado dolor, en lugar de mirar hacia adelante y avanzar hacia un futuro de mayor bienestar, más brillante. Como se podrá advertir, los cambios que se han hecho y la nueva dirección que se ha tomado cuando se ingresó en la etapa de sobreviviente abrieron las puertas a la etapa de integración y prepararon el camino para llegar al perdón.

Preparar el camino que lleva al perdón

"Está bien que se identifiquen a sí mismos como hijos adultos de un alcohólico", aconsejó a su auditorio, durante una reciente conferencia acerca del alcoholismo, el profesor Robert Ackerman, de la Universidad de Indiana. "Eso es lo que son. Pero no deben quedarse allí, porque todos son algo más que eso." Después de esas palabras, Ackerman siguió informando a los participantes de su conferencia que si se presentaban ante él como hijos adultos de padres alcohólicos, deberían esperar que los mirase a los ojos y después les preguntara: *"¿Y...?"*

¿Cómo respondería usted a esa pregunta-de-una-sola-palabra? ¿Qué es *además* del dañado remanente, a lo sumo en vías de curación, de alguna pasada herida o una triste injusticia? ¿Es también padre, esposo, amigo, apoyo, pensador creativo, deportista, jardinero o cocinero de categoría? ¿Cuántos finales distintos se atreve a escribir para una oración que comience con las palabras *yo soy*? Pues bien, tome una hoja y escriba todas esas frases ahora mismo. Hay grandes posibilidades de que termine agradablemente sorprendido por tantas y tan diversas facetas de su identidad como podrá anotar allí.

Es que en todo momento usted ha sido algo más que una víctima del dolor pasado. No obstante, en los primeros momentos de su proceso de curación, las heridas, el odio, el rencor que sentía eran los aspectos más importantes y casi únicos de su identidad. El dolor por lo pasado y el resentimiento hacia quienes lo lastimaron desempeñaban en su vida papeles tan vitales como para que llegara a ignorar qué hacer o qué podría ser sin ellos. Incluso después de haber cambiado su etiqueta de víctima por la de "sobreviviente", aquellas viejas heridas siguieron definiendo quién era usted. Era el sobreviviente de *algo.* Si perdonaba esa "cosa" o dejaba escapar las emociones intensas que llevaba aparejadas, estaba también abandonando una parte de sí, una porción fundamental de su identidad.

Por fortuna, mientras se encontraba en la etapa de sobreviviente, las nuevas actitudes y comportamientos que adoptó, así como el sentido positivo de la autovalía que desarrolló, lo pusieron en condiciones de redescubrir aquellas partes de su identidad que no se definían por su dolorosa experiencia anterior ni se relacionaban con ella. Durante la etapa de integración avanza usted un paso más cuando llega a la conclusión de que otras porciones de su ser —la condición de padre, esposo, estudiante, maestro o incluso pintor aficionado— tienen tanta importancia, y quizá más, que esa parte de su identidad desarrollada porque lo lastimaron alguna vez. Seguirá contando con una identidad incluso cuando la parte de herida, de odio y rencor que hay en usted hayan dejado de existir. Y cuando comience a comprender, *se tornará posible abandonar lo doloroso, renunciar a los resentimientos y perdonar a quienes nos dañaron.*

Además, en vista de que su salud, autoestima, vinculaciones y tomas de decisión también habrán mejorado, ya no necesitará recurrir como excusas a las heridas no cicatrizadas y los asuntos inconclusos. En vista de que habrá abandonado sus comportamientos de suicidio sistemático durante la etapa de sobreviviente y adoptado nuevas costumbres (como el ejercicio regular, la dieta sana, la red de apoyo y el manejo de su tiempo), ya no tendrá razones para echarle la culpa al viejo dolor y decir: "No deben esperar mucho de mí. Consideren por qué cosas he debido pasar. Ya tengo bastante suerte con poder mantener la cabeza fuera del agua".

En vista de que está avanzando sin pausa hacia el bienestar e incluso alcanza a descubrir atisbos de paz interior una que otra vez, ¿por qué habría de *querer* seguir empantanado en el dolor del pasado? La verdad es que no lo quiere. En la etapa de integración, reconoce que *ya no le sirve de nada saludable ni útil* seguir aferrándose a sus dolorosas experiencias del pasado y no perdonar a quienes lo lastimaron. A decir verdad, aquellas heridas e injusticias que fueron excusas siempre al alcance de la mano para justificar su autodisculpa o sus comportamientos de autodestrucción, ahora son otros tantos obstáculos en el proceso de su curación. Con cada día que pasa, la posibilidad de liberarse de tales obstáculos se torna más atrayente, *aunque signifique permitir que "se desenganchen" los que le hicieron daño.*

Por último, durante esta etapa reconoce completamente que nada de cuanto pudo haber hecho para *castigarlos* le sirvió para curarse *usted*. Tanto si hizo cosas para asegurarse que quienes lo lastimaron debieron padecer por lo menos lo mismo; si se dedicó sólo a alentar fantasías de venganza y anhelar que la desdicha recayera sobre ellos; o si rumió castigos o se encolerizó a la espera de que les pasara algo a esas personas que le hicieron mal, lo cierto es que estuvo perdiendo *su* energía, consumiendo *su* tiempo mientras seguía viviendo con el dolor pasado. La pregunta para formular es: "¿Durante cuánto tiempo se propone seguir así?" En vista de que se halla comprometido en su proceso de curación y bien encaminado hacia ese objetivo, durante la etapa de integración la respuesta a esa pregunta es: "Ni un solo segundo más".

Lo lamentable es que, entre el reconocimiento de que se sentiría mejor perdonando a los que le hicieron mal y el hecho de hacerlo hay una brecha bastante ancha. Tender un puente sobre esa brecha, permitir de verdad que el dolor se quede en el pasado y permitir a quienes lo hirieron volver a formar parte de la humanidad, son cosas que requieren comprensión, aceptación y, en última instancia, una buena dosis de fe.

Cruzar el umbral para llegar al perdón

La función de la libertad consiste en liberar a otro.
Toni Morrison

Además de haber recibido los primeros elementos para levantar el edificio de mi autoestima, el taller para el crecimiento personal al que asistí durante el verano de 1981 —así como una estrategia en particular— prepararon el camino para que, en algún momento, llegara a perdonar a mi padre. Sid nos pidió a los asistentes que halláramos un colaborardor, imagináramos que ese colaborador era alguien que en su momento nos hubiese lastimado y le dijéramos: "Ya sé que hiciste cuanto estuvo en tus manos. De haber podido hacerlo mejor, lo hubieses hecho".

Pero me fue imposible hacer que esas palabras salieran de mi boca. Se me atosigaban en la garganta. No creía en ellas, y no quería decirlas sin sentirlas ni pronunciarlas en serio. Pensé que, si en realidad lo intentaba, podría ser sincera al decir que mi madre hizo cuanto pudo. Pero hasta eso parecía estar más allá de mi capacidad en aquel momento.

Suzanne había llegado a otro punto decisivo en su proceso de curación. Estaba frente a la más alta de las barreras en el camino hacia la paz interior que venía buscando desde hacía tiempo: su apego a esos actos no perdonados, y al parecer imperdonables, que venían dictando todo el libreto de su vida desde la primera vez en que su padre la vejó.

También usted habrá de tropezar con este obstáculo. Por mucho que haya avanzado en el camino de su curación, la mera consideración de que quizás esas palabras *puedan* ser ciertas, casi con seguridad desatará sentimientos de ira, rencor y un temor frío y profundo. "No hay manera", piensa. "No hay manera sobre la tierra de que alguien pueda hacerme creer que ese hijo de mala madre que me lastimó hizo lo mejor que pudo. No voy a permitir que se desenganche con tanta facilidad."

Pero dejar que quienes lo lastimaron "se desenganchen" es precisamente lo que debe hacer con el fin de soltarse también *usted* de ese gancho. Lo que sigue resistiendo persiste, lo tira hacia abajo y lo retiene caído por muy decidido que pueda estar a abrir sus alas y lanzarse a volar con el propósito de explorar nuevos horizontes. Para salir y avanzar debe tratar de comprender y aceptar a esas personas que lo lastimaron, tal como usted aprendió, merced al proceso de curación, a comprenderse y aceptarse a sí mismo.

Si la persona que le hizo daño tiene algún problema de fácil identificación, como por ejemplo alcoholismo, enfermedad mental o antecedentes de haber sido también víctima de vejámenes, no resulta demasiado difícil comprender en qué forma dicho problema estableció circunstancias o condiciones que en última instancia lo llevaron a hacerle mal a usted. "Tal como dicen en las reuniones de Al-Anon, el alcoholismo es una enfermedad del cuerpo, la mente y el espíritu, una forma de demencia", comenta Marcy. "Yo tenía tendencia a considerarlo como una posesión demoníaca, por la sencilla razón de que bien sabe Dios que una personalidad totalmente nueva habitaba el cuerpo de mi madre cuando bebía. Sin embargo, si hubiera conocido ella la existencia de AA, o si mi padre no hubiera sido otro alcohólico y, en fin, si mi madre hubiese comprendido que el alcoholismo es una enfermedad y no algo controlable por ella misma, sinceramente creo que mi madre podría haber hecho algo acerca del problema y en esa forma hubiese sido mejor de lo que fue."

En otros casos no existe un problema tan claramente delimitado o falta la forma de saber qué motivó los actos de aquella persona que lo lastimó. Sin embargo, esto no le impide tratar de comprender la situación desde el punto de vista de la otra persona. "Algunas veces intento meterme en sus zapatos", dice Sandy, cuya madre biológica la abandonó a poco de nacer. "Pienso que puede haber sido muy pobre, joven y sola, que ni siquiera sabía cómo cuidar un bebé, sin tener a nadie a quien dirigirse, quizá sin dinero para comprar pañales o remedios. He trabajado con personas carentes de vivienda, y por eso he podido conocer a muchas jovencitas en tales condiciones. Les he prestado ayuda a algunas consiguiendo padres adoptivos para sus bebés y en todos los casos los padres de adopción quieren mucho a sus niños. Así que en realidad creo que mi madre me quería y se proponía conservarme, aunque en realidad no termino de convercerme de todo eso."

Y sin considerar las circunstancias, el hecho de entender que *usted*, en todos los momentos de su vida hizo cuanto pudo con los recursos de que disponía y la perspectiva de que gozaba, hace posible imaginar que tal vez, sólo tal vez, también aquellos que lo lastimaron hacían lo mismo; que tal vez también ellos podrían haberlo hecho mejor y no haberle infligido ese daño en el momento en que lo hicieron, de haber contado entonces con otros recursos y perspectivas, con más alternativas, más apoyo o experiencias propias menos devastadoras. Esta comparación, así como la conclusión de que entender las limitaciones de alguien no equivalen a condonar su comportamiento, ayudaron a Suzanne a dar su salto de fe cuando asistía al taller de crecimiento personal.

> Al reconocer que debía dar por sentada la injusticia de lo que me había sucedido, Sid sugirió que tratara de decir: *"No era la forma de tratar a una chiquita*, pero yo sé que hiciste lo mejor que podías hacer. De haber estado en condiciones de hacerlo mejor, lo hubieras hecho".
>
> Aquello sirvió de ayuda. La aceptación incondicional, gentil, que experimenté de parte de mi colaborador, también. Dije aquellas palabras acerca de mi madre. Las dije en serio, y después lloré.

Desde luego que, en el caso de Suzanne, de Marcy, de Sandy y en en el suyo, reconocer que aquello que lo lastimó fue lo mejor que pudo haber hecho en esas circunstancias quien lo hirió, en modo alguno modifica el hecho de que aquello que le hicieron estuvo mal, fue repugnante y *no bastante bueno*. Es algo que no puede negarse, y de hecho usted no lo quiere negar. Pero lo que *sí* quiere es perdonarlo, y al comprender que una falta de perspectivas, de recursos o conocimientos fue la razón que estuvo detrás de lo que le pasó, sí lo hace. Y en realidad facilita el dejarlo pasar al olvido.

Lo mismo ocurre con la *aceptación* del hecho de que nada que usted pueda hacer cambiará a la gente que lo lastimó; que por mucho que la avergüence, manipule, humille, torture sutilmente, castigue u odie a esas personas será suficiente para cambiar lo que le hicieron. No hay forma alguna de venganza que pueda cicatrizar sus heridas, y el mero hecho de quitar de su vida a un padre, un hijo o un amigo, no basta para quitarle su dolor. Enterarse de que el violador, el asaltante o el conductor borracho que le destrozaron la vida recibieron la máxima sentencia que correspondía a sus delitos, desde luego que le dará alguna satisfacción, pero no por eso se restablecerán el orden y la tranquilidad en su vida. La única forma de hacerlo es elaborar el proceso de curación y alcanzar ese punto en el que uno pueda decir: "Sí, me paso a mí, pero eso no soy yo. Yo soy más y también lo es aquella persona que me lastimó".

Según lo manifiesta Darlene, "cuando empecé a sentirme mejor conmigo misma, comencé a sentirme mejor con respecto a los otros. No se trataba de un objetivo que yo me hubiera establecido. No decía 'creo que dejaré de comer con exceso y perderé peso y no trataré de manejarlo todo por mí misma, para así relacionarme con otros y confiar más en ellos'. En realidad, ni siquiera se me ocurría que tal cosa pudiera ser verdad. Pero ocurrió. Y no fue porque *ellos* cambiaran, sino porque lo hice yo".

Como pudo descubrir Darlene, abandonar la necesidad de cambiar a los otros y aceptarlos como son constituye un desarrollo natural de su propio cambio. Este cambio de actitud con frecuencia nos lleva a considerar la posibilidad de reconectarnos de algún modo con los que nos lastimaron, aun en caso de no haberlos perdonado todavía e incluso sin tener la certeza de hacerlo alguna vez.

Reconciliaciones

> Lloré durante todo el resto de la estrategia, que incluía escribir qué desearíamos hacer con lo aprendido después de desempeñar el papel. Estuve llorando durante veinte minutos, que fue el tiempo que me demandó escribir una sola frase: "Querría decirle esas palabras a mi padre".

Si se encontró usted implicado en algún tipo de relación con las personas que lo dañaron, tales relaciones sin la menor duda se perjudicaron y posiblemente se interrumpieron cuando fue lastimado mientras desarrollaba su proceso de curación. En el transcurso de la etapa de integración, mientras considera la *posibilidad* de perdonar a quienes lo hirieron, también piensa en la recomposición de su relación con esas personas. Como todo lo que se produce durante la etapa de integración, su renovado interés por ver, pasar algunos momentos y tal vez discutir el pasado con alguien que lo haya lastimado, está motivado ni más ni menos que por su propia necesidad de seguir con el proceso de curación.

Por ejemplo Warren, cuyo odio se redujo considerablemente a medida que aumentaba su autoestima, aceptó pasar un día en el country club de su padre porque necesitaba averiguar si "volvería a odiarlo después de haberlo visto o si él, yo o ambos habíamos cambiado lo suficiente como para tratarnos de otra manera". Y Sandy decidió buscar a su madre biológica porque "siempre hubo un capítulo perdido en mi vida. Me faltaba el sentido de mi propia historia y me parecía que necesitaba conectarme con el pasado en esa forma para sentirme completa alguna vez". También Suzanne prefirió reconectarse con su padre por su propio bien.

> No quería ver a mi padre con el propósito de arrancarle una disculpa para concederle la gracia de mi perdón a fin de que muriera en paz. Llegada a ese punto de mi proceso de curación, ni siquiera me sentía segura de haberlo perdonado. No, el hecho de volver a ver a mi padre era algo que debía hacer, porque necesitaba probarme que era capaz de enfrentarlo, cara a cara, sin sentirme aplastada por aquel poder formidable, casi místico, que le atribuyera desde mi infancia. Tenía la necesidad de saber que podía encontrarme con él en la misma habitación sin autodestruirme.

Acaso no pueda usted en realidad ponerse en contacto o volver a encontrarse con las personas que lo lastimaron. Podrían haber muerto ya. Podrían ser compañeros de su infancia, novias de la escuela o ex empleadores que en verdad ningún papel tienen que desempeñar en su vida actual. Haga el intento que pueda, pero aun así quizá le sea imposible encontrar al padre que los abandonó o a la madre que lo dio en adopción. Está bien. Porque no es indispensable "arreglar las cosas" directamente con esa persona para trabajar a través de su dolor y dejar que se vaya.

Y aun en los casos en que quienes le hicieron daño viven y puede contactarlos, parte de su ser no querrá resolver los problemas directamente con ellos. También eso está bien. No se requiere la reconciliación de sus diferencias ni el restablecimiento o el cambio en sus relaciones para curar sus viejas heridas y completar las cosas que se dejaron sin terminar.

De todos modos, si quiere volver a conectarse con alguien que lo lastimó y decide dar los pasos necesarios para restablecer los vínculos entre ustedes, por favor tenga en cuenta que probablemente se encuentre ante un proceso lento y difícil. Le aconsejamos avanzar con mucha precaución, tomarse el tiempo necesario para preguntarse: "¿Cuál es la mejor manera de conservar el respeto por mí mismo mientras manejo esto?", y no esperar de inmediato resultados positivos o dramáticos. En realidad, le recomendamos dar los siguientes pasos *antes* de aproximarse a la persona que lo lastimó:

1. *Sepa qué quiere realmente.* Comience por hacer un profundo autoanálisis para determinar la verdadera razón que pueda existir detrás de su interés en reconciliarse. Ahora ya sabe que *no es lo correcto* el deseo de arrancar una disculpa o conceder al que lo lastimó otra oportunidad para hacer mejor las cosas, o esperar que satisfagan sus necesidades sin volver a fallar como en el pasado. Procure definir la relación que quiere según los términos de cómo tendría que ser ahora y en el futuro y no como usted según lo desea que hubiera sido en el pasado.

Por ejemplo, si Harriet hubiera decidido hacer las paces con Larry porque consideraba que reconstituir su relación era un punto de apoyo para volver a ser una verdadera pareja, estaría preparada para llevarse más de un desengaño y así perpetuar el dolor. Felizmente, no procedió en esa forma. En realidad, en vista de que se acercó a su marido para limar asperezas a fin de poder seguir en mejores condiciones la batalla por la custodia y trabajar de acuerdo en la futura educación de los niños, lo que logró fue el resultado positivo que le permitía abrigar su expectativa realista.

De manera similar, cuando Marcy empezó a aceptar los intentos de ayuda de su madre y conversó con ella acerca de los efectos causados por el alcoholismo en la vida de ambas, no estaba queriendo que la atendiera como no lo había hecho durante su infancia. Ni quería que su madre se sintiera culpable o avergonzada. "Quería que fuéramos amigas, en verdad dos mujeres adultas que habían pasado por muchas situaciones difíciles, juntas y separadas", dijo Marcy. "Y también quería que fuéramos capaces de compartir qué se sentía al ser así y ayudarnos mutuamente a superar obstáculos, quizás hasta lograr algún momento de diversión juntas."

No resulta fácil identificar qué es lo que cada uno quiere de cualquier relación, mucho menos de una que nos haya producido ya mucho dolor. Puede iniciar este proceso de toma de decisions observando con mucho detenimiento cuál es el estado actual de su relación. Lo podrá hacer completando estas oraciones:

En este momento, soy...
eres...
somos...

Después interróguese acerca de cómo tendría que ser esa amistad de acuerdo con *su fantasía más perfecta.* Describa el resultado ideal de su reconciliación completando las siguientes oraciones:

De acuerdo con mi fantasía, yo tendría que...
tendrías que...
tendríamos que...

¿De qué manera se compara su fantasía con el estado de su relación en este momento? Lo más probable es que existan grandes brechas entre los dos juegos de oraciones. Podrá usted estrechar esa brecha y establecer objetivos razonables para su reconciliación si identifica un término medio, representado por sus respuestas a:

Con todo realismo, yo podría...
podrías...
podríamos...

2. *Piense qué puede hacer para alcanzar su objetivo.* Nada de despertar una mañana, decidir que invitará a alguien que lo lastimó alguna vez, volver a conectarse y luego reconstruir

su relación antes de que haya vuelto a ponerse el sol. Son muchos los factores que se han de considerar, entre ellos:

- cómo habrá de aproximarse a alguien al que estuvo castigando con conocimiento de terceros o dentro de los límites de su propia mente;
- qué le dirá a esa persona y qué, si es que alguna cosa, habrá de preguntarle;
- las diversas formas en que esa persona podría responder a sus insinuaciones (y en qué medida lo afectarían a usted);
- sus propios temores o la ambivalencia acerca de olvidar rencores y resentimientos.

Para manejar todos esos temas complejos y causantes de ansiedad, puede *elaborar* una lista de modos alternativos y luego identificar las potenciales consecuencias negativas y positivas de cada uno. Este método por lo general resulta el mejor para iniciar una reconciliación, aunque no resulte perfecto, y en esa forma podrá estar preparado para vérselas con resultados-no-tan-perfectos.

Se puede *visualizar* la interacción en un estado de gran relajamiento, con los ojos cerrados e imaginándose actuar según el enfoque elegido. Muchos descubren que logran una gran calma cuando pintan mentalmente a la otra persona rodeada de una luz blanca. En caso de advertir que uno empieza a imaginar los peores resultados posibles, habrá que interrumpir de inmediato la visualización, volver a relajarse y reanudar el procedimiento, modificando el enfoque previo para eludir el obstáculo anterior. Cuando uno se siente "agotado" cada vez que visualiza la situación puede significar una de estas dos cosas: aún el operador no está listo para iniciar el procedimiento o se ha elegido un enfoque equivocado. De manera que, en tal situación, lo aconsejable será dejar el intento de reconciliación en el cajón de proyectos futuros durante un tiempo y en el momento debido volver a hacerlo, previa revisión de las opciones.

También es posible llevar a cabo un *ensayo* de reconciliación, pidiendo al consejero, al cónyuge o un amigo que "ocupe el lugar" de la persona que nos lastimó. Esta es una forma particularmente efectiva de tener una lectura de cómo suenan nuestras palabras en los oídos de otra persona e incluso permite otras, en caso de que la reacción sea muy negativa. Ensayar también nos da algún sentido de cómo nos sentiremos cuando se lleve a cabo la conversación "de verdad" y en qué forma reaccionaremos si la otra persona responde de esta o aquella manera. Incluso se puede pedir al colaborador en ese ensayo que diga las palabras que menos le gustaría a usted oír de labios del que lo lastimó, con lo que estará preparado para lo peor que pudiera ocurrir.

O podría desear escribir una *carta*. Ver sus ideas en negro sobre blanco ayudará a clarificarlas. En realidad, los pensamientos que fluyen sobre la página escrita incluso podrían tomarlo por sorpresa, yendo a cuestiones más hondas que las que originalmente quería compartir con la persona que lo lastimó. Si bien nadie más habrá de enterarse del contenido de esa carta, en algunos casos podría preferirse enviarla al interesado como primer paso hacia la reconciliación.

3. *Obtener apoyo emocional.* Cuando se libera de su prisión a alguien que nos hirió y se le permite volver a formar parte de nuestra vida, se desarrolla un proceso temible debido a que se ignora cuáles podrán ser los resultados de sus esfuerzos. Su indignación, la parte de víctima que persiste en usted e incluso su vulnerable niño interior podrán tener algo que decir acerca de esta "noción loca" suya y por cierto que cuanto digan la indignación, la víctima y el niño interior podría *no* ser nada alentador. Lo que es más, si sus intentos por reconstruir su relación no alcanzan la altura de sus expectativas y sus propósitos, volverá a sentir dolor y desazón junto con la reaparición de viejos miedos y dudas sobre sí mismo.

Para decirlo de la manera más simple, no habrá podido

atravesar por todo ese torbellino emocional por su propia cuenta. En consecuencia, le aconsejamos que no intente emparchar las cosas con la otra persona *a menos que* cuente con un adecuado apoyo emocional. Converse acerca de sus planes con su consejero, con los miembros de su grupo de apoyo, con amigos o con cualquier otra persona que lo haya nutrido de alguna manera. Hágales saber que los necesita para atravesar ese proceso de reconstrucción y, desde luego, aproveche la guía, el aliento y la atención que esas personas tienen para ofrecerle.

4. *Recuerde que no puede saber de antemano cómo resultarán las cosas, y que, sea cual fuere el resultado, usted hizo lo mejor que pudo.* Al seguir los pasos que le hemos recomendado estará en condiciones de encarar la situación con los ojos bien abiertos y actuar con dignidad y respeto por sí mismo. Esto no es garantía de que habrá de lograr lo que quiere, tal como lo aprendió duramente Suzanne cuando hizo su primer intento para reconectarse con su padre.

> Tres días después del taller de crecimiento personal me sorprendí a mí misma levantando el teléfono para marcar el número de mi padre. Me costó horrores oír su voz y decirle: "Hola, papá. Soy Suzanne". Su respuesta fue la que todos podríamos esperar de un hombre que no ha hablado con su hija durante tres años. Pensó que pasaba algo terrible y de inmediato me preguntó si estaba bien. Le dije que sí, pero que necesitaba conversar con él.
>
> "¿Puedo hacer que tu madre también participe de la conversación?", me preguntó, y entonces hice algo que hasta ese momento jamás había hecho. Le dije: "¡No! Quiero hablar solamente contigo, y no quiero que me interrumpas".
>
> Accedió a mi pedido y estuvo escuchando lo que le dije: "Papito, quiero que sepas que algunas veces el recuerdo de lo que hiciste me lastima muchísimo, y que otras veces no pienso en ello en absoluto. Algunas veces le atribuyo todos mis problemas, y otras veces mi vida me parece

buena, linda, maravillosa. Estoy creciendo y progresando, estoy avanzando en mi vida, y quiero hacerte saber que también yo sé que hiciste lo mejor que pudiste; y que si hubieras podido hacer algo mejor, con seguridad lo habrías hecho, porque sé que nos amabas".

Sabía que estaba oyéndome decir esas cosas, y sabía también que él estaba experimentando todo el impacto de mis palabras. Se puso inquieto, agitado, masculló apenas un "lo siento" y me dijo que nunca quiso lastimarme. Después colgó bruscamente.

Suzanne, desde luego, se sintió golpeada y desalentada por la respuesta de su padre. En la mayoría de los casos, el intento inicial para el restablecimiento o la reparación de las relaciones dañadas no llega a colmar las expectativas depositadas en él. Sin embargo, un resultado inesperado o no tan satisfactorio como se pensaba no quiere decir que hayan de abandonarse todas las esperanzas de llegar a tener alguna vez una relación saludable con la otra persona. Piense en el proceso que se sigue al plantar una semilla. Si vuelve al lugar y observa lo que sucede, advertirá que está echando raíces y que, con un pequeño esfuerzo adicional, crecerá y florecerá una planta.

Persistí. Estaba empeñada en un curso de curación, y uno de mis objetivos consistía en volver a tener un padre. Le escribí y lo llamé, cuando pasaron unos cuantos meses lo conseguí. Pasado un año, para Navidad, por fin accedió a verme.

Nuestra reunión se desarrolló en una habitación de hospital, y el padre que encontré allí ya no era el gigante amenazador que recordaba, sino más bien un hombrecito encogido, debilitado en lo físico aunque no estuviera espiritualmente vencido. No había ensayado lo que iba a decirle. Pero tan pronto posé en él mis ojos quedó en claro que no diría nada. Empezaron a brotarme las lágrimas a medida que me aproximaba a su lecho. Lo estreché entre mis brazos y él hizo lo mismo. Y aquella era toda la comunicación que ambos necesitábamos. Supe que de nuevo tenía a mi padre en mi vida, y él supo que su hija había vuelto a la suya.

Desde luego que no todas las reconciliaciones se realizan en la misma forma. Por ejemplo, después de su contacto inicial cara a cara, ni Suzanne ni Warren discutieron el pasado con sus padres. Marcy y su madre, en cambio, charlaron largo y tendido acerca del pasado y siguen haciéndolo hasta el día de hoy. Harriet y Larry estuvieron en condiciones de resolver sus diferencias sólo después de haber recibido ayuda de un profesional, y Melinda —después de una serie de intentos infructuosos— consideró que lo mejor sería no volver a verse con Steve.

Pero hay más, el viaje de Suzanne no terminó allí, y tampoco terminará el de ninguno de ustedes por buenos que sean los resultados alcanzados. Reconciliación no es lo mismo que perdón, y permitir reintegrarse a la propia vida a alguien que nos lastimó no es lo mismo que olvidarse sinceramente del dolor causado.

Convertirse en "un creyente de la vida"

Perdonar no es un acto. Es un descubrimiento. Perdonar no es un objetivo. Es el don que recibimos por haber perseguido otros, como una mejor salud física y mental, la autoestima positiva, más amistades que contribuyan a enriquecernos, relaciones más satisfactorias y plenas en lo íntimo, una mayor comprensión de nuestro comportamiento y mucho más. Como lo ha dicho Robert Caldwell en un artículo aparecido en *Pathways* (Senderos) y titulado "El perdón... elegir entre quedar a mano y quedar cerca", el perdón es "una actitud, una postura hacia lo interno y lo externo que se desarrolla con naturalidad e inevitablemente a partir del hecho de hacer frente a las propias heridas, de descubrir las propias fuerzas y de comprender y aceptar al otro y a uno".

Cuando se ha llegado bastante lejos por esta senda larga, sinuosa y con frecuencia dolorosa que denominamos proceso de curación, se encontrará por fin el perdón y se verá que allí está la paz interior esperándonos. Nuestro presente será más poderoso que nuestro pasado y como resultado de ello ya no se querrá volver atrás ni quedarse empantanado en aquellas viejas heridas e injusticias. Por el contrario, se las dejará ir.

Por primer vez desde el momento en que nos lastimaron, se podrá evaluar con realismo cualquier responsabilidad que haya podido tenerse en aquellas cosas perjudiciales que nos ocurrieron. Se aceptará con plenitud que cuando éramos niños no podríamos ser culpables, en especial cuando aquellas heridas nos eran infligidas por adultos en los que confiábamos. Sin embargo, se llega también a entender que, con más frecuencia de lo que se cree, en cierta forma se contribuyó a las situaciones que causaron nuestro dolor en la edad adulta. Harriet, por ejemplo, no prestó a Larry demasiada atención cuando vivía absorbida por su trabajo, en los años que precedieron a la disolución del matrimonio. Si bien tal actitud no obligaba a su marido a tener un asunto extramatrimonial, puso una tensión en sus relaciones que Harriet no tomó tan en serio como hubiera debido. Del mismo modo, Melinda "se preparaba" para el rechazo cada vez que decidía implicarse con hombres casados o, a su vez, problemáticos. Y Darlene contribuyó a su destrucción y a la desazón permanente al asumir las responsabilidades de los otros antes de haberles dado oportunidad de que se arreglaran solos.

En vista de que todas esas emociones intensas en torno de sus experiencias ya han cedido, Harriet, Melinda y Darlene están ahora en condiciones de observarlo todo con objetividad. Sin castigarse ni lanzarse a recomponer cosas que en realidad escapaban a su control, ellas han llegado a determinar cómo pueden y deben proceder en el futuro, desde luego que en forma diferente. También usted está en condiciones de hacerlo. Tanto si decide establecer un equilibrio más saludable entre los aspectos personales y profesionales de su vida, como hizo Harriet; prestar más atención a lo que necesita de sus amistades y sus relaciones más íntimas, como hizo Melinda; o delegar tareas y compartir responsabilidades, como en el caso de Darlene, en verdad estará aprendiendo de sus dolorosas experiencias pasadas e incorporando lo aprendido a su mejor y renovado estilo de vida.

Contará asimismo con una perspectiva de la vida, en general, más equilibrada y objetiva. Terminará aceptando que pueden suceder cosas malas; que las personas se lastiman recíprocamente; que es imposible pasar por la vida sin experimentar alguna vez dolor, pena o infortunio. Pero a pesar de todo ello, será asimismo consciente de que también pasan cosas lindas y buenas; que la gente se ama, se apoya y se da muestras de compasión recíprocas; que la vida también suministra innúmeras oportunidades de alegría, éxito y satisfacción. Esta nueva perspectiva de vida queda bellamente expresada en la parte que sigue de un poema anónimo titulado "Comes the Dawn" ("Amanece"):

Así como se planta el propio jardín y se adorna el alma,
Sin aguardar a que alguien nos traiga las flores.
Y se aprende que realmente se puede soportar...
Que uno es realmente fuerte,
Y que realmente vale
Y se aprende y aprende
Con cada despedida se aprende.

Mucho después de haber dejado el pasado y vuelto su mirada hacia el futuro, mucho después de que el odio y el dolor hayan dejado su sitio a la paz interior y el perdón, todavía estará aprendiendo. Aprenderá, entre otras cosas, a vérselas con nuevas heridas e injusticias, porque el hecho de que cicatricen sus viejas heridas no le garantiza que no puedan aparecer otras. Todos nosotros alguna vez seremos lastimados. Es una de las tantas inevitables realidades que se deben al hecho de vivir en un mundo que decididamente es imperfecto. Seríamos muy afortunados si sólo tuviéramos que soportar unos pocos golpes y rasguños, pero hemos de estar preparados también para sufrir pérdidas irreparables. Aparte de que esas nuevas heridas e injusticias podrían devolvernos a etapas anteriores en el proceso de curación. En realidad, lo más probable es que debamos elaborar nuestra salida de todas aquellas etapas nuevamente. Quizá nos cueste menos repetir la experiencia por segunda, tercera o cuarta vez, pero nunca habrá de ser sin experimentar dolor. El mejor consejo que podemos darle es que aproveche el conocimiento interior, los recursos y la red de apoyo que ya ha desarrollado y que recuerde cómo se siente al sobrevivir y perdonar.

Comprenda asimismo que su viaje es interminable. Cuando haya hecho las paces con su pasado no obtendrá un salvoconducto para llegar a un futuro más brillante. Siempre habrá otras cosas para aprender y experimentar, nuevos estados para alcanzar. Se le presenta enfrente algo que la consejera de reevaluaciones, Nancy Kline, denomina "una vida carente de límites" y en vista de que ha emprendido usted este viaje de curación cree en su capacidad para disfrutar y producir en paz y sin límites. En el momento en que conscientemente escoge curar sus heridas y terminar con los asuntos inconclusos, también se compromete a extraer todo el fruto de su vida. ¡Ahora sólo le queda por delante salir y hacerlo!

Dónde están ahora

Hace un año y medio, después de visitarlo en el hospital, murió mi padre. Era julio de 1984. Habían transcurrido cuatro años desde el momento en que tomé la ineludible decisión de no seguir negando que el incesto me hubiera afectado. El proceso de curación emprendido me había llevado a través de dolores, vergüenzas, confusiones y dudas respecto de mí misma. Me había hundido en las mayores profundidades de la desesperación y la impotencia, donde me había estado revolcando sin prestar atención a nada que no fuera el dolor por lo que se me antojaba una eternidad. Este me había obligado a sentir la ira que encontraba tan aterradora y me había demostrado qué significaba ser un sobreviviente. Y sí, me había dirigido a un lugar de paz interior, un lugar en el que en efecto estaba dispuesta a perdonar.

Me enteré de la muerte de mi padre cuando estaba en San Diego, conduciendo un taller de crecimiento personal junto con Sid. Y, cuando volaba al Este para asistir a sus funerales, llegué a la conclusión de que lo había perdonado con toda sinceridad. Durante aquel vuelo no pensé demasiado en cómo me había lastimado mi padre. Tenía la mente demasiado envuelta en recuerdos placenteros, en momentos felices de mi infancia así como en momentos culminantes que pasáramos juntos y en las conversaciones telefónicas mantenidas con él hasta poco antes de su muerte. Supe entonces que mi padre era mucho más que las cosas hirientes que me había hecho. Tomé unas hojas de papel y allí escribí una suerte de panegírico donde celebraba todo lo bueno de un hombre al que hasta poco antes considerara absolutamente malo. Leí ese panegírico en el funeral para recordar el final de su vida y la continuación de mi propio viaje.

Y el viaje prosiguió. Me mudé a Amherst, Massachusetts, y allí empecé a asesorar y proporcionar grupos de apoyo a sobrevivientes del incesto. Sid y yo nos casamos en septiembre de 1985, y seguimos codirigiendo los talleres de crecimiento personal y los seminarios de perdón. También empecé a desarrollar talleres y conferencias por mi cuenta. Profundicé mi relación con mi hija, que ahora ya está a punto de casarse. Sigo trabajando sobre mí, y como el objetivo que me he fijado es ser un poco más cada día, estoy haciendo una labor que nunca terminará. Es un trabajo que estoy dispuesta a hacer porque he hallado algo de paz interior y quiero tener todavía más.

Ahí está Suzanne en este momento. Pero, ¿qué es de todas las otras personas acerca de cuyas experiencias ha leído en este libro? ¿Se curaron y perdonaron? Algunas lo hicieron y otras todavía están tratando de hacerlo. ¿Hasta dónde las ha llevado su viaje de curación? ¿He aquí una breve actualización acerca de esas personas que nos han mantenido informados respecto de sus progresos.

"Es posible que como madre la mía no haya sido gran cosa, pero se ha convertido ahora en la mejor de las abuelas", nos escribió Marcy en la última carta recibida. "Y conste que no estoy queriendo decir que malcríe a sus nietos. Se limita a ser una buena abuela, ni demasiado blanda ni exageradamente estricta, muy acorde con los sentimientos de los chicos. Cuando la veo junto a ellos, más me convenzo de que pudo haber sido una gran mamá con sólo haber abandonado antes el vicio de la bebida. Su recuperación también ha sido muy sólida. Le hago bromas diciéndole que cuando asiste a las reuniones de AA lo hace para entablar relaciones con algún hombre, pero ella sabe bien hasta qué punto respeto lo que está haciendo."

Está claro que Marcy considera ahora a su madre bajo una luz mucho más positiva, aunque siga siendo realista, y en el transcurso de los últimos años las dos mujeres han desarrollado una relación que, según Marcy, es "efectivamente estrecha. Si hubiésemos sido una madre y una hija normales cuando yo era niña, no creo que esa relación fuera tan buena en este momento. Puedo decir con certeza que pasar por el infierno es algo que tiene sus beneficios".

Además de haberla aproximado a su madre más que nunca, el proceso de curación de Marcy la ayudó a ser una eficiente directora de un proyecto de investigación, aparte de más distendida y compasiva como persona. Ya ha dejado de sentirse deshecha porque el resto del mundo no se aviene a sus planes o expectativas, y a pesar de que todavía se muestra ansiosa cuando comete errores, la ansiedad no se convierte en pánico ni la sume en una depresión paralizante.

"Desde hace añares que no me siento lo que se dice deprimida", expresó al terminar su carta. "Con un trabajo que me gusta, una familia de la que me siento increíblemente orgullosa y desde luego encantada, conectada de nuevo con una madre, y con un novísimo sentido del humor, lo cierto es que no me queda sitio para exponer algún lamento."

Hace alrededor de un año recibimos una invitación formal para la inauguración del restaurante de Melinda, y si bien no nos fue posible asistir al acontecimiento oficial, no hace mucho, de paso por Nueva York, nos detuvimos a verla. Tenía un cierto brillo, casi un resplandor en toda su persona, una agilidad de movimientos que no habíamos notado antes, y un inconfundible aspecto de confianza y serenidad. "Terminar con Steve y comenzar la terapia fue para mí el punto de inflexión", nos manifestó Melinda. "Desde allí todo comenzó a desarrollarse, a pesar de que no le prestaba mucha atención a lo que estaba sucediendo."

Como en el caso de Warren, la paz interior apareció en Melinda cuando hacía otras cosas, como cambiar su dieta y aprender algo más acerca de la alimentación natural, siguiendo cursos comerciales de nivel universitario, uniéndose a un equipo de voleibol, viajando por Estados Unidos para visitar restarurantes especializados en comida natural y por fin terminar abriendo el propio.

"En realidad no es sólo mío", nos dijo Melinda, con una chispa de picardía en los ojos y una sonrisa traviesa, y no tardamos en saber por qué. Según parece, cuando Melinda tomó en serio su decisión de abrir un restaurante, empezó por visitar a un amigo colega, un hombre llamado Paul, con el que había estado en contacto durante años, aunque de manera esporádica. "Siempre estuvo allí, dispuesto a recomponer los pedazos cada vez que rompía una relación", nos comentó. Melinda y Paul se asociaron y, según dice ella, "pasamos cada momento del día tratando de levantar el negocio". Y en determinado instante de sus vidas, tal vez alguno de los más agitados, se enamoraron.

"Casi diría que eso me cayó encima sin darme cuenta", nos dijo Melinda sin dejar de reír. "Porque sí, el señor Correcto había estado en mi vida durante todo el tiempo mientras yo lo buscaba por otra parte. Me consideraba demasiado atada a Steve y a otros tipos como él para descubrir la verdad." Mientras elaboraba las distintas etapas de su proceso de curación, Melinda lo descubrió. Cuando fuimos a visitarla ya estaba comprometida con Paul, y para cuando lea estas líneas ya estarán casados. "En cierto modo es algo que debo agradecerle a Steve", concluyó Melinda. "Por fin llegó a cansarme tanto como para ver que él no era lo que yo deseaba de los hombres y de la vida en general. Y entonces sacudí la colita y pude hacer lo que era necesario para obtenerlo."

Harriet y Larry resolvieron sus diferencias con ayuda de un mediador y se pusieron de acuerdo para la custodia conjunta de los chicos. Durante seis meses los niños viven con Larry toda la semana y visitan a la mamá los fines de semana. Y los seis meses siguientes los papeles se invierten. "El primer año fue muy duro", reconoció Harriet. "Pero así los dos terminamos aflojándonos y en última instancia mi hija terminó viviendo conmigo la mayor parte del año en tanto mi hijo hace al revés, y pasa más tiempo con Larry. Cada uno hace las visitas que se le ocurre al otro sector. Algunas veces hasta nos hemos sentado Larry y yo a tomar el té y recordar los buenos momentos del pasado."

Además, el negocio de Harriet como decoradora de interiores no puede andar mejor, trabaja activamente en una red de apoyo para mujeres de negocios y está saliendo con un joven que tiene diez años menos que ella. "Quise explorar nuevos horizontes y bueno, estoy haciéndolo." Después mueve la cabeza como en un gesto de duda. "Salimos a esquiar y deslizarnos en trineo, acampamos bajo las estrellas o asistimos a una obra de Shakespeare y un festival de rock en la misma noche. Hay muchas cosas por hacer ahí afuera, y de no haberme decidido a actuar acompañada, posiblemente no las hubiese conocido."

"En la superficie, nuestra relación no ha cambiado", explicó Mark. "Pero lo siento de otra forma. En realidad, lo que sí es diferente, es lo que *no* siento. No experimento el enojo que sentía por mi padre, y no me irrito cuando tengo que verlo. Claro que no voy a decir que estoy loco por él o que considero la posibilidad de vivir juntos, pero ya no pierdo tiempo y energía en odiarlo. He hallado una cierta paz del espíritu."

Mark dejó su puesto en el hospital de rehabilitación y comenzó a trabajar en una clínica de medicina del deporte. Al ponerse en contacto con pacientes que estaban muy motivados para vencer y comprometidos a hallarse en las mejores condiciones físicas y mentales, mucho "se borró" en Mark, que empezó a asumir más riesgos. Ahora hace un curso para graduados, trabaja como voluntario en condición de consejero en un centro de recursos para hombres, sale a esquiar en invierno y es mochilero en verano, y pasa todo el tiempo posible con su mujer y su pequeño hijo.

"Estoy principalmente trabajando en perdonarme a mí mismo", nos dijo Bruce durante una conversación telefónica que mantuvimos no hace mucho. "Por el resto de mi vida, podría pasar una hora diaria corrigiendo las cosas que les hice a otros para lastimarlos, cuando bebía y me drogaba. Pero así está bien. Me conserva en el camino recto y estrecho, recordándome dónde he estado y cuánto anhelo no volver al mismo lugar."

Bruce acaba de celebrar su cuarto año de sobriedad y es ejecutivo en una cadena hotelera de nivel nacional. Su matrimonio no anduvo tan bien como Bruce, y poco después de habernos conocido él y su mujer se separaron y luego se divorciaron. No obstante, volvió a casarse y en este momento su nueva mujer está esperando el primer niño. Bruce todavía no está seguro de haber dejado atrás para siempre el dolor del pasado. "¿Cómo perdonar a todo un sistema escolar?", se pregunta. "He estado haciendo lo mío para asegurarme de que no les pase a otros chicos lo que me sucedió a mí, a pesar de todo." Vigila la educación de niños con discapacidades de aprendizaje y de vez en cuando habla sobre el tema de las drogas y el abuso de alcohol ante estudiantes y grupos de padres.

Cuando consideró que lo más práctico era reanudar las cosas desde el principio, Terry se mudó a San Francisco y se empleó como supervisora de varias casas intermedias para mujeres que se recuperaban de problemas de drogadicción o alcoholismo. Lleva más de un año sin relaciones sexuales de manera promiscua y está concurriendo a un programa de doce pasos para personas con adicciones o compulsiones sexuales. "Estoy pasando por una fase a estrenar", nos informó. "El celibato. No está tan mal, aunque considero que no adoptaré ese estado de manera definitiva." Desde hace poco ha empezado a salir con alguien que le agrada. "Pero estoy tomando las cosas verdaderamente despacio, lo que para mí constituye algo en absoluto novedoso."

"Si quieren que les diga la verdad", cambia en forma abrupta el tono de la conversación, "en este momento me encuentro en un lugar horrible. Pero estoy esforzándome por salir".

Con ayuda de una terapeuta y de un grupo de apoyo a sobrevivientes del incesto, Terry trabaja con los sentimientos que alimentaba con respecto a su abuelo y al abuso sexual a que fue sometida. Sin embargo, no hace mucho recayó en la etapa de indignación y allí está "pegada con todo el odio que siento contra mi madre y mi abuela". Terry estuvo explicándonos que le resulta difícil perdonarlas por lo que hicieron cuando se enteraron de que el abuelo la había molestado. "No dijeron ni una palabra al respecto", nos explicó. "Se limitaron a asegurarse de que no volviera a quedarme a solas con él. Así que me castigaron sin decirme siquiera qué delito podía haber cometido."

Durante una reciente visita hecha por Terry a su ciudad natal, se sintió tan resentida cuando estuvo en presencia de su madre y su abuela, a las que menciona como "esas hipócritas sureñas", que hizo las valijas en medio de la noche y se fue sin despedirse. "Esto también habrá de pasar", nos dijo Terry, y tenemos muchísima confianza en que así ha de ser, ya que a pesar de sus sentimientos de ira, Terry no ha vuelto a desarrollar comportamientos de suicidio sistemático y se cuida física, emocional y espiritualmente.

La última vez que vimos a Darlene casi ni la reconocimos. Con ayuda de Overeaters Anonymous (Gordos Anónimos), un experto en nutrición y largas sesiones de natación en la piscina de la comunidad, ha dejado de comer en exceso y ya redujo su peso en más de treinta y cinco kilos. Encantada con su "new look", Darlene se viste ahora más de acuerdo con la moda y se tiñe el cabello para ocultar algunas canas prematuras.

No pudimos charlar con ella más que unos minutos, pero nos enteramos de que en su vida se ha producido algo más que un cambio físico. Ahora ha aprendido a delegar trabajo, y las evaluaciones de su actuación han sido mucho más positivas. La predesignaron para un ascenso, pero no supo si en realidad lo quería. "Estoy tratando de soportar menos presión y no tener tantas responsabilidades, con las que tengo es suficiente", nos explicó.

Debido a una crisis sufrida por uno de sus hijos, Darlene y los restantes miembros de la familia iniciaron terapia familiar. "Allí aprendí mucho con respecto a mí", nos dijo. "Tanto que decidí recabar la ayuda de un consejero sólo para mí. Encaramos mis problemas de a uno, y todavía no hemos llegado al momento en que nos ocuparemos de mi padre, pero desde ya puedo anticipar que mi actitud con respecto a él está cambiando. Por cierto, hasta le envié una carta diciéndole que me gustaría volver a saber de él."

Así que ahí lo tiene: un breve resumen de dónde se encuentran en este momento algunas de las personas de quienes le hablamos. Queda aún por responder una pregunta: ¿En qué punto está *usted* ahora... y cuál ha de ser el próximo y atrevido paso que quiere dar?

Cuando llegamos al fin de nuestros seminarios de perdón, solemos pedir a todos los presentes que escriban lo que denominamos "la carta de curación". Al igual que otras cartas escritas en diversas etapas del proceso de curación, no se trata de algo que deba enviar a ninguna persona. Pero le ayuda a contar con una idea más clara acerca de dónde está en este momento en su proceso curativo y qué es lo que quiere o necesita hacer después. Es una de las mejores formas de terminar un seminario de perdón, porque ayuda a los participantes a tomar lo que aprendieron y utilizarlo en el mundo exterior. También a usted lo alentamos para que escriba una de esas cartas, de modo tal que pueda determinar de qué manera este libro puede haber afectado el viaje emprendido a través de su proceso de curación.

Allá lejos, cuando estábamos explicando la etapa de negación, se escribió una carta dirigida a usted de parte de alguien que lo había lastimado y le debía disculpas. Su carta de curación tendrá que dirigirse a esa misma persona.

La primera línea de su carta debería decir: "Estoy encaminado hacia mi curación y mi atención se dirige hacia ti".

Después integrará su carta con tres porciones distintas. La primera para describir hasta dónde lo afectó la herida o la injusticia de que fue víctima y qué cosas acostumbró hacer en su vida a causa de eso. La segunda describirá cómo lo afecta ahora la herida o la injusticia y qué está haciendo, pensando o sintiendo por aquella razón. Y terminará describiendo lo que necesita y piensa hacer para cicatrizar aquella vieja herida y seguir adelante con su vida.

Nos gustaría rematar este libro con una de esas cartas de curación, pues entendemos que resume con mucha elocuencia de qué se trata cuando hablamos de curación y perdón, y lo alentará a embarcarse en ese proceso o a perseverar si ya lo ha iniciado.

La carta de curación

Querido papá:

Estoy encaminado hacia mi curación y mi atención se dirige hacia ti... Acostumbraba pensar que me sentía bien comiendo chocolate. Pero algunas veces lo hacía con mucha rapidez, por miedo a que me pescaran en ese acto, a punto tal que no le tomaba el gusto a la golosina y a veces ni recordaba haberla comido. Mi vida se parecía a esos atracones de chocolate, no recuerdo haber pasado por ella.

Solía pensar que otros podían pasarme por encima y los dejaba, y me consideraba un objeto descartable, que nadie se detendría a observar, demasiado insignificante para que me recordaran y desde luego sin valor alguno ni merecedor del respeto de nadie, incluyendo el mío. Como es natural, actuaba como si fuera mejor que nadie, para que los demás no advirtieran cuán inadecuado era.

Pero ya no me comparo con otros. Ni recurro a los chocolatines, los bombones de chocolate ni a los helados de chocolate para apabullar mis sentimientos. Porque ahora creo que importo algo y que tengo algo para brindar.

Me siento muy bien, gracias, y pienso mejorar todavía más. Aunque ahora puedo visitarlos una que otra vez, ya no me propongo volver a vivir de manera permanente en ninguno de los sitios en que el dolor se adueñó de mí. Tengo mejores cosas que hacer. Pienso salir cada vez más de la oscuridad y entrar en la luz. Quiero que el dolor, la ira y la inseguridad queden atrás... pero sin olvidar qué los causó ni lo que me enseñaron. Quiero perdonar, y tengo la impresión de que no está lejano el día en que lo haga. Ahí fuera hay todo un mundo que está esperándome, y *habré* de explorarlo y ser parte de él. Cualquiera de estos días abriré mis brazos y gritaré: "¡Vida, allá voy, esté preparada o no!"

Tu hija

UNA VIDA MÁS SERENA

Andrea Van Steenhouse con Doris A. Fuller

Las mujeres no llevamos vidas simples. Trabajamos dentro de casa y fuera de ella, somos madres, esposas, hijas, amigas, voluntarias y tantas otras cosas para muchas personas. Estamos excedidas de trabajo, abrumadas y exhaustas. Simplificar nuestra vida cotidiana es necesario y posible, y un imperativo para recuperar la serenidad y la capacidad de crear y disfrutar. Éstos son algunos de los temas de este libro:

Simplicidad
El camino hacia la sencillez
Cuándo y cómo empezar

Simplificar nuestra vida interior
Las expectativas que nos complican la vida
Evaluar nuestras prioridades
Los enemigos: la culpa, el miedo y el perfeccionismo

Simplificar nuestra vida doméstica
Casa en orden, corazón contento
Dejar de amar lo que no nos sirve
Recuperar el tiempo libre

Simplificar nuestro trabajo
Poner el trabajo en su lugar
Jefes, compañeros y amigos

Simplificar nuestra vida familiar y afectiva
La familia y los amigos
Los mayores que necesitan cuidados
Tiempo y espacio para el amor

AUNQUE TENGA MIEDO HÁGALO IGUAL

Susan Jeffers

¿Qué le impide a usted, en este preciso momento, ser la persona que realmente quiere ser y vivir su vida como quiere vivirla?

La respuesta —la inmensa mayoría de las veces— es: el miedo.

El temor puede paralizarnos o impedirnos dar los pasos necesarios para alcanzar el bienestar que anhelamos con relación al trabajo, la vida familiar, las amistades, la pareja, el dinero o simplemente el estilo de vida. Cuando el temor nos detiene, experimentamos confusión, dudamos de nosotros mismos, nos sentimos frustrados, molestos y desamparados. No tiene por qué ser así.

En AUNQUE TENGA MIEDO, HÁGALO IGUAL, Susan Jeffers —destacada psicoterapeuta estadounidense— nos propone, con comprensión y humor, un camino de reaprendizaje que nos enseñará a reconocer nuestros miedos para vencerlos o reconciliarnos con ellos. Estas ideas y técnicas simples pero muy efectivas han inspirado a miles de personas para convertir su ira en amor, su indecisión en acción, y sus temores en oportunidad para crecer y afianzar una vida más plena y satisfactoria.